# MAKING CITIZENS
# メイキング・シティズン

Transforming Civic Learning for Diverse Social Studies Classrooms

## 多様性を志向した市民的学習への変革

Beth C. Rubin

ベス・C・ルービン ●著

池野 範男／川口 広美／福井 駿 ●監訳
後藤 賢次郎／斉藤 仁一朗／空 健太／橋崎 頼子 ●翻訳
金鍾成／桑原 敏典／斉藤 仁一朗／古田 雄一 ●解説

明石書店

# 市民を作るということ（Making Citizens）

　社会科の授業で、子どもたちが民主主義における市民的・政治的な生活に参加する準備が十分にできていないのであれば、果たして、社会科の授業は効果的な市民の「作り手」といえるのだろうか。本書は、有効な市民的学習（civic learning）を中学校や高校の授業に取り入れるというアプローチをとることで、社会科が市民を育成するという本来の目的を取り戻すための方法を示している。とりわけ、社会科の教師、中でも多様性に富んだ都市部の地域で働く教師たちにとって、なぜ、自らの教育に市民的教育（civic education）を入れるべきであるのかその理由を説明するとともに、効果的に実施できるための概略を述べていきたい。

　本書は、社会科教師になろうとしている養成段階の教師志望者と現場で働く社会科教師の両方を対象としており、また、大学における社会科教育法のカリキュラムに容易に取り入れられるようにデザインしている。さらに、伝統的な歴史中心の社会科カリキュラムに、本質的な問い・議論・書くこと・時事問題・永続的な市民的な問いを探求するアクションリサーチといった新しいアプローチを取り入れた社会科授業を経験した生徒および教師の姿に注目している。異なる3つの高校で働く教師の経験を追うことで、どうすれば社会科の授業が、歴史を学びながらも、子どもたちが関連する市民的な問いについて学び、熟考し、議論し、記述する場所になるだろうかを考える。筆者は、子どもの市民的アイデンティティの発達についての最新の社会文化理論を基盤とし、新任教師たちが直面する教室やカリキュラムの制約を考慮に入れた上で、こうした市民的な教育を実践現場で試験的にアプローチしていった。

# 日本語版への序文

　2010年2月、私は東京で開催されたシティズンシップ教育研究に関する国際シンポジウムに招待された。素晴らしいホストである池野範男教授から、アメリカの教育に関するプレゼンテーションをお願いされたためである。

　この「課題」に対して、私は、ニュージャージー州における3つの異なる教育環境と私が特に優れていると判断した3つの授業に関する発表を準備した。紹介した3つのいずれの授業においても、教育実践の核心には、生徒が論争問題に関して議論するということが置かれていた。1つ目の授業では、テレビのニュース番組のような形式で生徒たちが現在の政治的トピックについて討論していたし、2つ目の授業では、クラスを3つのグループに分けて、アメリカのアフガニスタン駐留継続に関する見解を主張するというものだった。3つ目の授業は、生徒たちが模擬政府を作り、子どもたちが提案した法案について討論するというものだった。

　シンポジウムでの発表の後、質疑応答の時間が設けられた。何人かの聴衆が質問したと記憶しているが、その内容はもう覚えていない。ただ、その際、ある男性が立ち上がり、私の発表に丁寧にお礼を言った。その後、「生徒たちが議論し、討論し、意見をぶつけ合うことを学んでいる非常に良い例をお示しになったと思います。なお、アメリカの授業では、生徒たちは、いつ対立は合意に達するものだということを学ぶのでしょうか？」と尋ねた。

　この問いは雷のように私を打った。確かに、合意することを学ぶ機会なんて、ほとんどないと思ったからだ。この問いは、優れたシティズンシップ教育実践として私が当たり前だと思っていた方法を根底から見直すための有効な視点を私に提示することになった。それは、従来の地図と同じように正確でありながら、根本から動揺させられる「逆さま」の世界地図の

ようなものであった。もし、シティズンシップ教育の実践において、合意
やコンセンサスを得るということが、異なる意見を言うことと同じように
評価されるとしたらどうなるのだろうか？　もし、市民的学習の目標を達
成するために、根拠を持って主張できることと同じくらいに、傾聴や合意
形成のスキルを身につけることを重視することを教師に求めたらどうなる
だろうか？　そもそも、従来重視されてきた議論することや異なる意見を
強調し続けるということは、アメリカにおけるシティズンシップ教育の目
的についてどのような意味を持っているのだろうか？　といった問いが
次々に浮かんだ。その瞬間から、私は日本の社会科教育研究者との交流に
おいて、彼らが私から学ぶことよりも、私が彼らから学ぶことの方がはる
かに多いと確信するに至った。

　本書は、アメリカニュージャージー州の3人の高校社会科教師による合
衆国史の授業において、有意義な市民的学習を取り入れた試みを記したも
のである。そのため、私はこの本が合衆国国外の教育者や研究者の興味を
引くなどと想像もしていなかった。しかし、今、振り返ってみれば、私は
知っておくべきだった点があったように思う。

　2010年のシンポジウムの際、私は学習のあり方を相互に探求する方法
として、教室での具体的な授業を交えて説明するように求められた。実の
ところ、このようなタイプと形式での発表が求められたことは、私にとっ
て初めてのケースであった。しかし、同時に、教室を基盤とした質的研究
者である私にとって、このアプローチは自然なことでもあった。私は、自
らの研究を通して、教室での実践・地域社会・社会のより広範な文脈の中
で、子どもが市民としてのアイデンティティをどのように意味づけるかを
より良く理解するために、教室レベルのデータを収集してきた。そのため、
参加した2010年のシンポジウムで、教室での授業や教室でのやり取りを
分析することが学習に関する複雑な真実を理解する手段になりうるという
前提が共有されていたことは、教室レベルでのやり取りを検証することが、
市民としてのアイデンティティと学習について批判的な理解を深めるため
に不可欠であるとしてきた私自身の研究者としての信念と一致するもので
あった。さらに、2010年・2016年の来日の際には、日本の授業研究に参

加し、教えるという行為と教室での生徒との相互作用に細かい注意を払っているのを目にしたことも、大きな感銘を受けた。

　本書は、教室での研究から得られた結果を授業実践に生かすというプロジェクトについて述べている。その際、デザイン・ベースド・リサーチ（DBR）というアプローチを用いている。DBRとは、「教育的な状況というものが複雑であるという特質を示す手段」として、「特定の学習形態を設計し、ある文脈の中でそれらの学習形態を体系的に調べること」に関わることである（Cobb et al., 2003, p.9）。本書は、社会科の教室を意義ある市民的学習の場に変えることを目的として、理論・研究・実践を統合するものである。以下で述べる、本書の研究プロセスの5つの側面は、日本の読者にとって特に興味深いものとなるだろう。

　　　①研究と理論に基づくものである
　　　②研究者と教師のコラボレーションによるものである
　　　③文脈を重視する
　　　④カリキュラムと教授法（pedagogy）を共に改革する
　　　⑤歴史教育と市民的課題を統合する

## ①研究と理論に基づくものである

　『メイキング・シティズン』は、学習と市民的アイデンティティの発達に関する新しい理解に基づいている。それは、教室・学校・地域・国家において、子どもがどのように市民性を学んでいくかということを中心に置くものである（Rubin, 2007）。この研究では、子どもたちが地域や学校といった多様な文脈を移動しながら、市民としての自分たちを形成するような様々な経験をしていることが明らかになっている。無論、こうした経験の中には、望ましいものもあれば、より複雑なものも存在している。加えて、本書では、生徒が日常生活の中で出会うような市民的課題について主体的に考え、そうした考えを継続的に行う市民たちの議論の一部とする機会を提供することは、すべての子どもにとって、より自覚的で力を持った市民的アイデンティティを育む可能性があるという先行研究も踏まえてい

る（Kahne & Westheimer, 2003; Parker & Hess, 2001; Cammarota & Fine, 2008; Rubin 2007）。なお、低所得層の生徒が利用できる市民的学習の機会と、高所得層の生徒が利用できる市民的学習の機会には、大きな格差があるという研究結果もある（Kahne & Middaugh, 2008; Levinson, 2007）。こうした市民的学習の中には、市民問題や個人的に重要な問題についてオープンに話し合うこと、サービスラーニング、地域社会の問題の研究など、市民的教育のベストプラクティスなども含まれている。本書で紹介したプロジェクトは、こうした先行研究を基盤とした理論と研究を出発点とした、新しいアプローチに基づくものなのである。

## ②研究者と教師のコラボレーションによるものである

　DBRのプロジェクトは、研究者と、イノベーションが実施される環境にいる実践者とのコラボレーションで行われる。本書では、実践者と研究者が協力してデザイン原則を開発し、その原則を使って合衆国史のカリキュラムをリデザインするというプロジェクトが紹介されている。コラボレーションを行うことで、新しいカリキュラムは、研究者だけで設計された実践よりも、教室での実践や学校の背景の問題により配慮したものとなっている。

## ③文脈を重視する

　本書においては、社会的・経済的・政治的な文脈が、どのように子どもの市民生活と市民的教育への関わりを形成してゆくかについても明らかにしている。社会科の授業を作る際に、文脈それ自体とともに、文脈が子どもの市民生活をどのように形成するのかについて広く深く理解し、それを取り入れた教育を構想することは、有意義かつ効果的な方法である。本書ではさらに、文脈が特定のカリキュラムや教育的アプローチにおける生徒の経験をどのように形成しているかに関する新たな示唆も明らかにしている。

## ④カリキュラムと教授法（pedagogy）を共に改革する

　本書では、カリキュラムと教授法双方の変更を伴うものである。実践者と研究者の共同チームは、主要な市民的課題を歴史教育と生徒の日常生活の双方に結びつけられる本質的な問いかけに基づいたテーマ史のカリキュラムを開発した。また、生徒の市民的コンピテンシーを育成するために、議論・書くこと・リサーチといった、いくつかの教授ストラテジーも開発した。カリキュラムと教授法の双方を再設計した結果として、市民的学習と市民参加の両方に重点を置いた包括的なアプローチが実現することになった。

## ⑤歴史教育と市民的課題を統合する

　本書では、歴史教育と市民的課題を一体化させることで、歴史を現代的な問いの中に位置づけ、市民的なテーマを過去と結びつけることを目指すことにした。そうすることで、このカリキュラムによって、歴史を暗記すべき事実の集合体として扱うのではなく、国の歴史の一部として永続的に続いている、現在進行中の問題やジレンマに生徒が取り組めるように促したのである。


　最後に、本書が、日本の実践者や研究者にとって興味深く、有益なものとなることを願っている。私の仲間である池野範男先生と川口広美先生、福井駿先生がこの取り組みの先頭に立って下さったこと、そしてこの本にたずさわって下さったすべての研究者の方々、翻訳者の斉藤仁一朗先生、後藤賢次郎先生、空健太先生、橋崎頼子先生、解説者の桑原敏典先生、金鍾成先生、古田雄一先生に心から感謝申し上げたい。この書籍の翻訳が、私たちの継続的なコラボレーションに役立つことを心から願っている。

　　　　　　　　　　　　　　　　　　　　　　ベス・C・ルービン

# 謝　辞

　この本で取り上げた3人の先生方（守秘義務の関係で実名を挙げることができず、テニー先生などと仮名にしている）に深く感謝したい。この後のページで示されているように、先生方は、勇敢さと想像力を持って、カリキュラムや教育実践を共に開発し、実践してくれた。さらには、私とリサーチ・アシスタントを温かく自分の教室に迎え入れ、自身の省察をオープンに共有してくれた。研究の過程では、常識では考えられないほど彼らの実践を公なものとしてしまったが、こうしたフレンドリーな精査に対しても、品位とユーモアで耐えてくれた。このプロジェクトの目的に対する先生方の献身的な姿勢や、「合衆国史Ⅱ」全体を再構築するための意欲は本当に素晴らしいものであり、このプロジェクトの成功にとって不可欠であった。

　私は常に高校生や中学生から感動や刺激を与えられているが、今回のプロジェクトに参加してくれた生徒たちもその例外ではない。研究対象となった3つの学校では、ほとんどの生徒たちにとっては、親しみのないタイプの社会科の授業であっただろうに、常に全力で取り組んでくれた。私たちと個人的な会話を行う際にも、率直で洞察力に優れた態度を示してくれ、私たちが教室にいることに対しても温かく寛容であった。

　このプロジェクトのデザインおよび調査段階では素晴らしいアシスタントたちが関わってくれた。ブライアン・ヘイズは、非凡な研究者であり、このプロジェクトでは、社会科の知見および授業実践に対する専門知見を与えてくれた。彼のこの働きはカリキュラム開発と実践、調査プロセスの質を高めてくれることになった。学部生のリサーチアシスタントであるブライアン・カナーレス、ケイト・マレー、エンリケ・ノゲラ、ジェニファー・ターリーは熱意と気遣いを持って、授業を見学し、生徒たちへのインタビューを行ってくれた。

11

　この本の執筆にあたっては、多くのサポートを受けた。カール・ウィッシュとブリット・ウィッシュが自分たちのアパートを提供してくれたおかげで、第１章・第２章の執筆が可能になった。サラ・エリノフ・アッカーは、第３章を書き終え、第４章の構想を練っている際に、書く－食べる－ヨガという無茶な３日間を、西マサチューセッツのクリパルで共に過ごしてくれた。第５章は、テア・アブ・エル・ハジと図書館の机で向かい合い、互いの集中力を奮い立たせながら作られたものである。ベン・ジャスティスは、真の対等な連帯意識を働かせた上で、勇敢にも全体の原稿を読みコメントをしてくれた。優れた新任教師であり、近年大学院を修了したヘザー・ダンハムは、私が息切れした際に、校正とフィードバックを効果的に行ってくれた。ラウトレッジ社の優れた編集者であるキャサリン・バーナードは、素晴らしいコメントをしてくれたことで、原稿の大きな改善をしてくれた。

　個人および社会の向上に仕えようとする私の教育や研究についての考えは、多くの人々の影響を受けてきた。特に、ペドロ・ノゲラ、ジュディス・ウォレン・リトル、イレナ・ホーン、トム・ストリティクス、アマンダ・ゴッドリー、ランス・マクレディー、ジーン・ヨネムラ・ウィング、スーザン・ヨネザワ、マケバ・ジョーンズ、ブラッドリー・レビンソン、ベン・カースナー、ミシェル・ファイン、テア・アブ・エル・ハジ、ジム・ギャレリ、テリー・エプスタイン、マイダ・ザール、ジェニファー・アヤラ、ダイアナ・ヘス、ウォールター・パーカー、パトリシア・エイヴリー、ジョー・カーン、ジョエル・ウェストハイマー、メイラ・レヴィンソン。彼らから学んだことに特に感謝したい。

　また、この研究はスペンサー財団、ラトガース研究協会、ラトガース大学院教育学研究科からの財政的支援のおかげで実現することができた。また、財政的ではない支援として、両親と兄弟——ルイス・ルービン、アイラ・ルービン、ジョエル・ルービン——が挙げられる。彼らと共に、数え切れない程の議論、批判的思考、世界への関与といったことを、家庭で経験することができた。今日では、私の子どもたち——マヤとカイ、私の夫——デイブ・ウィッシュは心の安らぎとインスピレーションを与えてくれ

ている。子どもたちは、学校での子どもたちの世界において洞察したものを直接教えてくれる。さらに、子どもたちは、学校生活に責任を持つ大人たちに信頼と願いを寄せていることを日々思い出させてくれた。夫は、人々を感動させる学習経験を作り出すために、無償で献身する実例でもあった。しかし、それにも増して、笑い合い、ほっとできる居心地の良い場所で寄り添えたことが最も重要なことであったと思う。

## 第1章

# イントロダクション
**有意義な市民的学習を通して社会科教育を変革する**

## 第2章

# 本質的に違うこと
**市民的学習における本質的な問いとテーマの扱い方**

**第3章**

# 話し合う市民たち
## 社会科授業における開かれた議論

**第4章**

# 市民に求められるコミュニケーションとは
## 市民的学習のために書くことと表現すること

**第5章**

# 「週末の時事問題」を超えて
## カリキュラム全体で過去と現在を結びつける

**第6章**

# 何が問題なのか？
## 社会科教室における市民的アクション・リサーチ

# イントロダクション

有意義な市民的学習を通して社会科教育を変革する

# 市民を作るということ

　2010年春、テキサス州の教育委員会は議論の結果、最終的に州の合衆国史カリキュラムの内容を制定したとして、大々的に発表した。合衆国史カリキュラムの「左翼寄り」[原注1] に関して、この委員会は次のように述べている。

　　　（委員会は）歴史および経済の教科書において、保守的だと印を押されるような社会科カリキュラムを承認した。そこでは、アメリカ資本主義の優位が強調され、建国の父が真に世俗的な政府に貢献したということについて疑問を呈し、より肯定的な見方で共和党の政治哲学を提示できるものとなるだろう。　　　　　　　　　(McKinley Jr., 2010)

　その春の終わりに、アリゾナ州議会は、社会科カリキュラムの１つの領域であるエスニック・スタディーズ（ethnic studies）は州の高校生には不適切であると判断した。2010年5月12日に、トム・ホーン州教育長はエスニック・スタディーズは「子どもたちが市民となり、将来暮らすことになるアメリカに対して敵対させるようなメッセージ、革命的で分離主義的なメッセージを伝えるものである」(Arizona Daily Star, 2010) と説明した。これを受け、5月に、ジャン・ブルワー知事がアリゾナ州の学校においてエスニック・スタディーズをやめるという法律に署名を行った（New York Times, 2010）。

　社会科カリキュラムに対する挑戦は、必ずしも政治的保守の立場のみから発せられるものではない。1990年には、全国有色人種向上協会（National Association for the Advancement for Colored People）、アファーマティブアクションを求める中国人の会（Chinese for Affirmative Action）、チカーノ反戦委員会（National Chicano Moratorium Committee）、湾岸地域における教育活動家の国家連合（the Bay Area Affiliate of the National Coalition of Education Activists）をはじめとした多数の市民グループからの圧力を受けて、オークランドにあるカリフォルニア州教育委員会は、州が

採択を決めた幼稚園から8学年までのホートン・ミフリン社の歴史教科書シリーズに反対する投票を行った。中でも、教育における人種主義に反対するコミュニティ連合（Communities United Against Racism in Education：CURE）は、その教科書に対して激しく反対するロビー活動を行った。

　この件に関して、社会学者のトッド・ギトリン（Gitlin, T.）は次のように述べている。

　　CUREは正真正銘偏見である事例も指摘していた……しかし、CUREをはじめとする批評家たちは、ごちゃまぜになった多くの批評の中に有効な批評を散在させてしまったことで、自分たちのためにならないことをした。彼らはこうした文章の中に隠された自民族中心主義をあえて見つけようとしており、このように優勢なアメリカ文化が存在する／したといった考え方に喧嘩を売ろうとしていたように思われた（中略）ある教科書がマイノリティの習慣を特別視している場合、CUREはそれを決して認めることはなかった一方で、マイノリティを特別視していない場合、彼らはそれを無視であると見なしたのである。

（1996, pp.9-10）

　社会科カリキュラムの内容に関する議論については、論争が起こった州だけの話でなく、国内でも様々な人々が強い関心を寄せてきたし、現在もその関心は高いといえる。公立学校の社会科授業で何をこそ教えられるべきであるのかという議論については、親、立法者、歴史家、教師、政治家、活動家、活動グループ、学生等の人々も、しばしば熱心に関わってきた。さらに、これらの人々皆が、アメリカの生徒が受ける社会科授業の内容、および（社会科授業が）将来市民となる我々の信念や傾向性に与える影響に対して強い懸念を示している。

　こうした状況で注目するのは、議論の内容や予測可能な対極化した政治状況ではない。それよりむしろ、私はカリキュラムをめぐるこうした争いによって見直される出来事に注目したい。それは、人々の支持するイデオロギーにかかわらず、共通する考えである。それはつまり、社会科カリ

キュラムは人々の市民としての感覚に影響を与えるということである。右翼的か左翼的かにはかかわらず、我々が社会科の授業で学ぶこととは大いに重大なことであり、生徒たちの市民的アイデンティティを形成する可能性をいくぶんか有するものなのである。このように社会科が市民を形成する力を有するという考え方は、ここ数十年のカリキュラムをめぐる争いを煽るものとなってきた<sup>(原注2)</sup>。

　このことを念頭に置くと、社会科の授業というものは、国家的な関心を呼び起こす論争と議論が煮えたぎっている大釜だと考える人がいるかもしれない。あるいは、社会科はシティズンシップの培養器（incubators）となりうると主張する人もいるだろう。さらに、ある人は、社会科は愛国心や市民的精神をインスパイアする温室であると予想するかもしれないし、そのことを望む人もいるかもしれない。しかし、幼稚園から高校までの社会科の教室で過ごした時間を思い起こすと、アメリカの学校での社会科の体験は、このいずれも正確な描写とはいえないことが分かるだろう。「私たちがしたことは、映画を見て、プリントを埋めただけ」と、都市部の高校に通う生徒であるジュアンは述べた。「先生たちは本を配って、それを読んで、課題をした。ただそれだけ」と、郊外の中流家庭の学校に通うサラは振り返る。「先生たちは教えたりしてない……先生たちはワークシートを配って、私たちはそれを読んで、それから質問に答えるだけ」と、また別の郊外の学校に通うショーンが同意していた。これらのコメントは、昨年度の社会科の授業に関して公立高校の生徒が語ったことの抜粋であるが、同時に、アメリカの社会科の教室でよく起こっている経験を示唆するものでもある。

　さらに私の研究だけでなく、他の研究においても、生徒たちは社会科授業における自らの経験をはっきりと覚えていないと繰り返し述べている。オールウッド高校（多様性に富んだ、中流家庭の子が多い、郊外の学校）の11年生であるダニーは、昨年度の合衆国史の授業を振り返って次のように述べた。

　　　昨年学習したすべてのことを忘れた。いくつかの細かい部分を除い

ては……私はそもそもジョージ・ワシントンみたいなことには興味が持てない。なぜなら、何回も何回も繰り返しやってるような気がするし。そんな感じでうんざりする。だから、本当に興味が持てないんだ。

　低所得者層のコミュニティにある都市部の高校の生徒であるベニーも類似した話をしている。合衆国史の授業について、彼は「1万3000年前に起こったことについて話したりしたけど、そんなことは今には何の関係もない」と説明した。これは、愛国心の教え込みなのか市民的な問い方を教えるのか、ということではなく、そもそも現在の公立学校システムの中では、社会科の授業が市民的教育の中心として活発に機能していないということを表している。それゆえ、授業の中で行われていることの多くはこの役割とは直接関係はなく、教師と生徒双方をしばしば失望させ、生徒が自らを市民生活と無関係だとする疎外感を助長する可能性さえある（Knight Abowitz & Harnish, 2006）。もし、これで市民が「作られる」とするならば、こうした実践は、どのような市民を作っているのだろうか。

　ほとんどの社会科の授業において、生徒たちは年代順に歴史を勉強し、受動的に学び、すでに書かれたものとしての合衆国の物語に出会っている。そこでは、市民は物語への主体的な参加者というよりも、むしろ歴史の目撃者となっている。こうした状況において、教師はできる限りたくさんのことを「網羅し」て、「何かを落とす」ことを恐れており、自らの教育を「今日とつなげる」ことができないということに絶えず失望させられている。

　こうした教育の選択の結果は、生徒の市民的学習に影響を及ぼすことになる。一般的に、学習というものは、社会状況と相互作用の中で行われる。個々人の脳の中で単独に起こっているプロセスではなく、社会的な動物である人々は、誰がいるのか、何をしたのか、どんな教材や活動が利用可能か、どんな相互作用が行われているかによって学習が形作られている（Greeno & MMAP, 1998; Lave & Wenger, 1991）。例えば、ほとんどの授業が、講義を聴く、教科書を読む、決まった答えのワークシートと問いに答える、という教育活動である社会科授業を受けてきた生徒たちは、社会科

というものを聞く・覚える・評価目的で再生するといった一連の情報として捉えるだろう。他方で、読む・議論する・論争的でレリバンスの高いトピックについて書くといったことが当然である社会科授業で学んできた生徒は、社会科は、自らが意見を形成したり再構成したりするために、レリバンスがあり論争的な課題に立ち向かう教科であると理解するだろう。これは「状況に埋め込まれた」学習としての理解であるとされ、市民的な学習への適用を考える場合や、市民的アイデンティティを形成する場合にも重要な意味を持つ。そのため、もし我々が能動的で積極的な市民を育成しようとするならば、社会科のカリキュラムや実践を見直し、この目的を反映し達成できるようにデザインしなければならない。

　本書は、一般的な社会科のカリキュラムと教育実践、特に合衆国史の教育実践について、上記のような事例と相反する事例を提供することを目的としている。本書で説明するプロジェクトは、多様な子どもたちがどのように自身を市民と見なすかに関する現段階の理解を踏まえた上で作られ、現在起こっている市民的課題について深く考え、国民が行う対話に参加できると考えるような、参画をし、批判的で（critical）、熟達した（skilled）市民を「作る（make）」ことを目的としている。この本は、特に、社会科が市民的な学習であるという目的を再認識させるための説得力のある事例を探していたり、私たちが求める社会科実践を作り出すことができる、参画できる（engaged）市民をより良く「作る」ための授業を構成するための実践的な提案を探している社会科教育の関係者に向けて書いたものである。

## 多様な子どもと市民的学習

　どのような社会科実践が、有意義な市民的学習を提供することができるだろうか？　そのヒントを得るために、ある参加的な市民的探究に関するエピソードを検討しよう。これは、都市部のミドルスクールの社会科授業の一部であり、そこで生徒は忠誠の誓い（Pledge of Allegiance）[1]について活発な議論を行っている。アンバー、ジェシカ、アンジェリカの3人は、

正義・個人の権利・忠誠の概念について取り組んでいた。

> アンバー：（大きな声で）私たち（WE）は1つの国家（the one nation）
> よ。神の下にある1つの国民。
> ジェシカ：忠誠の誓いで「神の下」と書いてあるけれど、実際にはそ
> んなこといえないし、国旗に忠誠を誓わせることもできないよ。な
> ぜなら、本当にその神を信仰していない人種もいるから。だから、
> もし神を信じていなければ、何で「神の下」と書かれた国旗に忠誠
> を誓えるの？　そんなことしないでしょう……それはさ……
> アンジェリカ：うーん、私と彼女（もう1人の生徒を指す）は議論し
> ていたのだけど。彼女は、1つの国家ではないと言ったのよ。何で
> かっていうと、差別……人種差別があるから。このすべてのもの、
> このすべての憎しみよ。でも、アメリカにいる人々に忠誠は誓えな
> くても、アメリカには忠誠を誓えるでしょう。

　授業中の議論の一部分ではあるが、この事例は、生徒が複雑な市民的問
題であっても、興味を持って取り組むことができるという可能性を表して
いる。誓いを捧げる「1つの国家」とは何のことなのだろうか。我々の国
にある人種差別の歴史や「このすべての憎しみ」の歴史はこの概念にどの
ような課題を突きつけているのか。すべてのアメリカ人に神への信仰を呼
び起こす誓約に同意することが期待されるのだろうか。その神を信じてい
ない「他の人種」と評される人々についてはどうなのか。彼らにも、同じ
誓約をさせることを期待できるのか。
　市民的到達度を定量的に測定すると、白人や裕福な子たちが上位に位置
し、低所得のアフリカ系アメリカ人やラテン系の生徒は下位に位置する。
けれども、アンバー、ジェシカ、アンジェリカ、そして彼らのクラスメイ
ト——低所得層のミドルスクールにいるアフリカ系アメリカ人やラテン系
の8年生の生徒——は、2時間以上もそのような問題を精力的に追究し、
しぶしぶ教室を出た後も議論し続けていたのである。個人的な経験や地域
社会での経験が議論への興味を喚起し、議論という形式が他者や文章との

対話を促し、現在進行中の市民問題への彼らの関わりは真正なものとなり、心に響くものであった。

　日常生活とより大きな市民的課題を相互関連させることができるカリキュラムや教育実践は、有意義な市民的学習の機会を提供してくれる。数十年にわたり行われてきた子どもたちの市民的知識や信念に関する定量的研究では、大人が考える重要な市民的知識を測る物差しを用いて、子どもたちが何をして何をしていないのかに関する情報が多く明らかにされてきた。しかしながら、そうした研究を用いても、生徒たちが市民的学習に取り組む際に、実際に何が生徒にとって有意義でレリバンスが高いものと見なしているかはほとんど分からない。実際のところ、子どもたちにとって有意義でレリバンスが高いとされる事柄は、上記の例でも見られたように、生徒が社会科カリキュラムに意味を見出すツールであり材料となるのである。市民的アイデンティティがどのように形作られるのかということをより良く理解することで、カリキュラムはより力強いものとなるのである。

　様々なコミュニティや学校の文脈の中を移動していく中で、子どもたちは市民を形作る多様な経験を行う。それは、時にポジティブなものであるが、時により複雑なものともなる。生徒が日常で経験していることを知ることが、彼らがどのように社会科カリキュラムで学ぶものを意味づけているかにつながる。生徒は日常生活で「平和と正義」を経験するだろうか？生徒は「権利章典」で示されるような権利が守られると信じるような理由を持つことができるだろうか？　むしろ、彼らは権利が侵害されることを見たり、経験したりしてきたのではないだろうか？　日常生活において、市民的理想と市民的現実が合致する様子を知っている生徒は理想と現実の間の「一致（congruence）」を経験する一方で、理念と現実がかみ合わない経験しか知らない生徒は、（理念と現実の）「分断（disjuncture）」を経験することになる。

　また、生徒たちは、市民的行動に対して多様な見方を有している。ある生徒は、良い市民となるには、税金を払い、法を遵守し、投票さえすればよいと思っている。また、ある生徒は、良いシティズンシップとは市民問

表 1.1　市民的アイデンティティの類型論

| | | アメリカの理想を学んだことに関連した生徒の経験 | |
|---|---|---|---|
| | | 一　致 | 分　断 |
| 市民的参加に向けての生徒の態度 | 能動的 | 第1象限：自覚<br>変化には、公平と公正が必要である。 | 第2象限：エンパワーされた<br>変化には、個人とコミュニティが不可欠である。 |
| | 受動的 | 第3象限：無頓着<br>変化は必要ない、アメリカにおいて、すべては問題ない。 | 第4象限：諦め<br>変化しえない。アメリカでの生活は不公平である。 |

この表を初めて用いたのはRubin（2007）である。

題を解決するための行動を伴う必要があると考えている。良い市民性とは悪いことをしないことだと認識している生徒はより「受動的（passive）」アプローチをとり、行動が必要だと思う生徒はより「能動的（active）」スタンスをとることになる。

　こうした市民的アイデンティティの発達に関する2つの見方を交差的に考えると、現在の子どもの市民的アイデンティティについて幅広く描き出すことができる。表1.1は、ミドルスクールおよび高等学校の生徒における市民的生活に対する見方や経験についての研究（Rubin, 2007）を踏まえ、市民的アイデンティティの領域を視覚的に表したものである。

　「自覚（Aware）」の生徒とは、私的には、アメリカの慣例として学んだ理想と自らで経験したことの間の衝突を経験したことがないが、そうした衝突が存在していることには気づいており、変えるために動こうとする意欲を表す人のことをいう。そうした生徒は次のような意見を持つ。「『政府をぶっつぶせ』とかそういうことじゃない。でも、私は社会的不正義についてより自覚的であると思うんです……つまり、市民なんだから、それに対して何かできるって思うってこと」。

　先行研究では、こうした生徒たちの自覚というものは、家族からの影響の他に、例えばクラスでの不平等についての議論や社会正義についての学習単元といった学校における議論や活動からも同様に影響を受けているということが明らかになっている。

　「自覚」の生徒と同様に、「無頓着（complacent）」の生徒は、アメリカにおける理想と現実は合致しているという経験を前提としている。彼らは

安全であり、良い機会を受けてきたという経験を有している。しかしながら、「自覚」の生徒とは異なり、市民的な参加活動に対しては受動的な態度しか示さない。例えば、ある生徒は、良い市民とは「国において充実した生活を送る人、法律を遵守して……ただ、その立場にいることを楽しんで、政治とか他の世界での問題とかについて全然心配しない人」だと述べた。

「無頓着」の生徒は、自分自身の生活経験から、アメリカでの生活は概ねすべての国民にとって公平であると結論づけている。つまり、現状に満足しているため、変化を起こすために動く必要はないと思っているし、「空騒ぎをする」ために動く人々に対して批判することもありうる。「自覚」の生徒とは対照的に、「無頓着」の生徒は、自身と生活環境が異なる同級生と接触しない傾向があり、そして、システムは全員にとってうまく機能しているのだという自身の信念が社会科授業を受けたからといって変化することはほとんどない。

「諦め（discouraged）」の生徒とは、日常生活における市民的理想と現実とのギャップを経験しているものの、こうしたギャップに対して市民的な行動をとることについて悲観的な人を示している。これらの生徒は、人種差別、権利の侵害、コミュニティ内の暴力、歴史的な不正義の問題につながる経験をしてきている。こうした生徒たち——しばしば低所得層で、都市部の学校の生徒である——にとっては、そうした経験によって、アメリカ社会は永続的に不平等だと日々痛烈に突きつけられる。その結果、市民的行動で緩和することはできないと感じるようになる。ある生徒はこう述べた。

　　私は何か行動をとは思うけれど、それが、実際に変化を起こすなんて到底感じられない。だって人々は、子どもたちを実際は何もできないだろうと見下しているから……。彼［キング牧師］は正しいことをしたってされるけど、同じように反対した人々は間違ってるってなってきた。私は、それが何度も起こってしまうんじゃないかなと思うんですよ。

先行研究で取り上げた生徒の中には、変革が可能であるかどうかについての複雑な気持ちを示しながら、「諦め」と「エンパワーされた」との間で行き来する生徒もいた。家族やコミュニティにおけるロールモデルたちと同様に、より希望にあふれ参加させるような方向に生徒たちを促すことになったある授業実践については後述する。

　「諦め」の生徒のように、「エンパワーされた（empowered）」の生徒は市民的な理想と現実の間のギャップを直接的に経験している。それにもかかわらず、これらの生徒は市民的な行動と変化のために動くことについて情熱を失わないままでいる。「もし、私が権利を獲得する機会を見つけられたら、それを得ようと試すでしょう」とある生徒は述べている。

　「自覚」の生徒と同様に、「エンパワーされた」の生徒は、社会科の授業は、権利と行動するための方法を理解する上で極めて重要であると述べる。そのような生徒のうちの1人は、社会科授業で、「言論の自由、請願の自由、報道の自由、そして捜査や押収（の違法性）」について学んだことについて詳しく説明した。その前に、彼女は「私は憲法改正や（中略）私たちが有している、また有していない自分たちの権利について何も知らなかった」と言っている。こうした変化を志向するというアイデンティティは、授業内容を子どもたちの生活や関心とつなげるようにデザインされたシミュレーションや議論、書くことに関する学習活動を行うという社会科の実践にもつながっているように思える。この枠組みに基づけば、市民的教育の主な目的とは、生徒が「無頓着」から「自覚」へ、あるいは、「諦め」から「エンパワーされた」へ移動するための一助ということになる。

　先行研究によれば、どんな学校状況であったとしても、市民的問題を認識し、探究しようとするような社会科授業を受けることで、生徒たちは、より能動的に参加しようとする市民的アイデンティティが育つことになる。それにもかかわらず、ほとんどの社会科授業は、未だに、生徒の市民生活での様々な経験を考慮したものになっておらず、それを基にして構成されてもいない。つまり、多くの教育者は、授業で、論争的な社会的市民的問題を用いることを避けようとするため、先で述べたような「忠誠の誓い」のような議論は稀なことが分かる。さらに、近年の調査では、低所得者層

のコミュニティの生徒が受ける市民的な学習の機会と、高所得者層の生徒が受けるその機会との間には深刻なギャップがあることが指摘されている（Kahne & Middaugh, 2008; Levinson, 2007）。カーンとミドウ（Kahne & Middaugh）の研究は、9年生における全国規模のサンプルを用いた調査である。その調査では低所得者層の子どもや大学進学を考えない子ども、および有色人種の子どもたちは、市民的課題や個人として重要な課題に対して開かれた議論をしたり、サービスラーニングをしたり、コミュニティの問題について調べるといった良い市民的教育実践を受ける機会に乏しいということが明らかになっている。

　もし、児童・生徒の市民としての志向性（civic orientation）が、特定の学校や地域社会における日常生活の経験を通して形成され、公民授業や教科書を超えた要因によって影響を受けるとすれば、私たちは次の課題に直面することになる。それは、能動的な市民を育成したいと望むのにもかかわらず、生徒の経験に直接的に関与することを避け続けるべきなのかということである。市民的な問題を能動的に考えさせようとすることで、生徒たちは日常生活と直面することができ、日常生活を現在起こっている市民的なディスコースに組み込むことで、すべての子どもたちに「自覚」や「エンパワーされた」市民的アイデンティティを育む可能性を持つのである（Fine et al., 2007; Kahne & Westheimer, 2003; Parker & Hess, 2001; Rubin, 2007）。

　実際に、子どもたちにアメリカ市民社会が有する問題点を考えようとさせる教育実践というものは、すべての子どもの益になるのである。公民権や市民的プロセス、社会格差に関してフランクに議論することは、市民的な理想と現実のギャップを経験した子どもたちをエンパワーすることになるし、ギャップを経験していない子どもたちに先を見通させることにもなる。このことでより能動的な市民的アイデンティティ形成が促されることになる。こうした「問題提起型（problem-posing）」アプローチは決して新しいものではない（Freire, 1970を参照いただきたい）が、教室を基盤とした社会科教育へ適用しようとすることは、伝統的な市民的教育や調査のモデルからの脱却を示すものといえるだろう。

# 新しいアプローチを創造すること

　本書は有意義な市民的な学習と、ミドルスクールおよび高校での社会科授業とを統合した１つのアプローチを示している。そして、この新しいアプローチを適用しようとした３つの公立学校における教師や生徒の経験が提示され、どのようにすれば社会科が市民性を育成するという目的を取り戻すことができるか、子どもたちが歴史を学びながらも、より大きな市民的な問いについて学び、考え、議論し、書き、取り組むことができる社会科の授業とはどのようなものであるかを説明してゆく。

　本書は、子どもが参加的であり、エンパワーされ、考える市民になるということは、個人としても社会全体としても有益であるという明確な信念を前提としている。筆者として、私は、今回参加してくれた高校の生徒の１人であるヴィンセントが、教授法とカリキュラムのアプローチと、市民の力こそが市民的生活を形成するという信念とを結びつけようとした方法に影響を受けたということに達成感を感じることになった。彼は感想の中で、以下のように述べている。

　　　私たちがテストを受けるたびに必ず出てくる本質的な問いの１つは（中略）「変化をもたらす能力は誰が持っているか？」だった。私は市民だと考える。知っていると思うけど、一般市民は能力がある。それは機会を作り出す能力だ。私たちはその市民であり、物事を変えることができる。私たちには変化をもたらすパワーがある。

　本書で、私たちは多様なコミュニティで働き、生活している３人の教師と生徒たちを知ることになる。彼らは、子どもの市民的アイデンティティ形成に関する新しい理解に基づいて、歴史を中心とした（history-oriented）社会科カリキュラムに対する新たなアプローチに取り組んだ。本書では、社会科教師たちがなぜ、どのように彼らの授業を、市民的な学習を行うための重要な（powerful）場所、生徒や教師たちが「私たちには変化をもたらすパワーがある」と信じることができる場所へと変革できたのかを示し

たい。

　もしも、すべての生徒が市民的学習の機会を受けるべきだと真剣に考えるのであれば、子どもたちの市民的アイデンティティ発達を新しく理解し、伝統的な社会科のカリキュラムや教授法を根本的に変革すべきであることが分かる。現在、市民的教育を主張する人々によって、多くの特別なコース、小単元、個別の学習活動などが開発されており、学校や授業で実践されている。しかし、こうした試みは必ずしも広がっているとはいえ、伝統的に恵まれない子どもたちの生活経験と定められた教育課程とが統合されているとは言い難い。

　もし、すべての生徒たちの市民的な学習経験を変革することを目的とするのであれば、州が定めた社会科教育課程、特にアメリカに住むすべての高校生必修である合衆国史は、多くの生徒が有意義な市民的学習を経験できる場であるといえる。そこで、このプロジェクトは、次の本質的な問いから始まった。それはどのようにすれば必修の合衆国史Ⅱの授業が、必要な内容の学習を踏まえながらも、有意義な市民的学習を行える場となるのか？　もし、生徒の市民的アイデンティティが、日常生活および教室やコミュニティの文脈で実践されるという考えに基づけば、合衆国史Ⅱの授業はどのようなものになるのか？

---

**Box1.1　多様性に富んだ状況下における有意義な市民的学習のデザイン原則**

1. 市民的教育は、市民生活における生徒自身の経験に基づくべきである。そこには、公共施設（例：学校、警察）における日常生活も含まれる。
2. 市民的教育は、生徒が、市民生活における主要な論点や問題を考え、議論する機会を提供すべきである。
3. 市民的教育は、生徒の議論・分析・批評・調査スキルを育成すべきである。
4. 市民的教育は、自分自身の関心事に直接的に関連づけながら、市民としての権利や責任についての知識を構築すべきである。

なお、本書で述べていくこの教育改革プロジェクトは、本章冒頭で示した理論的フレームワークと研究成果を踏まえた上で、生徒の日常経験、社会的な役割、課題に対する情熱を考慮に入れ、しっかりと活用した上で、社会科教育実践を発展させるために、Box1.1 で示した4つの原則（principle）を用いている。

　この目標を達成するために、このプロジェクトチームでは、デザイン・ベースド・リサーチ（design-based research：以下DBRと略記）を採用した。これは、高等学校での社会科カリキュラムで市民的学習を用いるという新しいアプローチを開発・適用・調査するためである。DBRとは、「教育的な状況というものが複雑であるという特質を示す手段」として、「特定の学習形態を『設計し』、ある文脈の中でそれらの学習形態を体系的に調べること」に関わることである（Cobb et al., 2003, p.9）。そうしたプロジェクトは「生成的でありかつ変革的」であるとされる。そこでは、実践に関する特定の考え方を基にした新たな学習形態を作り出し、数々の革新を検討し、検討下にある実践を改良し・洞察し・良好な革新モデルを作り出すために一連の分析を分析するのである（Kelly, 2003, p.3）。これまで、数学や理科の学習においてはDBRがよく用いられてきたが、社会科の研究ではあまり行われてこなかった。しかしながら、理論的・経験的に獲得できたデザイン原則を踏まえた社会科教育の新しいアプローチをデザインし・実行し・追跡するといった本研究の本質を鑑みると、これ（＝DBR）は非常に有効な方法論であると捉えられる。

　研究の初期段階では、私（大学教員）と博士課程の学生、3人の教師、3人のインターンの学部生から構成される研究者チームは集中的に会合を行った。そこでは、表1.2 に示したデザイン原則を議論し、その原則と次年度以降に必要なカリキュラムとを統合するためのカリキュラムや教授法的アプローチを開発していった。我々は教師たちが作成した合衆国史Ⅱのカリキュラムを、2章で詳しく説明する本質的な問いとそのプロセスと結果に沿ったテーマ別の区分で再構成することから始めた。次に、チームは、市民的教育における優れた実践および有意義な社会科授業を書いた参考文献を参照し、1年間を通した市民的学習を進めるためにデザインされた4

表1.2　構成要素を形成する市民的スキル

| | 議　論 | 書くこと<br>表現すること | 時事問題 | 市民的<br>アクションリサーチ |
|---|---|---|---|---|
| ストランド<br>（構成要素） | セミナー<br>テイク・ア・スタンド<br>構造化された会話 | 社会科日誌（jour-<br>nal）<br>説得力ある手紙<br>説得力あるスピーチ<br>ニュース番組<br>5段落のエッセイ | テーマに関係するも<br>の<br>問いにつながるもの<br>選挙につながるもの | 問題の識別<br>研究の解決<br>プレゼンテーション |
| 目<br>的 | ディスカッションお<br>よび聞くスキル、論<br>争問題でよく支持さ<br>れる意見を分析・表<br>明できる力の発達 | 書くこと・口頭での<br>表現スキル、準備・<br>提示のために1人ま<br>たはグループで作業<br>する能力の発達 | 学習におけるテー<br>マ・出来事・問い<br>（questions）に時事<br>的な出来事を取り入<br>れること | 一次資料・二次資料<br>を用いて公的な課題<br>や問題を調査できる<br>力、行動のための計<br>画を立てる力の発達 |

つの「ストランド」（構成要素）[2] を設定した。これらのストランドについ
ては表1.2で簡単に述べており、詳細は第3〜6章で述べてゆく。

　研究の第2段階として、チームの教師たちは自らの合衆国史Ⅱの授業を
実践していった。研究チームはそれぞれの授業を頻繁に観察し、プロジェ
クトチーム全体では月に一度集まり、継続的に議論を行うとともにカリ
キュラムを開発していった。主任調査者は、年度の始まりと終わりに、教
師にインタビューを行った。生徒たちはカリキュラムを通して経験したこ
とを調査・インタビューされ、生徒の学習成果は年間を通して集められた。
なお、本書では、重複箇所はあるものの、テーマと問い、議論、書くこと
と表現すること、市民的アクションリサーチ、時事問題のそれぞれに焦点
を当てた5つの章で調査結果を報告することにしたい。

# オールウッド、オークノル、サリー<br>——3つの多様なアメリカのコミュニティ

　今回調査する学校がそれぞれ位置するコミュニティはアメリカにありう
る多彩な多様性の形態を示す良い材料となる。オールウッド、サリー、そ
してオークノルという3つのコミュニティは、それぞれが65マイル圏内
にあり、それぞれがはっきりとした背景や課題を抱えているため、生徒の
生活や経験に開かれるべきだとする考えに基づいた有意義な市民的学習の

実践にあたって豊かな文脈を提供するものであった。

　アメリカ東岸の人口の多い地域にあるオールウッドは、過去10年で急成長した人口約10万人の町である。オールウッドにある2つの総合高校の1つであるオールウッド高校は、南部地域に位置しており、もう1つの高校のある北部よりも裕福な人口が少ない傾向にある。オールウッドの人口の46.5％は白人、35.1％はアジア系アメリカ人（オールウッド全体のうち18％の生徒はインド系だと報告されている）、8.5％はアフリカ系アメリカ人、8.4％はラテン系アメリカ人である。コミュニティに住む人々の職業は、教育やヘルスケア関連、専門的・技術的な分野、金融業と保険業、サービス業、小売業、製造業、および建築業であった。

　2007年、オールウッドにおける平均家計収入は8万581ドルであったが、オールウッド高校の生徒の家族の平均家計収入は平均を2万ドル下回っており、オールウッド高校の15.5％の生徒が無料または減額した昼食プログラムの受給資格を有していた。オールウッドの失業率は2007年現在4.2％であり、個人の貧困率が6.4％、家族の貧困率が2.7％であった。また、我々の研究で扱った3つのコミュニティの中では、オールウッドの治安状況が安定していた。オールウッドの暴力犯罪率は1.67であり、州および全国的な平均をかなり下回っている。さらに、殺人、レイプ、武装強奪または暴力といった暴力的犯罪の犠牲者となる可能性については、州平均が282人に1人であるのに対し、オールウッドは600人に1人であった。オールウッドの窃盗犯罪率は人口1000人あたり17.2件と同様に低かった。オールウッドにおける1平方マイルあたりで起こる年間犯罪数は60で、州平均と同等であった。

　オークノルは同じく北東部の、複数の人口過密都市周辺に位置する人口約4万4000人の郊外コミュニティである。多様性に富んだ町であり、オークノルの居住者たちは53.9％が白人、21.6％がアフリカ系アメリカ人、15.2％がラテン系、7.6％がアジア人、1.3％がその他であった。オークノルにいる多くの白人系の家庭は子どもを私立の宗教的な学校に通わせているため、公立であるオークノル高校のデモグラフィ（人口統計）はそのコミュニティの人々を反映したものとはなっていない。住民の職業は、専門

的および技術的な分野、また教育やヘルスケア関連がほとんどを占め、小売業、建設業、輸送業、芸術、行政もあった。

オークノルの失業率は、2007年現在5.9%であった。個人の貧困率は5.2%であり、18歳未満の子どもを持つ家庭の貧困率は6.9%であった。オークノルの犯罪発生率は、州および全国的な平均よりかなり低く、暴力犯罪率は人口1000人あたり2.1件、窃盗犯罪率は人口1000人あたり22.96件であった。オークノルの平均家計収入は9万ドルで、州および全国的な数値を大きく上回っている。しかしながら、町と学校の人口特性の違いを反映して、オークノル高校の生徒の27%は無料または減額した昼食プログラムの受給資格がある。

サリーは狭い範囲に人口が密集した約8万人の小都市で、衰退しつつある脱工業化都市であった。2000年の統計では、市の人口の53%がアフリカ系アメリカ人で、38.8%がヒスパニック系やラテン系、16.8%が白人、そして2.5%がアジア人であった。家を所有している人よりも賃借している人の方がかなり多く、サリーの平均家計収入は2万3145ドルであり、州平均よりかなり低かった。住民の職業は、教育やヘルスケア関連、食品サービスや他のサービス産業、また小売業、建設業、製造業、専門的な分野であった。

サリーの失業率は2007年現在16.1%であった。1人でサリーに居住する者の40.5%は貧困であり、18歳以下の子どもを持つ家庭の48.7%は貧困ライン以下での生活を強いられている。サリーはアメリカ合衆国内の最も危険な居住場所リストに頻繁に位置づけられており、サリーの暴力犯罪率は、人口1000人あたり22.8件にも及ぶ。これはつまり、（殺人、レイプ、武装強奪、または暴力といった）暴力犯罪の犠牲者になる可能性が、州全体で282分の1であるのに対して、サリーでは44分の1であることを示す。さらに、サリーは窃盗犯罪率も深刻である。居住者の15人に1人は強盗、窃盗または自動車窃盗の被害に遭う可能性があった。サリーの人口密度がこの問題を助長しており、1平方マイル内の犯罪件数は、全国平均が49.6件のところ、サリーでは699件であった。

# 3つの調査校における生徒と教師の状況

　オールウッド高校、オークノル高校、サリー高校に通う生徒の人口統計からも、多様な形態での「多様性」が明確に見られた。**表1.3**は、3つの調査校に通う生徒の人種・民族的特性、社会経済的状況、言語、特別支援教育の指定に関する統計結果を示している。すべての学校において、家庭で英語以外の言語を話す生徒は大変多くおり、個別教育計画（IEPs）[3]に基づく生徒も多数いた。中でも、サリーの学校では、生徒の流動性率[4]、無料または減額した昼食プログラムを要求できる連邦による収入基準を満たしている生徒の割合、また英語力に限界のある（LEP）生徒の割合が、他の2つの学校よりも著しく高い傾向にあった。

　オールウッド高校とオークノル高校は94%という州平均の出席率を共に超えている一方、サリーは州平均を大きく下回っている。停学率については、オールウッド高校は36%で州平均の14%を大きく超えており、より厳格な懲罰が規定されていることが分かる一方、オークノル高校は数ポイントだけ全国平均を超えており、サリーは州平均よりも低いという結果であった。ここから、規律が強制されていない点が示唆される。実際、我々研究チームが訪問した際、授業中にもかかわらず廊下に生徒が多数いたという事実もそれを物語っている。なお、**表1.4**は、3つの調査校にお

**表1.3　調査校における生徒の人口統計**

|  | オールウッド高校 | オークノル高校 | サリー高校 |
|---|---|---|---|
| アフリカ系アメリカ人 | 12.0% | 42.0% | 46.0% |
| アジア系アメリカ人 | 27.0% | 8.0% | 2.0% |
| ラテン系アメリカ人 | 13.0% | 21.5% | 50.0% |
| 白人 | 48.0% | 28.0% | 1.0% |
| 英語力に限界のある生徒 | 2.2% | 4.9% | 11.9% |
| 家庭で英語以外の言語を話す生徒 | 42.4% | 30.4% | 43.3% |
| 個別教育計画対象者 | 13.3% | 15.4% | 24.7% |
| 生徒流動率 | 4.9% | 7.7% | 29.5% |
| 無料／減額された昼食プログラムの受給資格者 | 14.0% | 27.0% | 65.0% |

表 1.4　懲罰と出席率のデータ

| | オールウッド高校 | オークノル高校 | サリー高校 |
|---|---|---|---|
| 出　席 | 96% | 95% | 80.1% |
| 停　学 | 36% | 21% | 10% |
| 除　籍 | 0% | 0% | 0% |

表 1.5　高校卒業後の進路

| | オールウッド高校 | オークノル高校 | サリー高校 |
|---|---|---|---|
| 全州テスト合格による卒業率 | 84% | 78.2% | 10.6% |
| AP を受験 | 256 人（15%） | 490 人（26.6%） | 29 人（4.3%） |
| SAT | 533 数学 /500 言語 | 493 数学 /474 言語 | 330 数学 /335 言語 |
| 退学率 | 1.4% | 3% | 8.2% |
| 卒業率 | 97.4% | 94.9% | 75.3% |
| 卒業後のプラン | 48% | 28% | 1% |
| 　4 年制大学 | 49.2% | 69.9% | 28% |
| 　2 年制大学 | 39.6% | 27% | 30.9% |
| 　他の教育機関 | 2.5% | – | 17.4% |
| 　軍隊 | 1% | 0.5% | 1.9% |
| 　就職 | 2.5% | 1.8% | 11.1% |
| 　未定 | 5.2% | 0.7% | 9.7% |
| 　その他 | – | – | 1% |

　ける懲罰と出席率のデータを示したものである。

　この調査に参加した 2 つの郊外の学校と都市の学校の間にある違いが特に際立つのが、**表 1.5** で示した生徒の卒業後の進路設計である。オールウッド高校とオークノル高校の生徒は、高い卒業率を示しており、ほぼ全国平均水準の SAT（Scholastic Assessment Test：大学進学適性試験）の点数であり、高校 2 年生 3 年生の AP の受講率も高い [5]。一方で、サリー高校の生徒は、中退率がオールウッド高校の生徒の約 5 倍、オークノル高校の生徒の約 3 倍で、2 校の生徒と比べて卒業率が相当低いものとなっていた（たった 10 人に 1 人しか全州テストを突破できない）。SAT の数値も低く、AP の参加はほとんど皆無といってもよい程少なかった。

　全州テストにおいては、3 校は異なる結果を見せた（**表 1.6** を参照のこと）。オールウッド高校の生徒は国語、数学共に全国平均を超えていた。

表 1.6　オールウッド、オークノル、サリー、全州テスト結果（2006 ～ 2007 年）

|  |  | 未受験率 | 部分的上達レベル | 上達レベル | 発展レベル |
|---|---|---|---|---|---|
| 州全体 | 国語 | 0.8% | 13.5% | 66.3% | 20.2% |
|  | 数学 | 0.9% | 25.1% | 50.8% | 24.2% |
| オールウッド | 国語 | 0.5% | 9.2% | 71.4% | 19.4% |
|  | 数学 | 0.5% | 21.1% | 51.6% | 27.3% |
| オークノル | 国語 | 0.2% | 13.6% | 70.9% | 15.5% |
|  | 数学 | 0.6% | 36.2% | 46.2% | 17.6% |
| サリー | 国語 | 9.6% | 62.4% | 36.6% | 1.1% |
|  | 数学 | 8.7% | 87.4% | 9.5% | 3.2% |

　オークノル高校の生徒は、国語は州平均水準だが、数学に苦戦しており、発展レベル（advanced proficiency）に到達した生徒の割合は州平均よりも低かった。しかしながらサリー高校の生徒のスコアは一貫して州で最低レベルの到達度で、多くの生徒が上達レベル（proficiency）に到達していなかった。州の教育局によると、学習到達度（academic achievement）に関しては州の公立高等学校全体で下から 3 番目という結果に留まっていた。

　2006 年から 2007 年において、これらの 3 校すべての学校は、落ちこぼれ防止法（No Child Left Behind Act）で定められた年間の成長基準を達成することができなかった。それは、州全体の評価における多様なサブ集団の成績によるものである。**表 1.7** はこの状況を表している。3 校はすべて、障害を持つ生徒や有色人種の生徒、低所得層の生徒たちを上達レベルに上げるために多様な支援を行うよう奮闘しているが、とりわけサリー高校のサブ集団に属する生徒たちの習熟度レベル（サリー高校では多数派集団である）は他校と比べても著しく低かった。生徒のほとんどが低所得者層で有色人種である学校において、数学が上達レベルに達しているアフリカ系アメリカ人の生徒・ラテン系アメリカ人の生徒・経済的に厳しい生徒が非常に少数であり、集団の 3 分の 2 以上の生徒が国語で上達レベルを達成できなかったことから、サリー高校の教育機関としての妥当性に疑問の声が上がっている。これは、この 3 つの学校全部が生徒のニーズを満たすという課題に直面していながらも、サリー高校は教育機関として国や州の想定を

表 1.7 2006 ～ 2007 年に上達レベル目標に達することができなかったサブ集団

| | 国　語<br>上達レベルに達した生徒　79% | 数　学<br>上達レベルに達した生徒　64% |
|---|---|---|
| オールウッド | 障害を持つ生徒の 64.5%<br>アフリカ系アメリカ人の生徒の 78% | 障害を持つ生徒の 38.4%<br>アフリカ系アメリカ人の生徒の<br>43.5% |
| オークノル | 障害を持つ生徒の 50%<br>ヒスパニックの生徒の 70.2% | 障害を持つ生徒の 20%<br>アフリカ系アメリカ人の生徒の<br>55.2%<br>ヒスパニックの生徒の 46%<br>経済的に不利益を受けている生徒の<br>49.7% |
| サリー | 障害を持つ生徒の 15%<br>アフリカ系アメリカ人の生徒の<br>37.3%<br>ヒスパニックの生徒の 43.4%<br>経済的に不利益を受けている生徒の<br>39.3% | アフリカ系アメリカ人の生徒の<br>10.8%<br>ヒスパニックの生徒の 15.1%<br>経済的に不利益を受けている生徒の<br>9.5% |

はるかに下回る経験しか生徒に提供できていないということを意味してい
る。

　学校全体がそうであるように、授業に参加している学生は多様性に富ん
だ集団から成り立っており、その多様性は様々な方法で成り立っていた。
**表 1.8** は生徒の人口統計と参加した 7 つの授業における習熟度別学級編成
コースを表している。3 校のうち 2 校において、教室の生徒の様子は学校
全体の生徒の人口統計の結果ほぼ同一のものとなっていた。オールウッド
高校におけるテニー先生の合衆国 II のクラスやサリー高校におけるブルッ
クス先生のクラスでは、幾分かクラス外の学校生徒の人種／民族の分布を
反映していたといえる。一方、オークノル高校のバンクス先生のクラスは、
学校全体から見ると、アフリカ系アメリカ人やラテン系アメリカ人の生徒
が多く、白人生徒は少ない状況にあった。なお、この状況はオークノル高
校で最も低い学力のクラスに位置づく人種的・社会経済的な人口統計の状
況を反映したものになっている。オールウッド高校のテニー先生の生徒は、
学校で最も能力の高いコースではないものの、大学進学コースに属してお
り、サリー高校のブルックス先生の生徒は、社会科の授業で特別な教育的
配慮を必要とするために、特別に組織されたクラスである。このような配
分となったことは、私たちに広く多様な生徒への新しいアプローチを実行

表1.8 調査に参加したクラスにおける生徒の人口統計と習熟度別学級編成の状況

| | オールウッド高校 | オークノル高校 | サリー高校 |
|---|---|---|---|
| 参加生徒数 | 65 | 34 | 22 |
| クラス数／習熟度 | 3クラス／4段階システムのうち上位2番目 | 2クラス／3段階システムのうち最も低い | 2クラス／特別な支援を要するクラス |
| 性別 | 男子26名 女子39名 | 男子19名 女子15名 | 男子18名 女子4名 |
| 人種／民族 | アフリカ系アメリカ人：6名<br>アジア系アメリカ人：15名<br>インド人：5名<br>ラテン系：8名<br>中東系：4名<br>白人：29名 | アフリカ系アメリカ人：19名<br>アジア系アメリカ人：1名<br>ラテン系：10名<br>白人：4人 | アフリカ系アメリカ人：13名<br>ラテン系：8名<br>中東系：1名 |

する可能性や課題を考える素晴らしい機会を与えてくれるものとなった。

　調査に参加した3人の教員は、3〜6年の教育経験を有しており、社会科の目標は市民的学習であるという前提にたった実践を行っていた。オールウッド高校のテニー先生は20代後半の白人女性であり、地域の州立大学と提携したオルタナティブ（代替）・ルート[6]を通じて教職の世界に入ってくることになった。彼女は学部で政治学を専攻し、卒業すると、次にどのキャリアに向かうべきなのかについて確信が持てずにいた。地元の高校でソフトボールを指導しながら、もともと政治や時事的な事象に関心があったこと、また教育一家で成長したこともあり、次のキャリアの選択肢として、社会科教育に魅力を感じるようになった。また、オルタナティブ・プログラムにおいて、教室や地元大学の教育講座を経験したことで、テニー先生は自分がなりたい教師像を認識するようになった。彼女はインタビューの中で次のように振り返った。

　　私の高校時代の先生がとても講義中心の人で、私はそうありたくないと思いました。すぐに分かったのが……私は立ちたくないなって。教壇に立って、45分間話したくなくて……。私はそれが誰かの学びを支援するものであるとは思えなかったんです。

高校時代の授業で議論がほとんどなされなかったという思い出を有して

いたことにより、彼女は確信を持って、生徒を歴史や時事問題、政治問題について学ばせようとするためにはるかに良い方法があると思うようになった。

　教師を始めて5年目になると、「誰でも話すことは、学ぶことだ」という自身の信念に基づき、テニー先生は様々な議論や協働的な学習方法を授業の中に取り入れようとした。こうした試みによって、彼女は、自分の生徒が「参加している。私は、生徒たちは授業を楽しんでいると思う（中略）他者と話したりできることを楽しんでいると思う。なぜなら、彼らはそれまで（他の授業で）それをする機会がなかったから」と考えている。さらに、自分で答えを発見しようとしたり、批判的に考えたりといった、試験が終われば忘れてしまう暗記以上のことを求められた方が、生徒はより能動的に学び、実際よく学ぶということにも確信を持つようになった。最後に、教師としてのテニー先生の目標の1つを述べたい。「社会科を生徒の生活とより関連させることはいつも私の主要な目的の1つだった（中略）私は生徒たちにアメリカは何をすべきか、生徒たちが何をすべきかを彼ら自身で考えてほしいと考えていた」ということである。民族的にも社会経済的にも多様な生徒たちのことを考慮する上では、テニー先生の教育哲学や、市民として能動的な生徒を育成することに常に関心を寄せておくことは、特に重要であったといえる。

　バンクス先生はオークノル高校の教員である。公立大学の修士課程の教員養成プログラムを経て教員となった。学部の頃は、映画を主専攻、歴史を副専攻として学んでいたことから、常に物語（stories）を語るということに関心を寄せていたという。彼は、20代後半の白人男性であるが、歴史を教えることはまさに過去の物語を伝えるもう1つの方法であった。彼は、兵士が軍隊の一員になる方法を学ぶのと同じように、教える方法を学んだと言う。彼は研究チームとのインタビューの中で、「それは、入ってきて（中略）私を壊したり、そして元に戻したりした」と述べた。これを言いかえれば、教えることを学ぶということは、教えるという行為そのものを学ぶということであり、自己反省を続け、新しい方法・組織・その他の変化を授業に取り入れようとする意欲が必要だということを表す。

バンクス先生は教師としてのキャリアをオークノル高校でスタートさせ、5年後に調査を実施した時も、そこで合衆国史を教えていた。彼にとって、良い教師の条件とは生徒を人間のように扱うものであり、たとえ学校外の場所でも、考えたり、感じたり、興味を持てたりするのだと生徒に自覚させるものだと考えていた。実際、次のように述べていた。

　　ロボットのようだとは言いたくはないですが、しかし（中略）子どもたちを恐れているような、多くのそんな先生に私は会いました。子どもをちょっと見下した調子で話す教師を目にします。何というか……子どもたちも人間なんです……冗談を飛ばし、自分が何者であるかを生徒に分からせます。そこにいれば分かると思います。

　バンクス先生が自分の生徒と関係を築く時の信条は、授業を観察すれば誰でもすぐに分かる。中でも、生徒の生活とのレリバンスの高い内容を使うということがその重要な要件である。そのためにバンクス先生は可能な限りいつでも、コースで扱う歴史的事象と時事的な出来事とをはっきりと結びつけようとしていたし、過去と現在とを明確につなげられるように生徒を促していた。
　サリー高校に勤務するブルックス先生は20代後半のアフリカ系アメリカ人である。彼はサリー学区におけるミドルスクールや高等学校の代用教員として教育の仕事を始めた。大学では歴史学を専攻していた。サリー高校に勤務するために臨時の教員免許状を取得しており、彼は内容には馴染みがあるけれども、教授法（pedagogy）については不安であると感じた。バンクス先生と同様に、ブルックス先生もどのように教えるのかを真に学んだのは、教室での直接的な経験を通してだと思っている。新任教師の頃、彼は他の多くの教師のように、教科書を「しっかり抱えて」、授業が議論や教科書から逸脱してしまうことに躊躇していた。しかし教員3年目の時、彼は「その本（教科書）から少しだけ独り立ちすることを学んだ」。安全な毛布である教科書を横に置き、教授方法へと関心を広げ、多様な教室活動を作り出していった。

ブルックス先生は、自身の教授法や評価の方法というのは、教室にいる多様な学習者のタイプや多様なスキルの段階に合わせて様々であるべきだと考えていた。しかしながら、国の中でも最も貧しい都市にある学校で働いてみると、生徒を参加させようとしたり、新しい活動、中でも協同学習をしようとすると、頻繁に問題が発生する、と説明した。貧しく、暴力的で治安の悪いコミュニティで生活する生徒にとっては、「学校というのは地味で、何か学問的なもの、わけの分からんことを教えるところ」であり、学校教育の重要性を理解することが難しいと感じていた。それにもかかわらず、ブルックス先生は生徒たちと心を通わせることができた。それは、絶えず彼が「できる限り授業を興味のあるものにしようとし」、またコースの内容を生徒自身の経験とのレリバンスを高めたためであった。このことは単に生徒の意欲や参加を増やしただけに留まらず、生徒たちはグループで共有される豊かな知識を持っているのだというメッセージを生徒に伝えることにもなった。ブルックス先生自身もサリーに住み、生徒が暴力的で、貧しい状況に直面している日々の課題を理解しようとした。そして生徒が生活を向上させる手段として教育を理解し、使えるようになることを望むようになった。生徒も彼が深くコミットしてくれていると感じたことで、高く評価するようになり、生徒の中で彼は学校内の数少ない、助けになる大人だと見なされるようになった。

## 本書の構成

　本書はオールウッド高校、オークノル高校、サリー高校でのテニー先生、バンクス先生、ブルックス先生によって実践されたカリキュラムと教授法の変革に沿って構成されている。各章は、調査データと結果と共に3つの学校で行われたカリキュラムと教授法の変革の一側面に注目した学術的な読み物となっている。それを読むことで、どのようにして市民的学習の1つのアプローチが読者自身の授業に調和できるかに関するビジョンを得ることができるだろう。第1章では、社会科の授業を変革させるための経験的かつ理論的基盤を確立することに焦点を当て、コミュニティや学校・教

師・生徒の状況を提示している。

　第2章「本質的に違うこと」では、主題の構成や本質的な問いによって伝統的な社会科カリキュラムがどのように作り変えられるかを説明し、描き出している。この章では、変容したカリキュラムで生徒や教師がどのような経験をしたかを示し、同時にブルックス先生やテニー先生の教室で使われた本質的な問いや主題を提示している。このトピックを掘り下げていくことで、市民的な学習を改善していくために、主題や本質的な問いを用いるということの理論的根拠と実践的側面の双方を明らかにしている。第2章は、主題や本質的な問いと関連した市民的な学習の構成要素について述べた以下の4つの章の基盤として示されている。

　第3章「話し合う市民たち」では、合衆国史の授業で、生徒が話す力や聞く力をつけ、市民的な問題へと関心を向かわせようとする際に、どのように議論が強力な力を有しているかということについて述べる。この章では3つの異なる議論の形式——ソクラテスセミナー、市民的会話（Civil conversation）、テイク・ア・スタンド——について詳しく説明する。特に、生徒の能力を高め、有意義で確実な方法で、歴史と地域および現在の市民的課題とを結びつけることを目指して、どのようにしてカリキュラムに議論を統合させることができるのかに注目する。これらの知見については、3つの学校の事例と議論を経験した生徒と教師の経験を振り返りながら説明したい。

　第4章「市民に求められるコミュニケーションとは」では、生徒たちが市民的スキルやリテラシースキルを身につけ、より深く市民的な問いに関われるようにするために、授業の中で書く／話す表現をどのように用いるかに注目する。この章では、日々の日誌の課題、エッセイ、説得力のある演説、議論、模擬ニュース会議、プレゼンテーションがどのように合衆国史カリキュラムや生徒の日々の生活に織り込まれるかを示したい。授業事例や生徒の書いたものの内容分析の生き生きとした事例によって、生徒の表現力をつけていく過程で参加や市民的な学習を促されるということが明らかになる。

　第5章「『週末の時事問題』を超えて」では、どのようにすれば、伝統

的な社会科授業の頼みの綱でもある、時事的な出来事についてよく考えることが、「週末の（に限った）時事問題」から抜け出して、全単元や年間を通してのテーマとして統合されうるのか、について焦点を当てたい。3つの教室では、本質的な問いが過去と現在をつなぐ中心軸となり、「誰がアメリカ人か」や「いつアメリカは戦争を始めるべきか」といった合衆国史においてなおも継続しているジレンマに、生徒自身の関心や考えを取り入れることができた。この章では、生徒が変革した合衆国史のカリキュラムの枠組みの中で時事的な問題に取り組んでいる生徒を取り上げている。

　第6章「何が問題なのか？」ではアメリカ歴史授業における市民的アクション・リサーチの位置づけを調査する。そこでは、自らが選んだ市民的な問題（例：ドラッグ、殺人、人種的分析、リュックサックを持ったままで廊下の通り抜けを禁止するルール）について調査する3つの学校の生徒に注目する。そこでは、子どもたちが参加するアクション・リサーチがどのように長期の年間社会科カリキュラムへと統合できるのかが説明されることになる。3つの学校の生徒が経験したことを比較することで、多様な状況下でのアクション・リサーチに期待できることと複雑さの双方が見えてくるだろう。

　より大きな社会的な力（social force）こそが子どもたちの市民としての感覚に影響を及ぼすという主張に基づいて、本書は次のような社会科教育のアプローチを描き出している。それは、よくあるような知らないことを「詰め込む」ことを目的とするのではなく、子どもたちが市民としての日々の経験から市民生活の中で知っていることとカリキュラムとをつなげるということである。社会科教師は有意義な市民的な学習を自らの授業に取り入れることが可能なのである。これを行うことによって、さらに、生徒の参加を促し、望ましいスキルを育成し、歴史学習と市民的課題とを多様な子どもたちにとって関連づけさせることができる。本書は、それらの実践がどのように行われたのかを、教授法に至るまで明確に丁寧に描き出している。そこでは、どのように教師たちが自らの社会科カリキュラムを作り変え、生徒たちの市民的な学習や市民的アイデンティティ形成にとって重要な教授法を取り込むかが示されている。もしも、市民的学習を社会

科の授業で行うことができ、市民を「作る」ために社会科の授業が重要な場所であると本当に思うのであれば、今こそ、心の中にある有意義な市民的学習に沿って自らの授業を組み立てる時なのである。


## 原注

1) 2010年3月に、テキサス州教育委員ドン・マクレロイは「私たちは歴史家・歴史の専門家が左翼寄り傾向を有していることを把握し、そのバランスを標準に戻そうとしているのである」(Grinberg, 2010) と説明した。

2) 1940年代には、一般的には『人と変化する社会 (Man and His Changing Society)』として知られるハロルド・ラッグの有名な全14巻の教科書が、社会主義的な価値を信奉するものとして攻撃された。より最近の例としては、1994年にアメリカ上院議会が、学校における歴史のためのセンター (the National Center for History in the Schools) が開発した歴史ナショナルスタンダードを、99対1で却下した。スタンダードを批判したリン・チェニーは次のように説明している。「我々はナショナルスタンダードが示すよりも優れた人々であり、我々の子どもたちはそれを知る権利がある」(Cheney, 1994)。


## 訳注

1) 忠誠の誓い (ちゅうせいのちかい、Pledge of Allegiance) とは、アメリカ合衆国への忠誠心の宣誓であり、しばしば合衆国の公式行事や学校生活の中で暗誦される。現在の「忠誠の誓い」は以下の通り。I pledge allegiance to the Flag of the United States of America, and to the Republic for which it stands, one Nation under God, indivisible, with liberty and justice for all.(私はアメリカ合衆国国旗と、それが象徴する、万民のための自由と正義を備えた、神の下の分割すべからざる一国家である共和国に、忠誠を誓います。)

2) ストランド (strand) とは、諸外国のカリキュラム編成において、軸や視点として機能する概念である。「政治的リテラシー」のように目標を表す場合もあれば、「文化」「時間」のようなテーマとして表される場合もある。原語のstrandは「より糸」や「要素」とも訳される。そのため、独立した要素としても、各要素を組み合わせたより糸として機能することもある。

3) 個別教育計画 (individualized education programs：IEPs) とは、特別なニーズを満たす特別に考案された指導を提供するために、障害児1人ひとりのために作成された文書のことを指す。

4) 流動性率とは、学校に転校する／転入する生徒の数の尺度を表す。

5) SATとは、Scholastic Assessment Test (大学進学適性試験) であり、大学入学時に考慮される標準テストのこと。アメリカ合衆国では各州でスタンダードが異なっ

ており、科目選択の幅も大きい。高校によって学力に差があり、評価基準も学校によって異なることが多い。そこで、SATが一定の基準として機能するために設定された。APとは、Advanced Placementの略であり、複数の教科で展開される。高校でこの科目をとり、テストで良い結果を出せば、進学先の大学では、大学の単位として認めてくれることもある。

6) オルタナティブ（代替）・ルートは、伝統的な教員養成のルートの代替として1980年代に登場した。背景には都市部の教員不足がある。提供主体は、学区・大学の他NPOなどもあり幅広い。オルタナティブ・ルートの受講には学士号の獲得が必要である。

## 第2章

# 本質的に違うこと

### 市民的学習における本質的な問いとテーマの扱い方

私は、合衆国史について語り始めようとする際に、「アメリカ人に
なること、つまりアメリカ市民になるとは何を意味するのだろう
か？」という問いを中心にするように勧めている。

(Degler, 1987, p.12)

　本当に大きな問いとは、「アメリカ人とは何を意味するのか？」と
いうものでした。ご存知の通り（中略）この問いがこのカリキュラム
の基盤です。「何がアメリカ人を作り上げるのか？」というのは、大
きな問いなのです。　　　　　　（ヴィンセント、オールウッド高校）

## 社会科のカリキュラムと教授における生徒の経験

　前章で述べたように、生徒は社会科の授業を、退屈で反復的なもの、有
効な市民的な学習が行われる場でなく過去の細かい点に注目するもの、と
捉える傾向がある。残念ながら、こうした指摘は今に始まったことではな
い。ここで、20年以上前に行われた研究でのインタビューの一部を検討
してみよう（Cervone, 1983, p.163）。

　　問い：あなたは「歴史は繰り返す」というフレーズを聞いたことがあ
　　　　りますか？
　　生徒：あると思います。それって、先生たちが3年生の時にピルグリ
　　　　ム・ファーザーズについて教えて、5年生でも再びピルグリム・
　　　　ファーザーズについて話して、そして8年生の歴史の授業も、ピル
　　　　グリム・ファーザーズから始めることを言ってるんですよね？

　このケルボーン（Cervone, B.）の研究に登場する生徒たちは、自分たち
の経験を振り返り、歴史の授業は、同じ出来事を何度も反復的に学習する
ということに加えて、「学習と復習を求められるエンドレスな情報、名前、
事実、出来事の羅列」というように退屈で、彼らの生活とレリバンスがな

い、ということにも同意していた。他の教育学研究においても、このことが実証されている。数十年間にわたるデータから、社会科授業で最もよく用いられる教授方法が、講義、ワークシートの穴埋め、機械的な暗記、テストやクイズであることが明らかになっている（Adler, 1991; Engle, 1996; Goodlad, 1983; Gross, 1952; Weiss, 1978）。さらに、本書の最終章で述べるように、これらの教授法は、有意義な市民的学習としては効果が薄いにもかかわらず、最も貧しい地域の学校でより普及しているようである（Kahne & Middaugh, 2008）。

　私たちの研究対象となった生徒たちに、彼らが前年度までに受けてきた社会科授業について議論させた。その際には、彼らは数十年間の社会科教育研究のデータをまさに反映した教授法を説明してくれた。3校すべての生徒が、教科書による学習と講義形式が社会科授業の中心であったと説明していた。サリー高校のオマールは、「私たちがしたことは、映画を見て、プリントを埋めただけ」と言った。同じ学校のナルシソは、以前に受けた社会科授業が「先生たちは教科書を配って、それを読んで、課題をした。ただそれだけ」のものだったと述べた。ホープはさらに洗練された指摘をしていた。彼は、「先生たちは教えたりしてない……先生たちはワークシートを配って、私たちはそれを読んで、それから質問に答えただけ」と主張していた。オールウッド高校も同じような事例が見られた。例えば、タリクは、過去に受けた授業に関して、「いわゆる一般的な先生のようでした。教師は教える、生徒はノートを取る、というような」と述べた。ジャネットは過去の経験と本調査の1年間とを比較し、「カリキュラム全体を通して、このプロジェクトで受けた授業は、私にとって初めての経験でした。私はいわゆる教科書を使った学習に慣れていました。1年生の時は、単に教科書の中身をすべてノートに記録するような授業でしたし」と言った。キャサリンは、過去に受けた社会科授業のアプローチを「ここ（目の前）に教科書がある授業」という言葉で表し、ヴィンセントは、「基本的に常に講義」と述べていた。オークノル高校のヴェロニカも同様に、かつて経験した授業について「教科書の学習をしただけ。あと、ワークシートも」と語った。

このような授業方法は、ある１つの考え方を反映したものといえる。その考え方とは、社会科学習の主要な役割とは、生徒に歴史の事実と流れを蓄積することであり、そのために、教科書を系統立てられたツールとして第一に用いるべきだ、というものである。このようなアプローチは、知識とは「学ぶべき一連の事実であり、疑問を引き起こしたり、社会的・歴史的な問題に向き合ったりするための機会を提供するものではない」という仮定を暗に前提としている（Caron, 2004, p.4）。歴史をこのように捉えてしまうことで、ブルーム（Bloom, L.）とオチョア（Ochoa, A.）が示したように、授業は「社会の本質に関して私たちが抱く問いに、まるでシンプルな答えが存在するかのように、さらに悪いことには（中略）答えがないものについては尋ねられることすらないままに」（1996, p.327）進められることになる。そして、このような枠組みのもとでは、生徒は、社会科授業は退屈なものだという生徒の一貫した語りを乗り越えて、市民的学習の中核となる長期的な市民的課題に取り組むために、ヴィンセントの言う「大きな問い」を熟考することはできない。

　本章では、カリキュラムの中核として、生徒に「本当に大きな」問いと向き合わせるために、どのように研究チームがテーマと本質的な問いを用いたかを中心に述べる。その際、まず、このアプローチを用いた理論的・実証的背景について考察した上で、このアプローチが開発された過程を説明する。その後に、カリキュラムから１つの事例を提示したい。なお、本章では、いくつかの授業事例を取り上げ、生徒や教師が、多様な文脈における有意義な市民的学習のためのデザイン原理（第１章のBox1.1にその概要が記載されている）に基づいてデザインされた新しいカリキュラムとどのように関わったのかを示したい。

## 社会科学習を改善するためのテーマと本質的な問い

　全米社会科協議会（NCSS）によれば、社会科の教授と学習とは、「知識を能動的に構築する過程を通して、新たな理解を形成」するものであるべきとされる（NCSS Curriculum Standards, 2009）。そして、ここ数十年間、

社会科教育学者たちはよりいっそう生徒中心アプローチを主張し続けるようになってきた。また、効果的な学習方法論を示した数多くの本においては、社会科授業における能動的な学びを促すための様々なアプローチが提案されている。しかしながら、こうした教授活動のみの変化は、重要ではあるかもしれない（実際、この本の大半はそうした変化について述べられている）が、有意義な市民的学習を促すことのできる社会科を作り上げるために十分とは言い難い。もし私たちが、高校の社会科教育の重要な役割を占める歴史学習と、生徒の実生活やより大きな市民的課題を関連させたいと願うならば、カリキュラムの全体像と構成を再検討しなければならない。

　多くの社会科教育学者たちは、主題を軸に構成したカリキュラム——厳密な年代順の出来事（通史）のシークエンスではなく、重要な論点や問いによって配列されたカリキュラム——を用いることを提案している。そうすることで、反復的で退屈な、関係性の感じにくい歴史学習の問題に対処でき、学習者に自分自身や世界に関してより深い理解を促すことができるという。さらに、このアプローチは社会科授業を改善する可能性を有している。つまり、このアプローチを用いることで、教師は現代の諸問題や関心事と近づけやすくなり、カリキュラムを生徒の生活の実態により関連づけたりすることも、より深い学習を行うこともできる。個々バラバラの事実の暗記ではなく、論点に関する理解を手助けすることができるようになる（Caron, 2004; Connor, 1997; White, 1995）。

　本質的な問い（根本的かつ、まだ議論の余地がある問い）も、過去を現代につなげたり、生徒を現在進行中の市民的議論に引き込むために役立つものといえる（Lattimer, 2008; Wiggins & McTighe, 1998）。ラティマー（Lattimer, H.）は、本質的な問いとは、「学問の中心へとつながる問い」「複数の合理的な答えを持つ問い」「過去を現在につなげる問い」、そして、「新しい情報と考え方に焦点を当て（中略）定期的な省察を求めてくる問い」だと述べている（pp.327-8）。ウィギンズ（Wiggins, G.）とマクタイ（McTighe, J.）は、そのような問いとは、「たくさんの内容知識を引き出し、生徒が探究に関与し集中する」ことを助ける「理解への入り口」のような問いだと捉えている（p.26）。

また、これらの問いは、生徒と教師の両者にとって、バラバラの活動や授業、大量の学習内容に通底する学ぶ意義を見つける手助けをするものでもある。本章の冒頭でも引用したヴィンセントは、本質的な問いの1つである〈社会変革〉のテーマ（本章で後述する）を活用して、市民的行動の本質についての重要な理解をし、自分の言葉で説明した。彼は、振り返って次のように述べている。

　　　私たちがテストを受けるたびに必ず出てくる本質的な問いの1つは（中略）「変化をもたらす能力を誰が持っているか？」だった。私は市民だと考える。知っていると思うけど、一般市民には能力がある。それは機会を作り出す能力だ。私たちはその市民であり、物事を変えることができる。私たちには変化をもたらすパワーがある。私たちは変えられる。

　市民的学習という観点からは、本質的な問いを活用することで、歴史中心的なカリキュラムの下に埋まっている永続的な市民的課題を見つけることが可能になるといえる。また、生徒たちは、こうした重要で根本的な問題に取り組むことによって、離れた時間と場所につなぐための機会を手に入れることができる。

　テーマ中心の教育や、本質的な問いへのアプローチは、数多くある。その方法の中には、「何が、帝国を偉大にするか？」と発問しながらローマ帝国について調べるといったように、枠組みとなる問いを用いて狭い限定した時期を考察する方法もある（Caron, 2004, p.18）し、「帝国の始まりと滅亡」のような大きなテーマを設定して、生徒が「どのような要因が帝国を形成し、どんな要因が帝国の発展や衰退を生じさせるのかを見つけ出すために、様々な時代の複数の帝国を考察する」といった方法もある（White, 1995, p.162）。しかしながら、上述したこれらのテーマは、本質的には過去に関わるテーマにすぎず、その問い自体が市民的論点の考察に役立つわけではない。本章では、現在進行中の社会的・市民的な問題や論点・課題と直接につながっている歴史上のテーマや問いを取り扱う。それ

らのテーマや問いは、社会科が、固定された歴史にばかり焦点を当てることから離れて市民的な諸目的を達成する手助けとなるものとなる。

　このような考え方自体は、新しいものではない。20世紀初頭において、1916年の社会科委員会は、高校の上級学年に対して、「民主主義の諸問題」と呼ばれる科目を導入するように提案した。この「民主主義の諸問題」は、アメリカの生活における喫緊の論点や問題の研究へと目を向けるように設計されていた（Nelson, 1994）。1930年代から1940年代にかけては、進歩主義的な教育者たちが、類似したアプローチを主張している。それは、論点や問題についての学習を基盤とし、「思慮深く考え、かつ参加型のシティズンシップのための責任を生徒に育成する」（Caron, 2004, p.4）というものであった。1996年には、エバンズ（Evans, R. W.）、ニューマン（Newmann, F. M.）、サックス（Saxe, D. W.）を編者として、全米社会科協議会によって『社会的論争問題教育に関するハンドブック（Handbook on Teaching Social Issues）』が出版された。この本では、「論争問題中心教育」とは、「対処したり返答したりする必要があるような論争的な問いに焦点化した教育」であると説明した（Evans & Saxe, 1996, p.2）。彼らによれば、論争問題中心のカリキュラムは、領域を超えた理解（understanding over coverage）を強調しており、テーマ中心的、学問的、学際的、もしくは歴史的な構造によって内容がつなげられていた。同時にそのカリキュラムは、挑戦的な内容によって構成されており、問題の追究過程で生徒に発言を促すものであった。オチョア（Ochoa-Becker, A. S.）は、このハンドブックの前書きにおいて、「論争問題中心のカリキュラムとは、この社会における市民参加を促し、民主的な生活の質を向上させるためには、大変期待できるものである」（Evans & Saxe, 1996, p.ix）と宣言した。

　学習一般、特に市民的学習についての新たな理解が、このアプローチをこれまで以上に時宜に適ったものにしている。前章で説明したように、市民的学習を状況に埋め込んで理解すると、学習の中身が学習者のアイデンティティを形成するということになる。これを言いかえれば、カリキュラムのデザインや授業実践が生徒の学びの理解を促し、学習者としての感覚を形作ることになる。これを社会科学習に当てはめて考える。すぐに返答

可能な問いに基づくアプローチ（例えば、「第一次世界大戦の３つの原因は何か？」）を用いる場合と、重要かつ議論の余地のある問い（例えば、「アメリカ合衆国はいつ他の国の問題に介入するべきか？」）に基づくアプローチの場合とでは、本質的に異なった種類の知識が獲得されることになる。前者のアプローチに基づけば、知識は個別的でバラバラなものとなる。それゆえ、歴史は終わったものであり、記憶できるものであり、定着させられるものとなる。一方、後者のアプローチに基づけば、知識は開かれており、形成過程の途上にあり、分析対象でもある。そのため、歴史は、未だ議論の余地のあるものとなる。

　オールウッド高校の生徒であるジャネットは、２年生まで、年代順に構成された社会科の授業を受け、その後にテーマ中心アプローチでの授業を経験した。では、彼女が新しいアプローチを経験した後に、この２つの授業経験を振り返って、発言した内容を検討してみよう（引用の下線の箇所は筆者によるものである）。

　　１年生の頃の社会科は世界史でした。すでに過ぎ去ったことは過ぎ去ったことなので、意見を述べる余地はありませんでした。昨年の社会科は合衆国史Ⅰでしたが、残念なことに、そこでも歴史は、すでに過ぎ去ったことは過ぎ去ったことだとされていました。もしかしたら、私たちは賛成しないとか、何か意見を持ったかもしれないけれど、そこでは、過去に過ぎ去ったことが私たちにどのように影響を及ぼすかという点について、真に開かれた議論ができる状況ではありませんでした。

　ジャネットによると、彼女にとっての世界史と合衆国史Ⅰは、「すでに過ぎ去ったことは過ぎ去ったこと」という場であった。それらの授業では、歴史や、その延長上にある歴史学習の内容はすでに終わったことであり、完結したこととして示されていた。また、ジャネットは自らが経験した歴史の性質を完結したものとして捉えることと、自分やクラスメイトが過去と現在をつなげて「過去の出来事が自分に及ぼす影響に関して真に開かれ

た議論をする」ための能力を持っていることとの間には、直接的な関係性があると捉えている。知識が様々な形で構築されるように、学習者が持つ社会科の本質そのものに対する理解の仕方も同様に多様なものになる。高校の初めの2年間、ジャネットは社会科において、過去の出来事を記憶し、すでに過去に解決したとされる論点を考察する経験をした。歴史は観客のいるスポーツ、より正確にいえば、完成を目指すためだけの面倒な作業であった。ところが、テニー先生が合衆国史を教えた年には、後述するように、生徒は進行中の市民的議論に、つまり、過去を現在と彼らの生活につなげる「開かれた議論」に参加することになった。そして歴史学習が、より能動的で力強い試みとなったのだった。

　第1章の表1.1で説明した市民的アイデンティティの類型を参考にすることで、入れ子の関係にある教室・学校・コミュニティといった、それぞれの文脈で、自分が市民だという感覚がどのようにして生徒に芽生えるのかということを、理解することができる。テーマ中心アプローチと本質的な問いを与えることで、生徒がこれら3つのレベルの文脈をつなげる手助けをすることができる。例えば、〈紛争と解決〉に関するテーマを扱った際に、サリー高校の生徒は「ソクラテスセミナー」に参加した。この討議は、18世紀後半のエドマンド・バーク（Edmund Burke）[1]による「善なる人々が行動することを怠れば、悪が必ず勝利する」という格言に基づいて行われた。生徒たちは、悪に対抗するために個人が果たすべき義務について熟考しながら、自分たちのコミュニティにおける暴力と、過去に起きた紛争を関連づけて議論をした。ブルックス先生は次のように説明している。

　　　私が言いたいことは、生徒の視点から見て、特に私が担当しているような子どもの視点からは、再建期[2]を学ぶことは最優先課題ではないっていうことなんです。しかし、今や彼らは再建期に起こったような出来事が、現実生活でも実際に起こっていることだと考えています。私たちが議論をしている事柄について、彼らは認識できますし、深く理解できるし、関わりを持とうという意欲をより持つと思うんです。

この討議を通して生徒たちは、自分たちの日常生活に大変大きな影響をもたらすような課題について、歴史学習の文脈において考えることができた。このように、テーマ中心アプローチと本質的な問いとを組み合わせることで、生徒は、自らと歴史、自らと市民的生活との関係性に関する理解の仕方を大きく変化させることができるのである。

　本章の残りの部分では、研究チームによってカリキュラムがどのように作成されたのか、そして、授業で、生徒と教師たちはそれらのカリキュラムをどのように経験したかについて検討をしていく。

## カリキュラムを作ること

　もし生徒が社会科に不満を感じているのであるとすれば、教師もまた同じように授業に不満を感じているのである。夏のワークショップの初日に、テニー先生、バンクス先生、ブルックス先生は社会科教師としての目標を、明確に語ってくれた。すると、その話題は自然にそれぞれの教師が日常で不満に感じている点へと移っていった。ブルックス先生は、都市部の高校において、特別な支援を要する生徒に対する社会科（special education social studies）の教師である。彼は自分の目標が「社会科の領域をはるかに超え」たものであると説明してくれた。彼は、自分の生徒が日々教室に持ち込む様々な問題を振り返りながら、生徒たちが抱える困難に自らで立ち向かえるようにアシストする一方で、こうした生徒たちの経験を有効に活用する方法で教えなければならないと感じている、と述べていた。彼は、生徒たちが使う教科書が、生徒に経験してほしいタイプの社会科には役立たないと感じていた。「私は、教科書がもっとテーマ中心的であってほしいと思いますが、学校は、その域まで達していません」と述べている。テニー先生は、「アメリカの多様性を理解しておらず、世界観が非常に限定されている」生徒に対して、最も苛立ちを覚えると述べていた。そして、バンクス先生は、「スキルは学習内容以上に強調されるべきです。私は、自分たちの主張を研究結果で裏付けるといったスキルを生徒たちに獲得してほしいのです」と感じていた。また、彼は、生徒たちが労働や育児と

いった学校の外での責務を持つことにより、しばしば学業に専念するための障害が起こっていると感じていた。

　3人の教師は、スキルを基盤とし、テーマ中心で、意義のある社会科カリキュラムにしたいと切望しており、本プロジェクトを支える4つのデザイン原理に対しても非常に肯定的であった。ただし、テニー先生は、自身はその原理を好んでいるものの、自分たちの学区が賛同してくれるかについては危惧していた。彼女は以下のように指摘していた。「私たちは、四半期ごとにテストをしています。そのテストは、地区のカリキュラムに対応していて、そのカリキュラムは、こうした目標よりもずっと伝統的なものです」。一方でバンクス先生は、「私の学区では、これらを行うのは自由です。カリキュラムはあるけれど、スキルが学習内容よりも強調されているから」と述べている。ブルックス先生は3人の中でデザイン原則に最も熱心であった。彼は、「現在の学校は、しばしば生徒に対して非常に敵対的であるように感じています。この種のアプローチは、それとは異なっているものですね」と述べている。

　ブルックス先生とテニー先生は、デザイン原則に応じるために、合衆国史Ⅱのカリキュラムを再編成する必要があること、それによって生徒が大きな論点や問題に取り組むことができることを強く信じていた。彼らは、年代順に配列されたカリキュラムが、歴史的内容と現代的課題と生徒自身の問題や興味関心とをつなげる妨げになると感じていた。その一方で、彼らは学区から要求される教育内容を網羅しようと試みていた。こうした目標を達成するために、3人の教師は、夏のワークショップに自分の学校のスタンダードカリキュラムを持ち寄った。そして研究チームは、相談役である歴史学者と協力し、生徒が持つ市民的経験を活用するための有意義かつ概念的な方法で、重要な歴史的内容を教えるという革新的な手法についての意見を出し合った。バンクス先生は、ここ数年で成功したと思ってきた授業アプローチについて、自分が根本的にひっくり返したいと考えているかについての確信は持てていなかったようだが、この企画には誠心誠意参加してくれた。

　本質的な歴史的内容とは何かについて、それぞれの教師が微妙に異なる

見解を持っていたこともあり、歴史的内容をテーマへと構造化していく際には、対立が起こることもあった。例えば、ある教師は、1950年代の都市のスプロール現象[3]は有意義な内容としたが、別の教師にとってはそうではなかった。もう1人の教師は、ロバが民主党を象徴することや象が共和党を象徴することのような市民的リテラシーがとても重要だと感じていた。教師たちは、年代順に編成された合衆国史Ⅱの授業において、教え始める時代がどこかについて、それぞれ異なる想定をしていた。ブルックス先生は再建期から現代までを教えるつもりだった。バンクス先生のカリキュラムは、金ぴか時代（the Gilded Age）[4]から始まり現代まで続いていた。テニー先生の学校では、第一次世界大戦から始まる年代史に突入する前に、経済学の簡単な単元の学習を課していた。これらの違いが複雑な問題を引き起こしはしたが、この違いが、すべての歴史カリキュラムの構築のされ方を際立たせた。

　ウィギンズ（Wiggins, G.）とマクタイ（McTighe, J.）（1998）によって提唱された「理解をもたらすカリキュラム設計（understanding by design）」というアプローチを利用しながら、研究チームは歴史的内容にアプローチするための方法について再び考え始めた。相談役の歴史家は「単に教科書にあるという理由で1920年代を『網羅する』のではなく、特定のテーマを教えるために、1920年代を利用する方法を考えよう」と提案した。その際に、「カリキュラム全体に通じるいくつかの問いを選択する」ために1日考えようということから始まったものの、共同でカリキュラムを再構成するために、それぞれの教師が前年に行ったカリキュラムのあらゆる部分を整理し直すという、数日間に及ぶ作業へと変化していった。結果として、研究チームの全メンバーが、同様のテーマとなる内容に対して、ペンで強調したり、丸で囲ったり、分類したりするといった、ダイナミックで活動的なプロセスとなった。メンバーはカテゴリーを共有し、自分たちが内容を抽出するための理論的根拠を定めていった。そして、議論と調整を繰り返しながら、各教師が支持する新たなテーマが設定された。

　結論として、教師たちは、〈政府〉〈経済〉〈紛争と解決〉〈人々の移動〉〈社会変革〉という5つのテーマが内容を構成する上でおそらく最適であ

ると考えた。このうち、〈政府〉と〈経済〉という最初の2テーマは第1学期に学習され、残りの3テーマは続く3つの学期でそれぞれ学習することになる。教師たちは、各テーマが、それぞれ生徒が合衆国史を理解するための足掛かりとなることを望んでいた。それによって、全生徒が半年後の学校生活において、「アメリカ人とは何を意味するのか？」というオープンエンドの問いに対して、しっかりと向き合うことができるようになることを望んでいた。このオープンエンドの問いは、市民的学習と歴史、そして、生徒の生活や興味関心をつなぐ強力な潜在能力を持っていた。表2.1 は、ワークショップで開発されたテーマ、本質的な問い、そして基本的内容を示している。

　表2.1 で示したカリキュラムにどの程度忠実であるかは教師によって様々であった。オールウッド高校のテニー先生は1年を通してこの枠組みに従った。夏のワークショップで開発したテーマや本質的な問いを中心にして、授業と評価を構成したのである。彼女は、テーマごとにたくさんの授業やアクティビティを開発して、カリキュラム全体を教えることができた。ブルックス先生もまた、第5章で説明する市民的活動のプロジェクトに深く関わったり、生徒のリテラシーや不登校の課題に直面したりしながらも、5つのテーマのすべてではないが、テーマや問いを中心とするアプローチを用いていた。バンクス先生は適切な場面でテーマと問いをつなげることをねらいつつ、年代史アプローチに留まることを選択した。本章で後述するように、バンクス先生のこの選択は、テーマ中心アプローチとテーマ志向の年代史アプローチのどちらが有効かを確かめるための自然実験（natural experiment）の機会となった。

## テーマと本質的な問いについての事例
## ──〈社会変革〉のテーマに関して

　表2.2 は〈社会変革〉をテーマとした事例を示している。これは、夏のワークショップにおいて研究チームが開発し、テニー先生が学期中に実践したものである。〈社会変革〉のテーマは、他の大部分のテーマ（第1四

表 2.1　多様な設定において有意義な市民的学習をするためのテーマと本質的な問い

| テーマ | 政府 | 経済 | 紛争と解決 | 人々の移動 | 社会変革 |
|---|---|---|---|---|---|
| 包括的な問い | | | アメリカ人とは何を意味するのか？ | | |
| 本質的な問い | ・政府がサービスを行う目的とは何か？<br>・良きアメリカ市民とは何を意味するのか？<br>・私は良きアメリカ市民か？ | ・アメリカ人は互いにどのような義務を負っているのか？<br>・なぜ、富める人と貧しい人が存在するのか？<br>・アメリカ経済は公正か？ | ・世界におけるアメリカの役割とは何か？<br>・なぜアメリカは戦争へと進むのか？いつ進むべきか？<br>・世界各国は協力することができるのか？ | ・誰がアメリカ人か？<br>・なぜ人々はアメリカにやってくるのか？<br>・異なる集団は自分たちのアメリカ人アイデンティティをどのように定義するか？ | ・すべてのアメリカ人は平等か？<br>・アメリカ人はどのように社会を変革するのか？<br>・誰が社会を変革する力を持っているのか？<br>・あなたはその力を持っているか？<br>・どのような力が社会を形成するのか？ |
| 内容（すべてを含むわけではない） | ・政府の諸部門<br>・民主主義の本質<br>・連邦制<br>・政治的イデオロギー<br>・官僚制，制度<br>・選挙政治<br>・市民参加 | ・基本用語<br>・資本主義：株式市場，世界恐慌，産業化<br>・政府の役割<br>・経済改革<br>・世界経済<br>・個人経済 | ・第一次世界大戦<br>・第二次世界大戦<br>・冷戦<br>・ベトナム戦争，朝鮮戦争<br>・中東<br>・湾岸戦争，イラク戦争，テロとの戦い，大惨殺 | ・移民<br>・移住：ネイティブ・アメリカン，アフリカ系アメリカ人，日本人抑留者，プエルトリコ人<br>・現代的な課題：脱都市化[5]，郊外化[6]，ジェントリフィケーション，グローバリゼーション | ・民族/公民権運動<br>・ラティーノ[8]の権利運動<br>・ジェンダー/女性解放運動<br>・社会的抗議運動 |

表 2.2 〈社会変革〉に関するテーマ（本質的な問い、単元、内容、課題の事例を伴ったもの）

本質的な問い
・すべてのアメリカ人は平等か？
・アメリカ人はどのように社会を変革するのか？
・集団以外で、どのような力が社会を形成するのか？
・誰が変革する力を持つのか？
・あなたはその力を持っているか？
・これまでに法を破ることを容認したことはあるか？　それはいつのことか？

| 単元名 | 内容 | プロジェクト・課題・議論の事例 |
|---|---|---|
| 単元1：アフリカ系アメリカ人の権利を求めた闘い | 再建期、修正憲法、KKK、白人の市民、国家の誕生、解放奴隷局[9]、黒人取締局[10]、ジム・クロー法[11]、プレッシー対ファーガソン判決[12]、WEB・デュボイスとブッカー・T・ワシントン[13]、全米黒人地位向上協会[14]、とマーカス・ガーベイ[15]、単一の武力に基づく人種分離と統合、ブラウン対トピーカ市教育委員会事件[16]、モンゴメリーのバスボイコット事件[17]、マーティン・ルーサー・キング・ジュニア[18]、とマルコムX[19]、公民権[20]、選挙権、フリーダム・ライダー[21]、公民権運動[22]、ブラックパンサー党[23]、ジャッキー・ロビンソン[24]、ブラックパワー運動[25] | 公民権歴史上の主要な出来事が起こった際のニュース報道を行う。 |
| 単元2：ラティーノの権利を求めた闘い | ブラセロ[26]、農場労働者組合[27]、セサル・チャベス[28]、バイリンガル教育、移民の権利、誰がアメリカ人なのか、英語以外の禁止（English only） | ・ラティーノの社会的抗議運動について順番に意見を述べる。 |
| 単元3：女性たちの権利を求めた闘い | 女性参政権運動、セネカ・フォールズ会議[29]、エリザベス・キャディ・スタントン[30]、スーザン・B・アンソニー[31]、マーガレット・サンガー[32]、憲法第19条の修正[33]、1920年代のフラッパー[34]、メアリー・マクロード・ベシューン[35]、第二次世界大戦中の女性と国内戦線、1950年代、ベティ・フリーダ[36]、グロリア・スタイネム[37]、男女平等憲法修正条項[38]、ローvsウェイド判決[39]、男女教育機会均等法[40]、労働問題 | ・セネカ・フォールズ会議から現代までの女性の権利に関するジグソー学習をする。<br>・1950年代からの次の年代に関するティック・ア・スタンド・アクティビティを行う。<br>・男女教育機会均等法に対してディベートを行う。 |
| 単元4：社会的抗議運動 | この単元は、個人の社会的抗議運動に関するプロジェクトや、プレゼンテーションをすることにも当てられる。 | 社会抗議運動に関するプロジェクト：生徒は、4分間のプレゼンテーションを準備し、20世紀もしくは21世紀の社会抗議運動に関する説明をする。また、なぜその社会抗議運動が民主主義にとって重要なのか考察しなければならない。このプレゼンテーションは、KWL表[41]とする。4つ以上の画像を含むべきである。 |

半期にまとめて行われた〈政府〉〈経済〉のテーマを除き）と同様に、1年の4分の1の学期を使って行われたものである。各テーマの中で個別の単元が存在し、全テーマを支える本質的な問いによってテーマがまとめられた。オールウッド高校の生徒であるダニー（Danny）は、以下のように述べている。

　　　社会変革。それは、常に陰に隠れがちな種類のテーマでした。確かに、ラティーノの運動がありましたし、フェミニスト運動もありました。それらは社会変革でしたが、それらの社会変革はいつも目立たない、いつも目立たない存在でした。

　表2.2は、テーマや単元、発問、議論、課題を、カリキュラムのアプローチで提示したものである。
　このテーマにおける最終的な評価は、社会変革に関する本質的な問いを考察するエッセイテストによって行われた。それは各単元の内容を活用しながら社会変革について根本的な問いに答えるというものであった。

## テーマと問いを用いた生徒による学習

　オールウッド高校とサリー高校の生徒たちは、学習のアプローチを的確に表現できるための洗練された言葉を持ち合わせておらず、再構成されたフレームワークの影響について説明することにも苦戦していた。けれども、彼らは、「似たような出来事を一緒にまとめる」「（過去と現在を）飛び回る」ことや、「テーマで」歴史学習をするといった表現を使いながら、今年度の合衆国史の学習が昨年度とは何かが違うことを自覚していた。生徒たちの反応は、専門家の予想通りであった。すなわち、生徒たちは、教材をより深く理解し、時間を超えたつながりを見出し、歴史と自分たちの生活とを関連づけることができるようになったのである。

## 「優れた地図」と「厚い情報」——歴史をより深く理解すること

　コナー（Connor, M.）は、「テーマ中心で合衆国史を教える第一の利点とは、生徒が論点を深く見ることで、国の歴史にとって重要な諸発展を、より良く理解できる点にある」と主張している（1997, p.203）。また、オールウッド高校の生徒であるクリスティンは、「私は過去と現在を飛び回っている時が好きです。なぜなら、それによって学習がしやすくなると思うからです。（中略）時には、過去のテーマが現代に向けられ、その次に過去に視点を戻した時には、今まで見逃していたものがかみ合うし、より深く理解できる」と述べていた。同様に、レベッカは最初のうちはこのアプローチに苦戦していた。しかし、最終的には、彼女は、このアプローチを「頭で歴史年表を暗記しようとするだけ」の状態を脱する方法だと捉えるようになった。そして彼女は、このアプローチが「最終的に、私に優れた歴史地図を実際に与え」てくれたと結論づけている。この「優れた歴史地図」を自分の中に育んだという感覚について、複数のクラスメイトたちから同様の意見を耳にした。その生徒たちは、この1年で、歴史的事象の背景にある概念を理解したことで、それらの事象を新しい方法でどのようにつなげられるようになったのかについて説明してくれた。また、オールウッド高校の生徒であるクリスティンは、このアプローチが「自分たちが歴史を学ぶスキルを発達させる」ための良い方法だと指摘していた。

　テニー先生の生徒と同様に、ブルックス先生の生徒たちも、オマールが言うところの「厚い情報」のような、重要概念について話していた。その概念とは、「学校から去った後でも、いつも思い出すであろう」概念であった。オマールは、他の教師の授業とブルックス先生の授業とを比較して、以下のように述べている。

　　　他の大部分の先生よりも、ケビン先生は多くのことを教えています。間違わないでほしいのは、他の先生たちも教えてはいますよ。でも、ケビン先生の授業では、学校から去った後でも必要な情報を教えているように思います。ケビン先生は、学校から去った後でも、いつも思い出すであろう厚い情報を提供しています。他の先生も情報は提供し

ているのですが、その情報は、ケビン先生の厚い情報とは違うのです。

オマールにとっての「厚い情報」とは、学ぶ価値があると感じ、自らの知識の引き出しに組み込む価値があると感じられるような、記憶に残る概念を意味していた。

〈経済〉の単元において枠組みになる問いの1つが、「アメリカ経済は公正か？」というものであった。ブルックス先生は生徒たちに、どの経済システムがより望ましいか、またどの経済システムがより公正だと思うかについて書かせた。オマールは、これらのテーマの学習に関して、どのように感じているかを説明してくれた。

　　　ケビン先生は資本主義と共産主義について話してくれました。私は、先生がその話をしてくれるまで、資本主義や共産主義について何も知りませんでした。でも今や、私たちはケビン先生のその話を、1年間にわたって覚えているでしょうし、きっと覚えているでしょう。もし子どもができたら、資本主義や共産主義などについて話をするだろうと思います。

このオマールの経験から、生徒が、テーマ中心的な学習でかつ本質的な問いをベースとした学習の中で抽象的概念を学ぶことで、そうした概念がいかに有意義なものとなり、記憶に残るものになるのかということが明らかになった。

## 「常に私たちはすでに学習してきたことと比較することができる」
### ──時間を超えたつながりを見つけること

テーマ中心の編成と本質的な問いを組み合わせることによって、生徒たちは個々の事象をより大きいテーマと関連づけられるようになった。表2.2で示したように、例えば、オールウッド高校では、〈社会変革〉について学習する際に、時代別の視点と複数の時代をまとめて見る視点とを切り替えながら学習をした。それによって生徒は、異なる時代の重要なつなが

りに気づくことができるようになった。ロビーは以下のように説明している。

　　　私は、今授業で何を学んでいるのかについて、常に理解することが
　　できました（中略）。なので、私はテーマを軸に学習するのがよいと
　　思っています。なぜなら、そうすることで、常にすでに学習してきた
　　ことと比較することができるからです。比較することさえできれば、
　　2つの出来事がたとえ50年離れていたとしても、両者の状況がどの
　　ように共通しているかを理解することができます。もし全部をそんな
　　感じに見られるとすれば、よく分かんないけど例えば社会変革であれ
　　ば、女性解放運動と公民権運動が共通していると分かります。そう
　　やって見ると、基本的には、様々な物事が理解しやすくなるし、深く
　　理解できるようになります。

　　ロビーは〈社会変革〉のテーマに基づき、平等な権利のための闘いや社
会的行動の位置づけといったより大きな議論をしていく中で、女性解放運
動や公民権運動についても学んだ。同様に、〈経済〉のテーマにおいては、
「戦争経済[42]」の概念について話し合ったが、その議論は、2つの世界大
戦からベトナム戦争へ、さらには、近年のイラクやアフガニスタンでの紛
争へと進む形で行われた。
　　〈紛争と解決〉のテーマを扱った際には、生徒たちは「世界におけるアメ
リカの役割とは何か？」「なぜアメリカは戦争へと進むのか？　いつそ
うすべきか？」「世界各国は協力することができるのか？」という大きな
問いについて考えたが、その際は、2つの世界大戦からイラクやアフガニ
スタンでの戦争までを学んだ。ベトナム戦争やイラク戦争について議論し
たのは11月のことだったが、これは1960年代の学習まで到達しないで終
わることがよくある通常の年代史アプローチから極端に逸脱している。こ
の「現在とつなげる（get to the present）」能力に関しては、5章の「『週
末の時事問題』を超えて」で詳しく説明するつもりである。なお、この問
題についてコナー（Connor, M.）は次のように指摘している。「多くの高校

の合衆国史の授業で共通している問題は、現代史が無視されていることである。公民権運動やベトナム戦争まで到達しない授業があることを耳にするのも珍しくない。ましてや、ここ数十年の出来事は尚更そうである」(1997, p.204)。そこで、テーマ中心アプローチを用いることにより、「歴史の枠組みの中で現代的な論点について頻繁に議論をする機会を作ることが可能になる」。さらにコナーは興奮気味に「10月半ばまでには、生徒に現代の課題に対する自国の政治指導者たちの見解について、確かな知識に基づいて議論をさせることができる」と述べた（共にp.204）。

　テーマ中心アプローチは、本章の冒頭に書いた「歴史は繰り返す」という格言に対しての生徒の解釈とは根本的に異なる意味合いを備えている。そして生徒たちは、テーマ中心アプローチを用いて、様々な時代の関連性が理解できるようになると捉えていた。タリクの言葉を借りるならば、このアプローチによって、重要なテーマは「忘れ難い」ものとなった。なお、彼は、第2クォーターに行われた〈紛争と解決〉のテーマを例にしながら、この考え方についても説明している。

　　この方法が他の方法と異なるのは（中略）より多くのテーマを論点と関連づけることができるようになる点にあります。いつも私たちは、「これは1920年代、これは30年代、40年代、60年代」と学習を進め、70年代と到達するまでには、「30年代に何が起きていたんだっけ？」と思うようになってしまいます。でも、この方法なら「よし、第二次世界大戦が勃発して、これとこれとが起こった」となります。その次に、ベトナム戦争の時期まで飛んで、こういうことが起こったと学びます。その後に、また第一次世界大戦の出来事に戻ります。よくテニー先生はこんな感じで話していました。「第一次世界大戦で何が起きたか思い出してみて。全体の論点と関連づけてみてよ？　おや、今まさに、それと同じことが第二次世界大戦でも起きています。第二次世界大戦で何が起きたか思い出してみましょう。そして今度は、ベトナム戦争でも起こっていますね」と。先生は常にこれらのテーマを関連づけていました。そのため、私たちにとって、それらの内容は本当

に忘れ難いものとなっています。無理やりに忘れようとでもしない限りは、忘れられないだろうと思います。

　タリクは、時間軸を超えた論点と向き合うことで、歴史学習の内容がより記憶しやすくなることに気づいた。
　サマラは、年代史アプローチよりもテーマ中心アプローチの方が「簡単だ」として、以下のようにタリクの見解に同意していた。

　　なぜなら、昨年までの年代史アプローチでは、ある時は平和だったと思ったら、急に戦争に突入することがありました。今は、戦争セクション、公民権運動セクションに分けて、そこで全範囲を扱います。私は今のアプローチが好きです……学習がより簡単になった気がします。あるトピックから別のトピックへと変化することはなかったですし、1学期に何らかの内容を学習して、その後にまったく異なった内容を学習するといったこともありませんでした。

　コナーは、テーマ学習において見つけられる「繰り返し」が、教材を理解するための手助けとなると述べている（1997, p.204）。
　テニー先生にとって、本質的な問いとは、時代を超えたつながりを描き出すことを可能にする主要なツールであった。本質的な問いを最終評価の中核に位置づけることで、生徒に本質的な問いについて継続的に考察させようとした。テニー先生はこの方略に関して、研究チームのミーティングで次のように説明した。

　　テストのたびに、私たちは生徒たちに同じ質問をしています。でも、彼らはその問いに対して、学習したばかりの単元と関連させて答えなければなりません。戦争は正しいのか？　第一次世界大戦は正しいのか？　第二次世界大戦は正しいのか？　冷戦は正しいのか？　中東での戦争は正しいのか？　ダルフール地方など、私たちが必ずしも戦争に行ったわけではない地域で行われた虐殺を伴う戦争は正しいのか？

といったように、生徒たちは、異なる時代に関して、何度も何度も同じ本質的な問いに答えなければいけませんでした。そして、今やうまくいけば、生徒がテイク・ア・スタンドをした後にはそれらの出来事を関連づけられるでしょうし、本当に戦争が正しいのかが分かるでしょう？ アメリカ人は、過去の異なる時代にアメリカ人が行動したこと、しなかったことを知った上で、現代において行動するかしないかを選択するべきです。

　彼女は、本質的な問いを単元のテストで用いた。そのテストでは、生徒たちは永続的な課題に取り組み、新しい知識を活用することが求められていた。

## 「あらゆることについて学んだ」——教室を超えたつながり

　ホワイト（White, R.）は、「歴史教師は学習内容と学習者の関係を考慮しなければならない」し、「教科内容を生徒の経験と結びつけること」は、教科を担当する教師にとっての「絶えざる課題である」と主張している（1995, p.160）。テーマと問いがあれば、生徒はカリキュラムと自分の生活とを関連づけるための場を手にすることができる。サリー高校の生徒であるオマールは、〈紛争と解決〉のテーマで自分が学習した内容を示す際に、高校の新入生に向けてどのようにアドバイスするかという事例を説明している。暴力が身近にあるサリー学区における子どもの生活を理解するために、テーマに関する論点と問いが用いられている。以下はオマールの説明である。

　　私が新入生にアドバイスするなら、この4年間はトラブルにかかわらず、最善を尽くすようにとアドバイスをします。トラブルを避け、ばかげたことや暴力のどれにも関わらないようにして下さい、と。（中略）ブルックス先生が言ったように、冷戦とは、言ってみれば、相手の顔や持ち物などを殴りたいとか（言いながら）「一歩間違えば、あの少年と喧嘩になったかもしれない」と話したり、口に出したりす

ることだと思います。でも、「熱い戦争」[43]とは、先生も言ったように、本当に殴るといったように、実際に物理的に戦闘し、お互いに戦い殴り合う場面のことをいいます。（中略）私は、それを見てきたし、この場所［サリー学区：訳者注］でも、それを目にする機会が多くあります。

　オマールは、サリー高校の架空の新入生に対して、「熱い戦争」には関わらないようにというアドバイスを通して、他人の私事には干渉しないようにすること、そしてトラブルには関わらないようにするように連想させた。これによって、オマールは、彼が生まれる前の過去の状況とサリーの子どもの状況との間に、思いもよらない豊かなつながりを作り出した。同様に、オールウッド高校では、〈経済〉の単元の学習において、児童労働に関するソクラテスセミナーを行った。そのセミナーの中では、彼らの母国での経験と道徳的・経済的な論点の学習とが結びつけられていた。オールウッド高校は、移民の生徒が多く、人種的・民族的に多様であることもあり、この学習が合衆国史の学習に今日的な意味を与えることになった。サマラは「今年は、あらゆることについて学びました。南北戦争だけであるとか、アメリカについてだけであるとかではなく、世界中のあらゆることについて学びました」と述べた。

　〈紛争と解決〉のテーマの学習においては、生徒たちはテイク・ア・スタンドに参加した。この議論において、生徒たちは、戦争とアメリカの介入が広がっていくのが正当なのかというような話をしただけでなく、［当時にいたとして、自分たちに：訳者注］イラクで戦う意思があったかどうかについても話し合った。生徒は自身のアメリカ人アイデンティティを棚上げし、アメリカ合衆国の外にある紛争を探究しながら、「現在のイスラエルの土地はパレスチナに属しています」とか、「もし私がイスラエル人だったら、何よりも平和を望むと思います」などと述べながら考察した。もちろん、それでも生徒の持つアメリカ人としてのアイデンティティは内容に影響しただろう（し、内容から影響を受けることもあっただろう）。ただしこのテーマに関しての大量虐殺を扱った単元において、生徒はグローバ

ルな視点からのシティズンシップについて考えていた。生徒たちは、時間と空間の枠を超え、大量虐殺に関する事件について発表を行い、凶悪な行為に対しての人道的・国家的責任という論点について深く考えた。トランスナショナリズムとグローバル化といった現在の文脈においては、テーマと本質的な問いを用いることで、生徒はアメリカという枠を超えることができるし、単なるアメリカ人として以上の意味で世界と関わりを持てるようになるのである。

## 決まった正解というものを未だに見つけたことがありません
### ──開かれた歴史解釈

　テーマと本質的な問いを活用することによって、教室における歴史理解の方法を根本的に変えることができる。重要かつ答えのない問いを軸にしてカリキュラムを構成したことで、オールウッド高校とサリー高校の生徒たちは、現在進行中の市民的な議論を行い、カリキュラムの中で、解釈の枠組みを作り上げられるようになった。オールウッド高校のレベッカは次のように述べている。

　　　私たちは、どのテストでも本質的な問いについて聞かれました。その問いは、確かに1年間を通じて変化はしましたが、最も基本的な問いは、「アメリカ人とは何を意味するのか？」「誰が社会を変革する力を持っているのか？」「（集団以外だと）何が、もしくは誰が変革を起こすことができるのか？」「あなたはその力を持っているか？」ということだと私は思います。世界ではこれまでたくさんの変革がありました。その中で、私が特に考えていることは、すべてのアメリカ人は平等なのか？ということです。私たちはたくさんの出来事を検討しましたが、決まった正解というものを、未だに見つけられていません。私たちがやったことは、とりあえず試してみて、協力して答えを考え出すことだけでした。

　問いという枠組みを用いることで、唯一の正解というものはなくなり、

授業でなされる解釈は批判的で現在進行中の活動となった。

　第3章の「話し合う市民たち（Talking Civics）」で詳しく述べるように、教室での議論において、生徒は答えの用意されていない永続的な市民的課題に取り組んだ。これがどのように行われたかを示すために、〈紛争と解決〉のテーマの際に行われた「テイク・ア・スタンド（take-a-stand）」という活動について示したい。その活動では、生徒は教室の前方に立つ。そして、生徒は教師の発言に反応して、教室の両端にある「賛成」と「反対」の間を絶えず行き来して並ぶことになる。以下のやり取りは、テニー先生が「アメリカは外国に介入すべきではない」と発言した直後の場面である。生徒は自分たちの立場を再度変えながら、自発的に議論を始めた。

　　アニー：状況によって様々なので、中立の立場に立ちます。戦争に行
　　　　　く理由がない場合には、私は介入には反対です。でも、もしテロへ
　　　　　の対応のような理由があるならば、私は賛成します。
　　ジャック：私たちに影響がない限り、介入すべきではないと思います。
　　トミー：私たちが介入しなかったら、他国とあらゆる同盟を結べない
　　　　　と思います。
　　ダニー：今の同盟国ってどこですか？　イギリスだけじゃない？　同
　　　　　盟国といえるような国はないんじゃないの？
　　メアリー：それは場合によるでしょう。ひどい目にあっている人たち
　　　　　を助けたくないのですか？
　　アニー：それは私たちに関係ないと言ってしまえば、みんな私たちは
　　　　　悪者だと考えますよね。私たち自身の問題も十分あるのではない
　　　　　の？　もしそうなら、私たちが単により憎まれるだけでしょうね。

　生徒たちは、問題の両側面に言及したり、反論することを通して、論点と向き合った。その後に生徒たちは、アメリカが世界で果たすべき責任について、［賛成と反対という：訳者注］2つの意見に開かれたままで議論は終わった。この問題は決まった正解が存在せず、生徒が自分自身の意見を作り出すことができる取り組みやすい議論であったといえる。

この開かれた雰囲気の中で、生徒たちはしきりに議論を進めたがった。ある生徒は、テイク・ア・スタンドで自分の意見を周りと共有した後、「私は教室での端で見過ごされがちな意見（the side of the classroom）を何も聞いていなかった」ことに気づき、大人しいクラスメイトに対して「ムハンマド、あなたはどう思う？」と直接に意見を求めていた。教科書と教師が大きな権威を持たず、生徒の意見が重視される環境において、自分たちが向き合っている課題をより良く理解するためにお互いの意見に興味関心を向け合った。生徒の見解は価値ある知識として扱われ、知識自体は、（ジャネットが先に述べたように）「開かれた議論」を通して、相互に構成されるものだと捉えられていた。

　本質的な問いを用いることによって、教師は、生徒に内容の学習をさせることと、知識に開かれた形で関わることのバランスを取ることもできた。ラマンは次のように振り返っている。

　　私たちがテストをする時はいつもオープンエンドな問いに答えなければいけませんでした。……それらが何と呼ばれているかは忘れましたが、5つの……私たちが取り組んできた本質的な問いがありました。それらの問いは、章全体を通して基本的には変わらずに、直接扱われたり、関連づけられたりしていました。問いは章の内容と関連づけて答えなければならなかったり、その時代に合わせた答えへと変えなければならなかったりしました。それらの問いは同じなので、ある種楽しみながら、簡単に答えることができました。私たちは様々な事実に出会うたびに、その問いを使うことになりました。

　生徒たちは、「問いを使うことになった」「様々な事実」に関してより説明する必要はあったかもしれないが、問いを用いることの真の本質は、生徒が、現在も未解決の論点に対して継続して市民的議論に参加する必要を作ったということにあるだろう。第4章の「市民的コミュニケーション」では、書く活動について詳しく見ていくことになるが、それらの活動は、ここで述べたアプローチから生まれたものだった。

答えのない問いに、生徒が苛立つこともあった。それに関して、テニー先生は以下のように述べている。

　　本質的な問いを用いることとは、何かを批判的に考えることなのだと思います。今となっては、私たちは類似した物事を比較することができますし、生徒たちも物事について批判的に考えることができます。私が、この問いの答えは何ですか？と問います。この状況が生徒たちをひどく苛立たせるのです！（中略）そして、彼らと同様に、私も頭を使わなければなりません。生徒たちは、苛立ちながら自分の考えを述べます。この時、まさに彼らは学習をしているのです。そして彼らは批判的に思考をしているのです。ただ、それはつらいことです。これらの問いについて考えることはつらいことなのです。これらの問いに正解はありません。彼らもそのことを何度も言っていました。これらの問いには正解がないのです。では、これらの学習の中で何が起こっているのでしょうか？　特に年度の初めの頃に、何が起こっていたと思いますか。その頃、彼らは問いに正解がないという事実に非常に苛立っていました。ある生徒が「ちょっと待って下さい。なぜ答えがない問いを尋ねているのですか？」と聞いてきました。その質問に対して、私は次のように答えます。なぜなら、あなたの人生にも答えがないからです。でも、それについてあなたたちは考えなければいけませんし、あなたが持っている知識を駆使して、あなた自身の意見を決めなければいけません、と。私は、この種のアプローチを使えば、私たちにも意見を決めることが可能になってくると思います。

　テニー先生にとって本質的な問いとは、生徒たちをアメリカの市民的生活に関する主要な論争に引き込み、カリキュラムの中に議論や発問、調査を取り入れるための手段であったといえる。

## 教師による振り返り

　テーマや本質的な問いの周辺部分にあるカリキュラムを掘り返すのは、骨の折れる仕事だった。テニー先生は以下のように述べている。

　　　本当に初任の教員時代にもう一度戻ったようなものでした。たとえ教える内容が以前と同じだとしても、以前とは異なる枠組みと方法によって教えているからです。なおかつ、ご存知の通り、私たちは研究をしたり、次に教える方法を考え出したり、他に何であれ私たちは話し合いをしています。それ自体はイライラするものではありませんが、多くの時間が費やされていきます。

　これらは手間のかかる仕事だったけれども、このアプローチで教え始めた年に、テニー先生はテーマ中心アプローチと本質的な問いが相互に依存し合っていると確信した。本質的な問いは、カリキュラム・デザイナーによってしばしば推奨されているし、年代順アプローチを保持するいくつかの州のカリキュラムスタンダードにさえも明記されている。けれども、テニー先生が疑問を感じていたのは、本質的な問いの考えが良いものであったとしても、年代史アプローチの中では役に立たないのではないか、ということであった。彼女は、「年代史アプローチを前提としながら本質的な問いを用いることはできません。なぜなら、それでは矛盾が生じてしまうからです」と言った。彼女はさらに次のように説明した。

　　　「社会的抗議運動は民主主義にとって重要でしょうか？」と尋ねることができますし、社会的抗議運動について年代史的に網羅することもできます。でも、それらの方法ではうまくいきません。生徒たちは、公民権と女性の権利の論点とを関連づけることができないでしょう。なぜなら、まず女性の権利は1つのトピックですらないからです。例えば、年代史学習でも、女性の歴史に変化をもたらした5つの異なる出来事について言及はしています。でも、それらの出来事の中で同じ

時代に起きたものは1つもありませんし、関連性も連続性も見当たりません。そのため、生徒はそこから連続性に気づくことができません。その結果、連続性は失われ、消え去ってしまいます。公民権の場合でも同じことです。生徒は連続性に気づかず、連続性は消え去ってしまいます。トピックを関連づけることすらできません。そして、1つのテーマの対応する5つの本質的な問いに取り組むのではなく、1年間で20個の本質的な問いに個別に取り組んでいるのです。それでは意味がありません。話の脈絡は失われてしまい、生徒たちは20個の問いを覚えることができません。彼らが覚えられるのはせいぜい5つ程度です。

　彼女は、歴史、現代的課題、生徒の個人的経験をつなげる問いに生徒を深く関与させるために、テーマ中心の内容編成にすればすべてが変わると感じていた。

　ブルックス先生は、サリー高校で特別支援を要する生徒に教えていたこともあり、年間のカリキュラムを進めるペースは、普通の学級よりもゆっくりとしていた。しかし、彼はテーマ中心の内容編成にも熱心に取り組んだ。彼は「私はこのテーマ中心の内容編成がとても好きです。この内容編成の方がより効率的だと思いますし、学ぶ内容がとても理解しやすくなると思います。全体の内容がとても理解しやすくなります」と言っていた。そして彼は、移民や移住に関する個々の事象についてカリキュラムで登場したタイミングで学習するよりも、〈人々の移動〉のテーマで学習をする方が、生徒に内容を理解させることができると説明してくれた。

　　南北戦争後に起きた黒人の南部から北部への大移動について初めて話した後、第一次世界大戦の学習の中でその黒人の大移動の話に戻ったり、第二次世界大戦後の学習の中で大移動の話に戻ったりしています。これらの学習では、同じ話を何度もすることがとても多くなります。しかし、今や生徒たちは、他に起こっている出来事が黒人の大移動と同じ効果をどのように生み出すのかについて理解することができ

ます。それによって、南部からの黒人の移住について話すことが非常に簡単になります。そして、東欧からアメリカに来た移民について話すことも非常に簡単になります。なぜならば、黒人も東欧の人々も、同じ理由に基づいて、移住したり、動き回ったりするからです。そして、生徒はそのことを理解し把握することができます。でも、ある場面ではヨーロッパ移民が押し寄せた話などをして、別の場面では黒人の移動について話す、といったようなことをしていると、それらのつながりが壊れてしまいます。かつて私たちは、黒人歴史月間[44]に黒人の大移動の話をしていましたが、そういった教え方では非常にバラバラになってしてしまいます。

　ブルックス先生は、カリキュラムで、移住の概念に関連する事実を個別に学習するよりも、テーマ中心の内容編成の中で、移住の背景に存在するより大きな論点を生徒に考えさせるような発問をする方法を好んでいた。
　彼は、これと似た考え方を〈紛争と解決〉の主題でも用いている。ブルックス先生は以下のように説明した。

　　私はこういった学習によって、生徒が歴史の周期を理解しやすくなると思います。ある程度の規則性を持ちながら、物事がある時は変化し、ある時は戻り、またある時は変化し、また戻ります。こういった学習をすれば、歴史の周期をとても理解しやすくなると思います。私は、このアプローチを採用するまでは、冷戦やアメリカのロシア、ここでは、ソビエト連邦という意味ですが、に対する攻撃について、はっきりと理解していたわけではありませんでした。でも、このアプローチを採用することで、第一次世界大戦中にどのような出来事が起こったのか、どのような出来事が第一次世界大戦の引き金になったのか。また、それらが第二次世界大戦にどのように影響したのか。こういったことを理解しやすくなります。そして、教師である私がその点をしっかりと理解すれば、生徒たちもしっかりと理解できると思います。そしてその方が、歴史をより物語として説明することができます。

そして、テーマを論理的に整理した物語を説明する方が、何かを説明した直後に、金ぴか時代の話に切り替わり、すぐにセオドア・ルーズベルトや様々なことを話し始める、といった流れで説明をするよりも、はるかに理解しやすいのです。年代史的に歴史を教えると、本当にバラバラなものとなります。私は、年代史的に教えることは二度とないと思います。

　ブルックス先生は、彼の学校では入手できる史料の数が少なかったけれども、年代史的に構成された教科書よりもテーマ中心で構成された教科書を好んで使っていた。そんな彼のアプローチの強みとは、生徒が歴史を「物語」として捉えることを手助けできることだった。
　テニー先生とブルックス先生は、歴史的な論点と現代的論点、そして生徒自身の興味や経験とを橋渡しすることを望んでいたのだが、2人はその望みを達成するためにテーマ中心アプローチが重要であると気づいた。テニー先生は年代史的な形式の中に、そのようなテーマ中心的なカリキュラムを設定することが可能だとは考えていなかった。テニー先生は以下のように述べている。

　　テーマ中心アプローチを年代史アプローチと結びつけることはおそらくできません。それは言わば、あなたが立てたすべてのトピックについて現在まで関連づけて説明をしようとすると、そのような説明を年代史的にすることができないのと同じようなことです。それができない理由は、その教え方だとあまりにも長い時間が間に空きすぎるからです。あなたが第一次世界大戦を教えた6カ月後にベトナム戦争を教えた場合、両者をどのように比較するでしょうか。子どもたちは何を覚えているでしょうか。生徒は、第一次世界大戦で起こったことについて、何を覚えているでしょうか。おそらく、彼らはまったくというほどに何も覚えていないでしょう。あなたも知っての通り、生徒に何かを理解させようとした際に、彼らの知識が維持する期間は非常に短いのです。そして、学年の初め頃にあなたがそれらの知識を網羅す

る方法はないですし、学年の終わり頃にそれらを関係づける方法もないのです。知識は、消え去ってしまうのです！　生徒たちは先週学習したことも覚えていないのです。ましてや、第一次世界大戦のテーマが何であったかということを［長期休みの後の：訳者注］9月に覚えているはずがありません。彼らはあなたが3つの頭を持っているかのように見つめることでしょう。それが、これまで歴史の授業でずっと起こってきたことなのです。

　ブルックス先生も、このことに怒りを感じていた。彼は以下のように言っていた。

　　私は、これまでは年代史的に教えてきましたが、今はテーマ中心に教えています。そして、私はもう二度と年代史的に教えることはないだろうと思います。年代史的に教えると、流れがバラバラになってしまいます。すべての問題はここに始まり、ここに終わるのです。私たちがこの問題を解決できず、内容を2カ月で網羅することができないという状況は、40年後も同じように繰り返されてきました。年代史アプローチだと、本当にバラバラになってしまうのです。

　ブルックス先生とテニー先生の学校や学区において、テーマ中心アプローチを取り入れた歴史カリキュラムが奨励されていたわけではなかった。けれども、2人とも、このプロジェクトを終えた時には、年代史的に編成されたアプローチには二度と戻らないであろうと確信していた。
　オークノル高校のバンクス先生は、彼がいつも用いていた年代史的な編成に心地よさを感じていたので、テーマ中心にカリキュラムを再構成することに躊躇していた。夏のワークショップでは、彼は自分の信条について述べてくれた。彼の信条とは、テーマ中心のカリキュラムへと再編成を行わなくても、カリキュラム全体を通して、本質的な問いとテーマを統合させることができるというものであった。しかし次第に彼は、本質的な問いとテーマをカリキュラムの中で統合することが困難なことであると気づい

ていった。そして、その学年の終わり頃に、彼は、またもや「ジミー・カーター大統領の話までたどり着く」ことができなかったことに苛立っていた。

　　ここの学区や教育局（department）がやっているように、年代史的な方法でカリキュラムを教える以外に方法はないのです。その中で私は、ジミー・カーター大統領の話までたどり着けなかったことに、本当に失望してしまいました。あまりに大きく失望してしまいました。私は今年の最初の頃に、クリントン大統領の話までたどり着くと誓ったのですが、それがまったく実現できませんでした。

　バンクス先生が年代史アプローチを継続した結果、彼はカリキュラム全体を現代と関連づけることが困難となっていた。一方、ブルックス先生とテニー先生は早くも11月の〈紛争と解決〉のテーマに関する文脈の中で、イラク戦争についての議論をしていた。しかし、バンクス先生は学年末までに1980年代初期を取り扱うことができなかった。このことについては、第5章「『週末の時事問題』を超えて」で大いに論じるつもりである。バンクス先生は、自分が親しみのあるカリキュラム編成を堅持するという選択をした。そして十分に理解できるとはいえ、彼はこの選択によって、この年のうちに予想外の結果と向き合うことになった。
　3つの教室のうち2つの教室における強力なテーマ中心アプローチは、市民的スキルのストランド（strand）を編み込むカリキュラムの横糸のような役割を果たした。次章以降で示される3つの学校の市民的学習の経験において、テーマ中心アプローチは強い印象を残している。2つの教室では、議論や書くことが本質的な問いに基づいて行われ、時事的な出来事は、テーマを軸とした単元に基づいて構成された。そして市民的行動は、市民問題を重視したカリキュラムの中に位置づけられていた。次章からの4つの章では、この新しいアプローチの核心に位置する市民的スキルのストランドに注目していくことにする。

# テーマと問いを使用する際の 10 の提案

1. 多くの歴史の時代を貫く論点に関わるテーマを作ること。
2. 現代的な論点と関係する可能性が高いテーマを作ること。
3. 現在も研究中である歴史の中から、知的で社会的に見て重要な論点を表すテーマを作ること。
4. まだ議論の余地があり、生徒が自分自身の生活と歴史とを関連づけることができるような問いを作ること。
5. 生徒が課題に効果的に取り組むために、内容知識を獲得する必要があるような問いを作ること。
6. 生徒が興味を持つことができたり、生徒が参加できるような問いを選ぶこと。
7. 生徒が適度にやりがいを感じられるような問いを選ぶこと。
8. 生徒が単元を通して覚えていることができるような、限られた数の問いだけを選ぶこと。
9. 新しい知識を得るたびに問いを振り返り、テーマや単元を通して、何度も本質的な問いに立ち戻ること。
10. 重要な市民的なジレンマにたどり着くことができ、かつ生徒を進行中の市民的議論へ促すことができるような、問いとテーマを選ぶこと。

**訳注**

1) 18世紀のイギリスの政治哲学者（1729～1797）。主著は1790年の『フランス革命の省察』であり、この著書は保守主義のバイブルとされている。
2) アメリカの南部反乱諸州（旧アメリカ南部連合）を連邦に復帰させるため、南北戦争後に南部に対して行われた一連の政治的・経済的・社会的処置。通常、再建期は、1865年の敗戦による南部連合の解体によって始まり、ティルデン、ヘーズの大統領選挙をめぐる妥協の成立した77年をもって終了したとされる。
3) 都市が発展拡大する場合、郊外に向かって市街地が拡大するが、この際に無秩序な開発を行うことをスプロール化と呼ぶ。
4) 1865年に終わった南北戦争から90年頃まで、約4分の1世紀のアメリカ社会を指

す。メッキ時代とも呼ぶ。この時代は、農業中心だったアメリカが工業化、商業化の傾向を強め、物質的には空前の繁栄を示し、人々が一攫千金の夢にかられて、ドル獲得に奔走した時代であった。

5) 人口や職業の増加が、都市とは別の空間・地域において発達していく状況を指す。世界市場の危機や商品市場をめぐっての国際間競争の激化、都市居住人口の減少、国外来住者の増加、職場の喪失、公的財源の不足、貧困層の増加などが、都市の構造変動を促したことが背景にある。

6) 都市に流入した有色人種が厳しい差別の下で多く都心に住み着き、それまで都心に居住していた白人がこれを嫌って郊外へ移り住んだ現象。

7) ピッツバーグ、デトロイト、ボルティモアなどアメリカの東部から中西部にかけての伝統的な工業都市で、衰退した都心空間を再商品化するため、都心の衰退地区の高級住宅地化を目指して進められた再開発のこと

8) ヒスパニックとも呼ぶ。スペイン語を母語とする中南米およびカリブ海諸国出身者とその子孫を指す。

9) 1865 年に設立された連邦政府の機関。19 世紀後半の再建期に南部の解放奴隷を支援するために設立された。

10) ブラックコードともいう。南北戦争後制定された黒人規制法。旧アメリカ南部連合諸州において、奴隷解放後の混乱への南部側の対応として、解放奴隷の社会的地位を策定すべく 1865 年から 66 年に制定された。どの種のコードも解放後の黒人の社会的地位を旧奴隷のそれにできるだけ近いものにすることをねらっていたことでは共通していた。

11) アメリカで 19 世紀末から 20 世紀初頭にかけて成立した、南部両域にわたる黒人分離法。奴隷制時代のなかば慣習的な分離とは異なって、学校、鉄道、食堂、劇場、ホテルに至るあらゆる公共施設において、厳密で組織的な黒人と白人の分離を制度化した。

12) 1895 年、州内の鉄道会社が各列車に「白人と黒人とに平等であるが分離された客席」を設けなければならないと定めたルイジアナ法（1890）を合憲とした合衆国最高裁の判決。この「分離すれども平等」の法理は、1954 年のブラウン事件判決によって否定されるまで、人種隔離制度に憲法上の根拠を与えた。

13) ブッカー・T・ワシントンは、1881 年アラバマ州のタスキーギーの黒人大学が設立されるや、請われて学長となり、職業訓練に徹した教育を行った人物である。白人との平等よりも、黒人はまず手に職をつけて、徐々に地位向上を図るべきだという穏健な考えは有名である。デュ・ボイスは、黒人運動の指導者であり、全米黒人地位向上協会（NAACP）の創設に参加し、黒人の解放とその地位向上に献身した人物である。著書に『黒人のたましい』（邦訳書名）ほか。

14) 1909 年に結成された。1954 年のブラウン判決の際には、人種隔離に反対して繰り広げられた地道な法廷闘争で中心的な役割を果たした。

15) マーカス・ガーベイは、ヨーロッパの植民地政策からのアフリカ解放を主張し、ア

フリカ回帰運動の最も重要な提案者として知られている。北米地域において黒人の権利を主張した先駆者であり、後のネイション・オブ・イスラムやラスタファリアニズムといった宗教・思想運動に影響を与えただけでなく、公民権運動にも影響を与えた。

16）1954年に、合衆国最高裁が公立学校における白人と黒人の別学を定めた州法を違憲とした判決。本判決は、先例の〈分離すれども平等〉という法理は公立学校教育の分野に適用されないとし、〈分離された教育は本質的に不平等である〉と判断した。

17）黒人ローザ・パークスがバス車内で白人用の席に座り、その席を譲ることを拒否して逮捕されたことから、アラバマ州モンゴメリー市の黒人は1年間にわたってバスをボイコットした。連邦裁判所がこの種の人種隔離州法と市条例を違憲と判決し、ボイコットは勝利をおさめた。

18）キリスト教牧師で、マハトマ・ガンディーの非暴力抵抗方式を人種差別撤廃を目指す黒人闘争へ移植した黒人指導者。モンゴメリーでのバスボイコット運動を主導し、南部キリスト教指導者会議の結成への関与などを経て、公民権法を成立させた。

19）アフリカ系アメリカ人の活動家であり、本名をマルコム・リトルという。黒人のアフリカ人としての自己尊厳回復と自立を説き、同時に、合衆国におけるアフリカ系アメリカ人の闘争を人権闘争と規定し、国連への提訴や第三世界における被抑圧者との連帯を唱えた。

20）1960年代の公民権運動が1964年に結実した大きな成果の1つとされる。この法律は、（1）投票権の行使を保障する、（2）人種、肌の色、宗教、出身国を理由に、公共施設において差別あるいは隔離することを禁止する、（3）公教育における人種差別を排除する、（4）連邦政府の援助を受けている事業で、雇用や労働条件において、人種、肌の色、宗教、性別、出身国に基づく一切の差別を禁止する、といった包括的なものであった。

21）南部各州のバス待合所の隔離をやめさせるために、バスを連ねて主要都市を回った人々。

22）黒人や他のマイノリティグループが、教育、雇用、住居、選挙、司法などの分野における人種差別に抗議し、白人と同等の権利の保障を要求した運動。公民権運動が最も活発であったのが、1954年の合衆国最高裁判所の人種別学校違憲判決（ブラウン判決）から、65年の投票権法の制定に至る期間である。

23）1960年代に起こった黒人至上主義運動の代表的な組織であり、1966年にカリフォルニア州で結成された。全米の都市に住む若い世代の黒人の心をつかみ、全盛期には40以上の党支部が全国に置かれていた。

24）大リーグの黒人選手。1947年に入団したロビンソンは大リーグ黒人選手の第一号にあたる。ドジャースの黄金時代の主軸打者、名内野手として活躍し、野球殿堂入りした。

25）1960年代に、法的平等を達成しつつも、依然として差別や抑圧の現実に苦しむア

フリカ系アメリカ人が、「黒人であること」とその尊厳を強調し、自らの伝統、文化、存在そのものを高らかに肯定しようとした一連の運動を指す。

26) 第二次世界大戦時の緊急措置としてアメリカ合衆国とメキシコ共和国の国家間の行政協定により、戦略物資たる食糧生産を支える労働力の確保を目的に締結された。このブラセロ計画は農業での労働力不足を充足したばかりでなく、後のアメリカでのメキシコ系住民コミュニティとネットワークの形成に重要な役割を果たした。

27) セサル・チャベスによって、1962年にアメリカで結成された組織。貧困移民や移民農場労働者の権利を守るための活動などを行っていた。

28) 1960年代以降に、諸民族集団の文化活性化運動を背景に、農業労働組合運動家であるチャベスらは、自らの文化遺産を誇りとして、白人に土地・歴史・文化をはく奪され征服されたという認識のもとに、急進的な政治行動により白人の体制と対決しようとした。

29) 1848年、ニューヨーク州の田舎町セネカ・フォールズで開かれた最初の女性の権利獲得のための会議。奴隷制廃止論者、禁酒運動家などを含めた男女約300名が参加し、アメリカ女性運動の出発点とされる。

30) 18世紀における婦人参政権運動の指導者。E・スタントンと組んで、女性参政権を中心とする権利獲得の運動を率いた。

31) 18世紀における婦人参政権運動の指導者。スーザン・B・アンソニーと組んで、女性参政権を中心とする権利獲得の運動を率いた。

32) 産児制限運動の指導者。1910年頃からIWW（世界産業労働組合）の労働運動などにたずさわった。ニューヨークのスラム街で看護婦として働いた経験から、産児制限運動を始めることを決意したが、時代状況の中で投獄もされた。その後、産児制限診察所を全国各地に開設し、国際的な家族計画運動の指導者にもなった。

33) 修正第19条は、女性参政権を具体的に拡張することが意図されたものである。1919年6月4日に提案され、1920年8月18日に批准された。

34) 第一次世界大戦後のアメリカに出現した若い女性のタイプを指す。旧来の〈お上品な伝統〉に挑戦した、自由で解放された女性で、いわゆるジャズ・エイジの花形であった。彼女らを特徴づけるのは、諸事に対するシニカルな態度、セックスへの積極的な関心、そして、飲酒・喫煙を含む風俗や、大胆なファッションの誇示などであった。

35) 黒人女性活動家であり、実業学校の設立者として、ブッカー・T・ワシントンの協調的な経済的自立路線の継承者として知られている。連邦政府行政官なども務めた。

36) ウーマン・リブ運動の指導者、1963年に著書『新しい女性の創造（邦訳名）』で、女性も家庭の外に自らの生きがいを見出すべきだと説いて、中産階級の女性の共感を呼び、女性解放への関心を高めた。

37) 第二派フェミニズム運動に関わった人物。1972年に大衆誌『ミズ』を創刊した。

38) 第二派フェミニズム運動の中で、最重要課題に位置づけられた。性別に基づく法的差別をすべて憲法違反とする条項で、その及ぶ範囲は雇用、婚約、教育者、福祉な

ど、社会生活全般に関わる。反フェミニズム運動によって、成立しなかった。

39) 1973年に連邦最高裁が、テキサス州の法律をプライバシー侵害の憲法違反として、条件付きで中絶を認めた。これを契機に、カトリック教会を中心にプロライフ（胎児の生まれる権利を重視し、強姦の場合も中絶を認めない絶対反対）運動が始まり、再非合法化を目指された。現在も論争的な判例である。

40) 1972年にアメリカ合衆国議会で可決された。助成金や奨学金、その他学生への支援を通してフェデラルファンドを受け取っている学校における性差別を禁止した。

41) 教育方法の1つであり、教材や単元を読み始める前に、学び手がすでに知っている事柄等を呼び起こすことで、効果的な学習を促すのが特徴である。

42) 戦争の効果を経済学的に考察した議論のこと。

43) 武力による戦争を指す。冷戦に対応した意味で用いられる。

44) 黒人歴史月間またはアフリカ系アメリカ人歴史月間はアメリカ合衆国、カナダ、イギリスにおける、アフリカ系アメリカ人の偉人やアフリカ人ディアスポラ［離散して故郷以外の土地に住む人々や共同体］の歴史を回想する年間行事を指す。

45) ギリシア神話における「3つの頭を持つ犬」というイメージに基づいており、恐怖を印象付ける対象としての表現と考えられる。

# 話し合う市民たち

社会科授業における開かれた議論

ただ、友だちとぶらぶらおしゃべりしていると思っていたものは、開かれた議論そのものでした（中略）みんなが昼寝じゃなくて学習をしているんですよ。
（タリク、オールウッド高校）

　　みんながあらゆることを理解しようとします。そして、もう行かなくちゃいけない時間になっても、みんながそれについてまだ話そうとする。なかなか離れようとしない。だから、ブルックス先生はこんな風に言うんです。「君たち、もう十分だよ。そろそろ行かなくちゃ」。
（タミカ、サリー高校）

　あなたが最後に素晴らしい会話をしたと思う時のことを考えてみてほしい。活気に満ちていただろうか？　わくわくしただろうか？　熱中していただろうか？　自分にとって重要なことについて省察しただろうか？　いつもではないが、ずっと思っていたことを表現できたか？　もともと持っていた思いをもう一度考え直しただろうか？　物語を話したり聞いたりしただろうか？　他の視点に改めて気づいただろうか？　人とつながっている感覚を感じられただろうか？　悲しみや哀れみで、心が刺されるようなことがあっただろうか？　嫌な気持ちにひるんだりしただろうか？　笑いの瞬間とやる気を共有しただろうか？　このように会話は、水や空気のように私たちの日常生活の至るところに常に流れている。家族や友だちと一緒に、職場で、学校の廊下で、お店の中で、スポーツイベントのフィールド横で、公園で子どもたちが遊ぶのを見守る親たちの中で、人々は話すことを通して交流する。
　オールウッド高校とサリー高校、オークノル高校の3つの高校の生徒に、「良い議論」を作り出すものは何か、と尋ねた時、どの学校の生徒たちも、事柄のつながりを意識すること、本気のやり取り、自己表現、と捉えていた。「そうですね。それは、楽しさ、です。ある人は賛成し、ある人は反対するので、皆が1つのことに賛成するまで行ったり来たりするんです」とサリー高校のナルシソは言っている。また、「時が経つのが早いこと」と言ったのは、オールウッド高校のライアンだった。彼は「何か言いたい

ことがある人が多いから、言いたいことを言えなくなってしまう人も何人か出てくるんだ」と話した。オークノル高校のエミーは良い議論のことを「会話がずっと続くこと」と表現し、「他の人が言ったことで、笑いが起こったりする」と説明した。生徒たちは良い議論とは何かを言い表すために、「自然な流れ」「考えの交流」「ユーモアがあること」「活発さ」「興奮すること」「関心が高いこと」などと口々に言った。

　このように議論は多くの教室を活気づけることができる。社会科授業においても、議論は生徒の聞く能力や、人前で話す能力を伸ばすことから、カリキュラムを生徒自身の身近な日常生活や市民問題に結びつける手段となることまで、多様な目的を果たしうるものである。この章では、市民的学習としての議論の意義について考察する。その際、議論に関する先行研究と共に３つの調査対象クラスにおける生徒・教師の経験について検討することで、社会科授業を意義ある市民的学習へと変革するための議論の使い方を深く吟味し、探究したい。

　本章では、まず、市民としての意識と市民的参加を促すためのツールとしての開かれた議論の有効性を示す多くの先行研究について考察する。それとともに、なぜ授業の中でこうした開かれた議論がほとんど起こらないのかという難問に取り組み、調査に参加した生徒と教師の議論に関する経験を共有したい。また、我々が教室外で楽しんでいる本物のやり取り（authentic exchange）を教室内の議論でも忠実に再現することを提案する。このような議論は、研究授業をこれまでの社会科の授業経験とは違うものとし、忘れ難い印象を生徒たちに残した（さらに言えば、他の教科の授業経験とも違うものとされることもあった）。「重要な問題や話題に関する開かれた議論に生徒が参加できるようにしていないのは、学校で最も有害な知に関する欠陥である」（Wolk, 2003, p.103）。

## なぜ議論するのか？

　高校生たちに対して、政治や政府に対して注意を向けるように促すだけで、熱意を持たせることは難しいだろう。むしろ、それらの事柄

（政治や政府）について、教師が「開かれた議論」を促進したと生徒が認識していた際に、市民的行動の尺度でスコアが上がった。この結果は、他の重要な影響を考慮に入れた場合にも適用される。この分析結果は、教師が授業内で活発な授業参加を促すことが、生徒たちの授業外での関わり合いも促すことになることを示唆している。

（Zukin et al., 2006, p.142、「　」は著者Zukinたちによる強調）

「開かれた議論」とは何か？　ディロン（Dillon, J. T.）は、議論について、「参加者が様々な視点を受け入れながら、共通の探究をするグループでの話し合いからなる共同作業」と表現している（1994, p.51）。クック（Cook, A.）とタシュルク（Tashlik, P.）（2004）は、開かれた議論とは何かについて、検討が必要で、論争を呼ぶような、正解のないオープンエンドの問いを中心としたものであると見なしている。このように定義は多様である一方、議論には集団の中でのオープンな意見交換が含まれるという点で一致している。これは、ズーキン（Zukin）や仲間の研究者たちが市民参加に大きな影響を与えると述べた議論の基本的側面と共通したものである。

　調査対象校において、調査に参加した生徒のほぼ全員（それぞれの学校の90％から100％の生徒）が賛成したのは以下の点である。調査プロジェクトの1年間を通して、議論をし続けたこと。その中では、自分の意見を自由に示すことができ、実際に多くの異なった意見が述べられたこと。人種差別や性差別、その他の差別について討論したこと。時事問題について討論したこと。教師に同意しなかったり、仲間と異なった意見を貫いたりしても、授業の中で「問題になることはなかった」こと。

　ここで、オールウッド高校で行われた議論の一部について検討してみよう。テニー先生の教育実習生であるクリスティは、「レベル1」[1]の授業において〈紛争と解決〉を学習する部分の仕上げとして、「テイク・ア・スタンド」（この議論のフォーマットについては後により詳しく示す）という形式での議論を指導した。そのクラスには19人が在籍し、2人のアフリカ系アメリカ人、3人のアラブ系アメリカ人、5人の白人、9人のアジア系アメリカ人（東アジアの文化を持つ生徒たちと南アジアの文化を持つ生徒た

ちが含まれている）がいた。生徒たちは、2つの世界大戦、朝鮮戦争、ベトナム戦争、冷戦、第一次湾岸戦争、そして中東における現在の紛争について学習しており、〈紛争と解決〉に関する学習の終結部になっていた。そして、調査プロジェクトのために私たちが開発した3つのフォーマットのうちの1つを使った学習のまとめの議論に参加した。

　「それでは、テイク・ア・スタンドをしたいと思います」とクリスティが告げた。

　教室中に興奮の波が広がり、生徒たちは立ち上がり、机を教室の隅に向かって押し始めた。教師は一方の壁に「賛成」と書き、反対側の壁には「反対」と示した。

　「アメリカは外国に対して干渉すべきではない」とクリスティは大声で述べた。

　生徒たちは動きだし、「賛成」と「反対」の間のどこかに集合した。生徒たちの分布は均衡状態であった。2つの立場の間に立っていたアフリカ系アメリカ人女子生徒アニーが、話し始めた。「私はフェンスの上に立っているような状態です。なぜならそれは状況によって左右されるからです。（私たちが戦争に行くことについての）理由がなければ、私は反対ですが、もしかすると何らかの理由があるのかもしれません。テロのように。もしそうだとすれば、賛成します」

　アニーの発言に続けて、もう少し教室の「反対」側寄りに目立たないように立っている白人の男子生徒ジャックは「私たちに影響がない限り、介入すべきではないでしょう」と述べた。

　「反対」側のもっと端に立っているトミーは「私たちが介入しなかったら、他国とあらゆる同盟を結べないと思います」と返答した。

　教室の「賛成」寄りに身を置いていたアフリカ系アメリカ人の男子生徒ダニーは「今の同盟国ってどこですか？」と問いかけた。そして「イギリスだけじゃない？　同盟国といえるような国はないんじゃないの？」と言った。

　「反対」というサインのすぐ側に立っていた白人の女の子メアリー

は「場合によるでしょう。むごい目にあっている人を助けたくはない
のですか？」と問うた。

　「それは私たちに関係ないと言ってしまえば、みんな私たちを悪者
だと考えるでしょうね。私たちの問題でもあるのでは？　もしそうな
ら、私たちが単により憎まれるだけでしょうね」とアニーは再び主張
した。

　「反対」というサインに非常に近い場所に立っていた白人の女子生
徒のシンディーは「他国で道徳的に反していることが発生した場合、
それを知るよね？　あなたは傍観しているだけなの？　大規模な虐殺
のようなものが行われても？」と指摘した。

　アフガニスタンからアメリカへ移民してきた、ウズベキスタン人の
家族を持つタリクは「うん。だって、我々は何のために国際連合を
作っているの？」と問いかけた。

　「それは、今現在起きていることなんだ」と1人の生徒は主張した。

　インド系アメリカ人のシーマは「それは危険なことだよ」と付け加
えた。

　白人のレベッカは「アメリカは世界に対して巨大な力を持っている。
私たちは世界に対して責任を果たさなければならないでしょう」と論
じた。

　「それは国際連合がするべきことではないのでしょうか」

　「国際連合には軍事的な力はありません」とレベッカは返答した。

　「でも、それ（国連）は世界の問題や食糧難を解決するじゃない」
とアニーは反論した。

　「私たちは人々が泣いているところを見ています。私たちは彼らを
助けなければなりません、なぜなら私たちは力を持っているから」と
レベッカは言った。ざわめきが教室を満たした。

　「例えば、誰かが1つの民族を排除したいと考えるのは、どう考え
てもおかしい」とアニーは力強く述べた。「それは間違っている。け
ども、それに干渉することは私たちが行うべきことではない時もある
んじゃないの」

「それは誰かがあなたの家に押しかけて、あなたの家族をどのよう
　に改善すべきか教えているようなものですよ」とタリクは説明した。

　これは長い議論の一部分で、生徒たちは協力して複雑で深刻な問いかけ
に向き合っていた。ここで教師と生徒の発言のバランスに注意してみよう。
たいていの授業では、教師が主導権を持ち、すべての生徒の主張に対して
コメントし、教師と生徒が個別に交流することが主体となる。一方、この
教室での対話の一部分において、私たちが聞いた教師の発言はたったの二
言だけであった。1つ目は授業を組織するものであり（「それでは、テイ
ク・ア・スタンドをしたいと思います」）、2つ目はその日のトピックにつ
いて説明するもの（「アメリカは外国に対して干渉すべきではない」）であった。
これら2つを教師が示した後、教師による催促や修正、意見、介入なしで、
10人の生徒が生徒たち同士の間で17回の応答をした。
　その中で、生徒は自身の意見を表明した（「私はフェンスの上に立ってい
るような状態です。なぜならそれは状況によって左右されるからです」「私たち
に影響を及ぼさない限りは、干渉すべきではありません」「私たちは世界に対し
て責任を果たさなければならないでしょう」などのような）。また、集団に問
いを投げかけた（「現在私たちが同盟関係を保持している国は何をしてくれま
すか？」「場合によるでしょう。むごい目にあっている人を助けたくはないので
すか？」「うん。だって、我々は何のために国際連合を作っているの？」）。彼ら
はこれらの問いに取り組み（「国際連合に軍事的な力はありません」）、互い
の意見を作り上げていった。彼らは反対することを恐れず（「でも、彼らは
世界の問題や食糧難を解決するじゃない」）、自らの見方を主張するために比
喩を使用した（「それは誰かがあなたの家に押しかけて、あなたの家族をど
のように改善すべきか教えているようなものですよ」）。
　この授業の中で、生徒は、自分たちに直接影響を与え、長年にわたって
継続しながら、未だ解決に至っていない公的問題に困惑しながらも、市民
にとって不可欠な問いに対する真正な議論に参加している。それは、他国
にアメリカはいつ干渉すべきなのか？　同盟国に対して私たちはどんな責
任を負うべきなのか？　ある人々が彼らの指導者の下で、苦しんでいる道

徳的問題とは何か？　力が大きくなれば、それに付随する責任も大きくなるのか？　といったことである。生徒がこれらの問題を解決するということはない。解決すべきでもないだろう。ただ、国と同じように多様な背景を持った15歳と16歳の子どもが、市民生活のジレンマに向き合い、継続的な議論の参加者となるということである。さらに、社会科の教室そのものが、退屈で、繰り返しが多く、ジャネットが言ったように「すでに起こったこと」を取り上げるような空間から、日常生活における議論のように、驚きや興味深さを示しながら、子ども同士の相互作用が展開されるような活気に満ちた場へと変化を遂げたということであった。

## 議論することの市民的利益を詳細に検討する

　社会科教育関係者を始めとする子どもの市民参加に関心のある人々は、長きにわたって、教室での議論が効果的な市民的教育における重要な要素である（Hess, 2004, 2009）、と主張している。ラーソン（Larson, B. E.）とパーカー（Parker, W. C.）は議論について次のように強く主張している。議論は「間違いなく民主主義教育における最も重要なものである。なぜなら、それは民主的に生きることの“まさに”本質的な実践に生徒を取り組ませるからである」（Larson & Parker, 1996, p.110）。2003年に出された、『学校の市民的使命（the civic mission of schools）』報告書は、市民的教育のための重要で「有望なアプローチ」であるとして議論に注目し、教育者に「教室で、特に子どもが重要だと考えるような、現在、地域、国家、国際的な問題や出来事についてのディスカッションを取り入れる」ことを推奨している（p.6）<sup>(原注1)</sup>。

　議論を、生徒の市民性を教育する重要な要素にするものは何なのか？教室での議論は、生徒が違いを超えて対話したり、多様な見方について学んだり、対立している立場を考えたりする助けとなる。そのことは、生徒の批判的思考や、話す能力・聞く能力を育てる上で良い方法である。議論は、市民問題への生徒の関心を高め、学習とその内容を向上させ、生徒たちの日常生活と教材との間のつながりを作り出す手助けとなる。

多様性を持つ民主主義において、あらゆる種類の違いを乗り越える、聞く能力とコミュニケーション能力は重要なものである（Hess, 2004）。実際、3つの調査対象校の生徒たちは、議論における考えの交流を価値あるものと見なしていた。彼らは、同級生の様々な意見を価値あるものと見なし、純粋に関心を持った。「誰もが、そこで述べることがもっともな何か、議論に貢献する何かを持っています。私はいつでも自分が正しいと考えたいとも思うけど、常に私が正しいわけではないです」とレベッカは言った。ロビーは次のように感じたと明かしている。「個人的には、人と話すこと、そして意見を伝えることは好きなんです（中略）他の人が同じことについてどのように考えているかを理解するということは、本当に素晴らしいことでした」。ヴィニーはそのことに同意し、次のように述べた。「みんなの議論と、みんながなぜお題についてそのように強く考えるのかについて聞き、さらに事実の背後にある理由について聞くことは、本当に良いことだと思います」。アントニオは感激してこう述べた。

　　その授業は本当に刺激的でした（中略）私はその授業が大好きです。なぜなら、その授業はいつも議論に開かれているからです。私たちは、他の人の意見を聞きます（中略）他の人の意見を聞くことができるのは、本当に素晴らしい授業です（中略）そのことが授業をより容易なものにし、そこに参加することを楽しいものにするでしょう。

　生徒が議論の結果として自身の意見を変えることも、しばしば起こることである。マヌエルは、「授業は、私の意見、すなわち物事を見るための視点を変えてくれたことが多かったです」ということを打ち明けてくれた。ロビーは以下のように述べた。

　　私たちの中で、何かの問題について一方の立場をとった人がいて、そのすぐ後に、その問題について別の立場をとる人が現れるということがありました。私はその問題に対してそれまで自分が賛成していたことについて、今では反対しています（中略）誰かが言ったこと、誰

かが行った調査、私に対して説明するのをただ聞いたりしたことが私の心を変化させたんです。

サマラは、ある問題についての自身の意見を変えた議論の一例を示した。

　　非合法の移民についてです。それまで私は、何かしらの理由があって入国できない人がいるのだから、それは問題ないことだと思っていました。けれども、その後しばらくしてから、私は次のように考えるようになりました。非合法の移民は私たちに多くの影響を及ぼしています。すでにここにいる人々にも、そして合法的な方法で列をなして待っている人々にも。

レベッカは以下のように打ち明けた。「そして、私はクラスメイトの多くが意見を変えて、それからまた元の意見に戻ったのをはっきりと見ました」。

生徒たちは、異なる意見は多様性の一部分であること、そして意見の相違を踏まえて話すことを技能として学習したことを高く評価していた。レベッカは次のように述べた。

　　「戦争は存在すべきであると思う」「戦争は存在すべきではないと思う」。このようなものはあくまで1つの意見です。結局のところは、私たち全員、ただの人間であり個人です。それでも、やっぱり私たちは市民であり、誰かの友人です。そして他人とは異なる意見を持って、他人と議論をします。そして、意見が一致しないのです。

議論は高次の思考能力を促進する（Chilcot & Ligon, 2001; Hess, 2004; Larson, 1999; Pass & Evans, 1996）。口頭で表現することおよび聞くことのスキルは、実際に教室でそれらのスキルを活用することで、より強いものになる。テニー先生は、生徒が議論を行う様子を見ながら、生徒たちの成長について次のように述べた。「議論のスキル、聞くことのスキル、人前で話

すこと、自分の意見を言うことに心地よさを感じるようになったこと。他の人とは違う意見を持っていても構わず、それについて話し合えること」。なお、生徒のレベッカは次のように振り返っている。「年度の初め、私たちは、互いに話をしようとして人の話を遮ってしまった。けれど、私たちは何より他者の話を最後まで聞くことの価値を学んだと思います」。

議論は生徒の市民問題に対する関心を上昇させる。アンドリナ（Andolina, M. W.）たちの研究（2003）では、開かれた議論を奨励することを伝えた時に、生徒の関心の度合いが大きく向上したことを明らかにした。実際、ナルシソは次のように述べている。「私たちは、歴史について話したがっていたんだ。例えば、銃はどこで作られた？とか、何がこれを引き起こしているのか？とか」。サマラは印象に残った議論について次のように述べている。そのほとんどは、「パレスチナ・イスラエル戦争のことについてでした」「なぜなら、私たち全員がそのことに興味があり、そのことに関して多くの議論を行った（……）みんな夢中になっていったのです」。オークノル高校のヘンリーは次のように説明した。「全員が授業に参加していました。なぜなら、私たちは、誰か1人とかじゃなく、みんなに関係しているトピックを議論していたからです（……）例えば人種差別のようなトピックです。みんなそれについて何かしらの意見を持っていたんです」。

議論を通して、生徒は市民的なものを個人的なものに結びつけた。ヴィニーは特に惹かれた議論を振り返った。「移民のことです」と彼は述べた。「私たちは授業で移民についての議論をしました。ほら、私には移民である両親がいるんですよ。そのことは個人的なことというか……そう、個人的なことでした。それで、えっと、私の両親がアメリカに向かった時に何を体験したのかを理解しようと、いろんな主張を注意して聴いていました」。

議論は社会科の内容に関するより深い理解に役立てることができる（Hess, 2004）。議論を通して、教師は内容的知識に対する生徒の理解を読み取ることができる（Okolo, Ferreti, & MacArther, 2007）。生徒は議論を通してより多くのことを学び、そして学んだことが残るようになったと感じ

た。オークノル高校のピーターが言うには、「私たちは毎日、講義を受けているのではなくなって、自分たちの考えを話すことができるようになった。それは、いつもより楽しかったと思う。議論をして、少し時間が経っても、その内容が心に強く残った」。オールウッド高校のサマラもこの考えに同調し、私たちに次のように述べた。「ほとんどの生徒はこの方法によって、より良く勉強し、より良く学んだようでした」。ナルシソは次のように述べた。

　　　議論をすれば、より多くのことを本当に学ぶようになる。少ししか知らないっていう状況は正しいことではないですよね。だから次の日は、前日に話した1つのトピックに集中する。そうすると、そのことについて多くのことを知るようになるでしょう。そして、私たちは間違ったことを言わなくなるし、自分たちが何について話しているかについてよく分かるようになる。

　生徒たちは、議論の中で内容に関する事実誤認や明らかな誤解があることにも気づいていた。オールウッド高校のロビーは、ヒラリー・クリントンを演じた生徒が矛盾した意見を述べた議論について、「ヒラリー・クリントンには2つの意見があった。だから、誰かがちゃんと調べなかったんだと思う」と述べた。だが、ロビーは次のように説明した。

　　　あれは質問するいいチャンスでもあったと思う。もし分からないことがあったら（中略）議論の中で（中略）クラスメイトに質問できたから。だから、学んだことについてのコミュニケーションは間違いなく広がったものになったと思う。そして時には、自分が聞き逃したことを他の誰かが教えてくれたり（中略）授業で学んだこと以上に、そこから学ぶことが多かったと思う。

　生徒たちは、議論の中で起こる自分自身やクラスメイトの誤解に直面することで、教師からのみではなく、お互いから学習する機会を持てたこと

に感謝していた。

　同じように、オールウッド高校のテニー先生は、議論を通して、生徒たちの内容的知識が深められ、明瞭なものにされたのを見たと説明した。

　　　彼らは皆、何が起こっているのかを理解しています。彼らは皆、自分の視点を持っており、意見を持っています。それはひょっとすると正しいものではなく、間違ったものかもしれません。しかし、議論の中で子どもたちはお互いにそのことを指摘し合います。

　テニー先生は、議論がどのように生徒の持っていた誤解の明確化につながったのか、に関するある事例を出した。その事例は、2001年9月11日のテロ攻撃への責任について生徒が混乱している、というものであった。

　　　イラクやアフガニスタンについて議論を行った時です。9.11について話している時、何人かの子どもたちは混乱しており、誰にその責任があるのか誤解していました。そう、それはタリバンとオサマ・ビン・ラディンだったか、サダム・フセインだったかを。その時、何人かの子どもたちが互いに指摘していました。「違います。間違ってます。君は違う戦争の話をしている」と。そして、議論を通して子どもたちの誤解は正され、「そうか。私は間違っていた」と理解していました。

　彼女は、議論がなければ、このような誤解が明るみに出ることはなかっただろうと気づいた。

　　　教室の中で子どもたちが参加した議論がなければ、子どもたちは、オサマ・ビン・ラディンとサダム・フセインの違いについて十分に理解していないままだったでしょう。なぜなら、彼らは間違いを口にすることも、言葉で表現することもなかったからです。また、間違いを正すことができる子もいなかったでしょう。このような点からも、議

論は教室において最も価値のあるものだと思います。

テニー先生にとって、議論とは、生徒の知識や関心を見えなくしてしまうような教師によって方向づけられた授業を行うことを避けつつ、考えや出来事を表現する活動を表面化させ、重要な歴史的出来事について生徒たちが考えていることをより深める方法であった。

教室での議論を通して、生徒は陳腐な反復授業を超え、これまで教室の外で行われてきた活気のある話し合いを模した、本物の考えの交流を経験することができた。オールウッド高校の教育実習生クリスティは、テニー先生の授業で行われた、ソクラテスセミナーについて解説した。

教室全体で［大きな円を作って座るようにして］、私たちは順番に話をしようとしました。そのほとんどの時間、手を上げることさえしませんでした。彼女は、私たちを机に座らせて、「さあ、始めるよ」というようにすることを望まなかった。なぜなら、そのような仕方は議論が実際に存在する仕方ではないからです。実際の生活において、人はそのように座ることも、誰かと話すために手を上げることもないでしょう。それは、歴史の学習に加えて、我々の生活がどのようなものであるかということを経験しているようでもありました。

第2章で書いたようなテーマと問いによって形成された議論は、生徒が2種類のつながりを作ることを促進する。それは、学習の根底にあるテーマと時事問題の関係、そしてテーマと日常生活との関係である。

さらに、1年間の授業を終えた教師たちは、生徒たちの議論に関する能力が上達していることを確認した。テニー先生の説明によると、

この年の初め、私は1学期を議論の実践を例示する期間として使いました。第1ピリオドの時はとても静かでした。私たちはソクラテスセミナーを行いましたが、生徒たちが言葉を発することはなく、何というか、それは本当に困難を極めたものでした。しかし、年の終わり

頃には、特に授業内において、生徒たちは他者と明確に話をし、それだけでなく異なる視点を持つ他者と時間をかけて議論をしていました。私たちはテイク・ア・スタンドを行う中で、反対側の1人または2人とある見解について議論しました。生徒たちはこれをとても面白く感じていました。生徒たちが社会的主張をする最後のプレゼンテーションをした時には、年の初めには教室の前に立つことに抵抗があった何人かの生徒が、自分の社会的主張について臆することなく話し、質問を行い、進んで自らの意見と本質的な問いを関連づけていたのを見ました。これは年度の初めには決して起こらなかったことです。

　つまり、議論は、市民的学習に不可欠な教育方法であり、生徒が市民的技能を習得するカギなのである。

## 一般的な社会科授業で議論は行われているのだろうか？

　教室に議論を組み込むことは市民に利益をもたらす、ということを正当化する有力な研究があるにもかかわらず、残念ながら、社会科授業では市民として重要なテーマに対する活気のある真正な議論はあまり行われていない。もちろん、それは社会科だけではなく、他の教科を含む学校の授業全般でも非常に稀なものではある。様々な研究報告が、社会科授業では、議論はほとんど行われていないと報告しており、議論を利用していると主張する教師たちでさえ、しばしば議論と質疑応答や反復授業とを混同しているとされる（Chilcoat & Ligon, 2001; Hahn, 1996; Hess & Posselt, 2002; Nystrand, Gamoran, Carbonaro, 1998; Wilen, 2003）。ウォルク（Wolk, S.）は、「重要な問題や話題に関する開かれた議論に生徒が参加できるようにしていないのは、学校で最も有害な知に関する欠陥だ」（2003, p.103）としている。

　実際、調査対象校である3校の生徒たちはこの主張を裏付けた。サリー高校の生徒であるサラは、前年度の社会科授業を振り返りながら、「［昨年

度、私たちがしたのは］質問に答えただけでした」と説明した。オールウッド高校の生徒であるレベッカは、前年度の社会科授業における最も議論に近い活動について、「たいていの場合教師が前に立っていて（中略）教室で本当に議論が設けられたとは思えない。だから、実際に議論はしていなかった」と表現している。オールウッド高校のタリクは、「知っての通り、教師が教え、私たちはノートを取ります」と説明し、同じくオールウッド高校のアントニオは、「私の受けた歴史の授業は、ひたすら教科書をやり続けるものでした」と振り返っていた。異なる都市の学校からオークノル高校に転校してきたピーターは、「僕のいた他の学校では、ずっと講義でした。そりゃあ暇でしたよ。少し時間が経てば何も覚えてないですよ」と振り返った。

　議論が足りていないということは、生徒の学校像を性格付けるものであった。ナルシソは、「ブルックス先生の授業以外は、基本的にそれ［議論］をする人は誰もいませんでした」と説明した。「ブルックス先生の授業は一番良い授業でした。先生は実際に座って、しっかり耳を傾けてくれていたので」という声もあった。私たちが初期に行った調査は、生徒たちのこのような振り返りを裏付けるものとなっていた。サリー高校の生徒の56％、オールウッド高校の生徒の63％、オークノル高校の生徒の48％が、前年度の社会科授業では、そのほとんどが教科書内容の学習だったと回答していた。また、先程と同じくサリー高校、オールウッド高校、オークノル高校の順で、78％、51％、50％の生徒が、これまでの授業は「教師が講義を行い、生徒はノートを取る」ものだったと明かした。先述したように、通常、教師たちが議論と呼んでいるものの多くは、実際には教師主導の質疑応答である。それは、教材を取り扱う特定の範囲で授業を行うために、生徒の特定の返答を引き出して授業を進めるように計画された復唱活動なのである。

　以前からその価値は明らかにされてきたにもかかわらず、現在でも教師が教室に開かれた議論を取り入れない理由は何だろうか。教師が議論を取り入れようとしない理由は様々にある。簡単に対処できるものもあるが、中には、教師や学校にとっての学習観に関わる本質的な変化を要求するも

のも含まれる。

　多くの教師は議論に対して慎重であり、貴重な授業時間をそれに使うことを気にしている（Dillon, 1994; Larson, 1999）。バンクス先生も同じことを気にかけていた。初期のインタビューで、「自分が計画した通りに実行できないということだけが私が分かっていることです。それは不可能なことだと思います。構造化された会話を行うのに 3 日もかかったからです」として、時間を気にしていることを表明した。バンクス先生は、生徒が生徒自身の経験と学習中の問題との関連性を探ることを中心に構成された議論の「カリキュラム上の価値」に関しての懸念を表明しており、特定の題材を取り上げるために特別にデザインされていない活動に多くの時間を費やすことについて不安視していた。

　ウィレン（Wilen, W. W.）（2003）は、多くの教師は、教育の目的とは教師から生徒へ固定化した知識を伝達することであると信じている、と指摘した。しかし、議論がこれまで述べたような価値を持つとすれば、こうした考え方はひっくり返ることになる。教師は権威を放棄し、生徒によって取り上げられる（または、回答される）問いのために必要とされるようになる。内容を詰め込んだカリキュラム、特に、決められた範囲の説明を年代順に並べた構造のようなカリキュラムで急いで進めていくことは、予測不可能かつ探究的で真正な議論が持つ性質とは、調和しないものである。議論とは、予め用意した教材を通して、生徒を予想したように動かすことではない。もしそのようにすると、生徒たちが大切にし、我々が良い議論において大切だと考えている、有機的で有意性を持った議論の性質を失う危険がある。

　真正な議論を行うには、教師は権威に基づいたシステムの中で権威を放棄し、学習が定量化され測定可能と見なされる環境で探究や表現を促進することが求められる。これは知識に対して異なる方向性を有する教師にとっては困難な転換となるかもしれない。

　一部の教師は、生徒には議論する能力がないと感じているのかもしれない。ディロン（Dillon, J. T.）（1994）が言うには、議論についての我々の高尚な考えとそれを語る言葉は、議論とは一部の生徒だけができる発展的な

活動であるように思わせる。バンクス先生は、なぜもともと計画していたように多くの議論を行わなかったのか、について説明する時、「彼らのような一般的な水準の子どもがソクラテスセミナーやテイク・ア・スタンド、構造化された会話のようなことをうまくやりとげることができるとは思えなかった」と振り返った。彼はオープンエンドの形式を良いものだとは思っておらず、「あくまで私の理解ですが、セミナーという方法はあまりに自由な形式です」と言っている。彼は、生徒の能力に対する自らの感覚と教室における議論の可能性との間にある葛藤を述べた。「彼らは一般的な水準の子どもなのです。物事を処理するのに時間を必要とするのです」と説明した。

　議論に対するこのような先入観は、教室における効果的な議論を作り、導くことについての教師の準備が不足している時に、しばしば見られるものである（Chilcoat & Ligon, 2001; Dillon, 1994）。そのような教師たちは不必要に話し、不確かで意味のない質問をしてしまう（Hess, 2004; Wilen, 2003）。一部の生徒は、議論にうまく貢献する準備ができず、生徒たちの議論への貢献はむらのあるものになるかもしれない（Hess, 2004）。ブルックス先生は、生徒の知識不足や興味不足のために、教室でのディスカッションがうまくいかないことがあるとコメントした。バンクス先生は、生徒のむらのある参加と「正しい」トピックを取り上げる自身の能力について心配しており、次のように語った。

　　　重要なトピックをどうやって選ぶか、それが問題なんです。どうやって本質的なものを選べばいいのか。生徒の純粋な関心と対話の場にするのであれば、ポンコツな議題を選んだら40分が無駄になってしまう。

　これらは、開かれた教室の議論がうまく行われるために取り組まなければならない重要な問題なのである。

# 話し合う市民への 3 つのアプローチ

　市民的学習における議論の有効性に関する研究に目を通し、それについて議論した後、プロジェクトチームは、市民的技能における重要な要素としての議論の重要性について同意した。議論は、その時勉強している問題や疑問と生徒たちを結びつける教育方法であると同時に、育成すべき価値のある市民的スキルだということである。そして問題提起型カリキュラムの議論を 1 年間こなした後に、生徒たちは次のようなことができるようになっているべきだとチーム内で同意した。

- ・市民生活における重要な問題や論争について考え議論する
- ・証拠に基づいて、筋道立てて主張を論じる
- ・事実に基づいて意見を裏付ける
- ・トピック同士のつながりを作る／発見する
- ・理解し、関わるために他者の主張を積極的に聴く
- ・彼ら自身の日常生活と市民問題への関心をカリキュラムと結びつける

　これを実行するために、我々は 3 つの議論の形式を選び出し、生徒がそれぞれの形式に慣れるように、1 年のコースを通してそれを繰り返した。3 つの形式とは、〈ソクラテスセミナー〉〈テイク・ア・スタンド〉〈構造化された会話〉である。

　それぞれの議論形式で到達目標は異なる。3 つの形式を繰り返すことで、生徒たちはそれぞれのアプローチに慣れ、技能を発達させた。また、3 つの形式があることは生徒たちが議論を退屈だと感じることをやわらげた。テニー先生は以下のように振り返る。

　　同じ活動の形式を繰り返し用いることによって、生徒たちは、いつ話せばよいのか、いつ話してはならないのかというような活動のルールを知り、そのルールを心地よいと感じるレベルに達するようになる

ことすらあると思います。例えばテイク・ア・スタンドなら、少なくとも1ピリオドに一回くらいで繰り返し行います。この反復によって、議論はよりしっかりしたものになっていきます。今までの数年間では、みんなで議論をしてみたり、ディベートをしてみたり、様々な活動を使ってみたり、同じタイプのスキルに焦点を当てていたわけではありませんでした（……）1学期の中で一度ディベートをして、次の学期では何か違うことをしていました。だけど、いつも同じ種類の技術を使っていると、それに対する不安がなくなるし、それについてよく知ることができ、それを土台にすることができると思います。

以下にそれぞれの形式を説明し例示していく。

## ソクラテスセミナー

　ソクラテスセミナーとは、生徒主体の議論で、多くの場合はテキストに基づいて、生徒がトピックやテキストをより良く理解できるようにするものである。基本的に、生徒たちはお互いに顔を合わせられるように円形に座る。教師は、オープンエンドの問いをセミナーの最初に投げかけたら、生徒の発言をノートに取り続ける。時々、議論テーマを要約したり、有意義な領域に生徒たちを誘導するための質問を挟むこともある。発言を交代する時は挙手ではなく、視覚的な合図や自己モニタリングを用いながら、生徒たちは自由に議論に参加する。オールウッド高校のクリスティはそのことについて、「私たちは交代しながら議論し、ほとんどの時間は手を挙げさえしない」と言っている。

　ソクラテスセミナーによって、生徒たちはオープンエンドな場の中で問題と考えを追求し、お互いの目を見ながら、テーマや問いはどのように自らの生活と結びついているかについて慎重に深く考えることになる。トレッドウェイ（Tredway, L.）の研究（1995）では、以下のように記載されている。

学習プロセスにおいて、生徒が参加する活動の最初の要素は、その
　活動を彼らの経験に関連づけることであり、それによって感情的なレ
　ベルで彼らはその活動に取り組む（中略）まさにこのようなことをす
　る強力な学習モデルがソクラテスセミナーであり、それは観念やモラ
　ルジレンマについて話をするために構成された形である。　　（p.26）

　おそらく３つの議論の形で最も親しみがある形式は、パーカー（Parker.
W. C.）とヘス（Hess, D. E.）（2001, p.282）が「意味を発展させ、表現し、吟
味することを目的とした議論」だと述べるこのセミナーである。例を挙げ
てこの考えを説明しよう。

　ブルックス先生が行った特別支援クラス向け合衆国史Ⅱの授業で、７人
の生徒（５人のアフリカ系アメリカ人と２人のラテン系アメリカ人）が〈紛争
と解決〉のテーマの最初に行われたソクラテスセミナーに参加した。その
一部は、生徒自身の関心と市民にとって本質的な問題との間のギャップを
埋めるためにどのように討議が利用できるのかを表している。

　ブルックス先生は、「善なる人々が行動することを怠れば、悪が必ず勝
利する」という18世紀アイルランドの政治家であり政治学者でもあるエ
ドマンド・バーク（Edmund Burke）によって書かれたといわれている文
言を声に出して読み上げることから討議を始めた。

　　「どう思う？　グスタボ」ブルックス先生はラテン系の生徒に尋ね
　た。「エドマンド・バークのいっていることはまったくもってくだら
　ない戯言だろうか？　ちなみに、あなたはこれまで、何か間違ってい
　ることを見たのに何も行動しなかったことはありますか？」
　　グスタボは答えなかった。２人目の生徒エリオットが教室の中に
　入ってきた。ブルックス先生は彼を授業に歓迎し、セミナーに巻き込
　んだ。
　　「エリオット、この引用文を見て。どう思う？」
　　「あっ、はい」とエリオットは答え、黒板の引用文を読んだ。「もし
　彼らが何もしなかったら、ということなので、単純に悪が増大するで

しょう。すべての人が善人だとは思いません」。

　「グスタボ、あなたはどう？」ブルックス先生はその消極的な生徒に探りながら尋ねる。「あなたは善人ですか？」

　「いいえ」とグスタボは答えた。

　「あなたの地域の中での問題について、何も行動しなかったことが今までありましたか？」ブルックス先生は尋ねた。

　「僕が甥を迎えに行っていた時かな」とエリオットが言った。「その時、数人のやつらが喧嘩をしていました。周りの人たちは、警察に電話をするだけして誰も何も言いませんでした。そして、誰も警察に対してその喧嘩についての情報を提供しませんでした」。

　「あなたに質問するとしたらね」ブルックス先生は続けて尋ねる。「その［引用の］意味についてはどう思う？　悪が起こるのに出会った時、善人は控えてなければならないし、何もしてはいけないの？」

　「それが真実です」とミゲルが感情を込めて大声で発言した。「そうです。この地域の中には、見かけても、何もすることができないことがたくさんあります——薬物とか」。

　「もしあなたが何かを正しかったと思ったら——常にそれに関わっていくのが正しいことだろうか？」とブルックス先生は強調した。

　「みんなも知っている通り、薬物は悪いものだけど、誰もそれを解決することはできない」とエリオットは答えた。

　「薬物の売人はどう」ブルックス先生は地域にありふれた例を持ち出しながら尋ねる、「あなたはいつも同じ場所、同じ日時に彼らと出会う」。

　エリオットは「もし彼ら［警官］が毎日来たら、お金を稼ぐことはできないので薬物の売人たちは移動するでしょう」と言って、薬物の売人に対して何かしらの行動をすることの責任を、法を執行する機関、すなわち警察に変えた。

　「もし、あなたがそれらについて報告したとしたらどうなるだろうか」ブルックス先生は生徒たちがこの地域社会の問題への関与を諦めないように尋ねる。

「近所での密告はできません。自分が撃たれます」とマヌエルが
はっきり述べた。

　生徒たちは、数分間、人一人で何かを変えることができるのか否か
について議論し、その後ブルックス先生はより幅広い検討中の問題へ
とスムーズに移行した。それは〈紛争と解決〉というテーマの本質的
な問いである。

　「私たちの国は他の国がすることに関わるべきなのだろうか」と彼
は尋ねた。

　「そうするべきではない！」教室の中のすべての生徒が叫んだ。

　「そのおかげ［強調は著者付与］で、私たちは今現在、戦争の中にい
る」サンドラは言う。

　「彼らはここに来て私たちを殺そうとする。だって殺している人の
側に私たちはいるから」とエリオットは補足した。


　このセミナーの一節で、ブルックス先生は生徒たちに自身の生活、歴史
上の出来事、現在起こっていることに共通して活用できるものについて考
えさせるために引用句を使うところから始めた。彼は生徒を議論に引き込
むために、授業に遅刻していようがしていまいが関係なく、直接問いかけ
る。生徒に自身の見解を説明するように徹底的に探りを入れ、自身の見解
とは真逆の見解についても考えるように促す。彼は問題を直接的に生徒の
経験と結びつけ、問いを投げかけることに躊躇しない（「あなたはどう思い
ますか？」「あなたはいい人ですか？」「あなたなら何と伝えますか？」）。

　この議論でブルックス先生のクラスの生徒は、〈紛争と解決〉という
テーマに関わる複雑な題材文に取り組み、そして「なぜアメリカは戦争を
するのか」という本質的な問いに取り組んだ。困難な状況にあるサリーで、
エドマンド・バークの題材文を日常生活の状況を通して解釈し、生徒たち
は自身の地域社会を変えようとする時に直面するだろうと感じられる障壁
を言葉にした。アメリカは他国のことに口を出すべきではない、という生
徒たちの考えは、このような「自分のことは自分でやる」「介入するのは
無駄、あるいは危険」という感覚と呼応している。

研究プロジェクトのコースを通して、セミナーのおかげで生徒たちは彼ら自身の生活と今日的課題や永続的な市民のテーマを結びつけることができた。テニー先生は、〈経済〉のテーマの中で行った児童労働に関するソクラテスセミナーがどのようにして、生徒たちが"産業化"の勉強を今日的課題と個人の経験に結びつけることを可能にしたかを説明した。彼女の生徒たちの多くが新しい移民であった。「私たちが教室で行った議論は、多くの人が普通見かけることがないようなものです」と彼女は言った。「なぜなら、アメリカの児童労働と世界中の児童労働、両方の視点からそれを見て、ジレンマに陥る理由を順序立てて説明するだけでなく、それについての彼ら自身の経験も持ち込まれたものだったからです。そのようになった理由は、私たちは多様性のあるコミュニティで、彼ら自身ではなくとも彼らがもともといた国々における児童労働のいくつかの形を経験しているコミュニティだったからです」。

## テイク・ア・スタンド

　テイク・ア・スタンドの議論とは「移動しながら行う議論」である。テイク・ア・スタンドの最中、生徒たちは、教師によって設定された題材文に対する返答を身体を使って明確にする。教師は「賛成」の立場を教室の片方に設定し、「反対」の立場を教室のもう一方に設定する（題材文によっては「はい」と「いいえ」となる）。そして教師は題材文を設定し、生徒はそれに対する自身の考えに応じてどちらに立つかを選択する。教師は、生徒がその立場をとる理由について述べてもう一方の立場をとる生徒に質問をするよう議論を促す（生徒は立ったまま）。立場を変えたければ、生徒たちは移動することができ、その時移動した理由を説明するように求めることもある。中には、最初の題材文が出されてから大人による議論の手助けをほとんど必要としないほどに生徒たちの議論がうまくなったクラスもあった。

　テイク・ア・スタンドの議論は教室の物理的な空間を揺り動かし、生徒が身体を用いて問題に対して立場を決めたり、立場を変えたりすることができるようにする。その上、授業に陽気な一面や運動的な一面をもたらす。

教師は生徒が様々な態度をとれるような刺激的な題材文を作り出すために注意深く考えること、それから、その後に続くやり取りには口を挟まないことが求められる。テニー先生のクラスでは特に、このテイク・ア・スタンド形式の時に議論が盛り上がった。

　生徒たちは、異なる見方が目立つように掲げられていること、考えを変えることが許され、別の考えに変わったことを自分の身体で示せること、この両方を持つテイク・ア・スタンドの形式に価値を見出している。ジェニーは述べている。

　　　　私たちがある1つの立場を表明している時も、立場に悩んでいる時も、いつでも自分の心が変わることはあります。私は納得できないことが好きではないので、テイク・ア・スタンド形式はとても助かります。私は1つの立場を表明することも好きですが、立場を正反対に変えることもありました。

ヴィクターは以下のように考えていた。

　　　　クラスの意見がどのように割れているかを一方の立場から見ていたり、立場の境界にいたり、また別の立場にいたりすることは、いつでも素晴らしいことでした。みんなの議論を聞くことは本当に良いことでした。なぜある人がその主題についてそのように強く思うのか、その事実の背後にある理由が分かります。

サマラもこの形式を好んだ。「えっと、立場をいつでも変えることができたので今年は面白かったです。昨年、私たちは1つの立場を選択しなければならず、それがやっぱり違うと思っても立場を変えることはできませんでした」。生徒たちは互いの意見に深い興味を持っており、テイク・ア・スタンドの形式によって、議論の間中、他の人の意見を聞いて考えたり、考えを変えたりすることができるようになることを高く評価している。

　最初の学習から2年経ったテニー先生の教室で行われたアフガニスタン

に関するテイク・ア・スタンドの一節は、この形式のメカニズムと長所を
ある程度示している。この授業では、生徒はアメリカ軍のアフガニスタン
駐留について学んでいた。彼らはこの問題について与えられた３つの異な
る見方を吟味していた。それは、アフガニスタンでタリバンに対する対ゲ
リラ活動を始めるということ、タリバンではなくアルカイダと戦うために
アフガニスタンとパキスタンでテロ対抗措置をとること、アフガニスタン
の問題への地域的取り組みを援助してアメリカ兵を撤退させること、の３
つである。

　生徒が前の晩に読んできた読み物に基づいて、与えられた見方について
説明するやり取りをおよそ25分間行った後、テニー先生は、流れるよう
に、その問題に対するテイク・ア・スタンドへと移った。

　「じゃあちょっといいですか」とテニー先生は大声で言った。彼女
は向かって教室の右側を指し示して「オバマ大統領が３万人以上の兵
士をアフガニスタンに送ったことに『賛成』の人はこっち側」、その
反対側に向かって「こっちはそれに『反対』の人」と指し示した。
　「賛成」と「反対」という言葉が教室の前方のホワイトボードの両
側に書かれた。
　彼女は続けて「中立の人は、これから４つの意見を聴いてもらいま
すので、それから立場を選んで下さい」と言った。
　20人の生徒全員がためらうことなく立ち上がり、様々な位置に移
動した。10人は賛成の側に、６人は反対の側に、４人は中立の立場を
とった。生徒たちは議論を始める。
　「彼は正しいことをしたと私は思います」と教室の賛成の側に立つ
生徒が言った。「彼は自分の人気よりも私たちの安全のことを考えて
いるのです」。
　「なぜ？」と反対の立場の生徒が答えた。「なぜ彼はそんなにたくさ
んの兵を送らなければならなかったのでしょう？　数を増やす必要は
なかったのではないですか？」
　いろいろな生徒が意見を述べ、議論は続く。議論の間、生徒は考え

が変わるたびに立場を変え、中立の立場にいた生徒は一方の立場の側へも、その反対側にも移動した。何分か経った後、教師は題材文を変更した。

　「じゃあちょっといいですか」とテニー先生は言った。「テロリズムは我が国家の安全に関する最も大きな脅威である」。

　生徒たちは再び入り乱れ、教室のそれぞれの側に移動し、10人は賛成側に、4人は反対側に、6人は中立のところに立った。

　「他に脅威になる可能性のあるものは何があるのですか？」と賛成の側に立つ生徒が質問した。

　「私たちを嫌い、核兵器を作り出す能力を持っている国はたくさんあります」と反対の側に立つ生徒から応答があった。「それはテロリズムよりも脅威です」。

　何分かそのやり取りが続いた。結局8人の生徒が反対の側に、そして12人の生徒が賛成の側にいた。教師は再び題材文を変更した。

　「じゃあちょっといいですか」とテニー先生は言った。「パキスタンは私たちの仲間の国である」。

　生徒は再び教室を移動し、この題材文に対する立場をとった。2人の生徒は賛成の側に、12人の生徒は反対の側に、そして6人の生徒は中立のところにいた。

　「パキスタンが私たちの仲間の国だとしたら、私たちを現地に入らせてアルカイダを捜索させようとしたのでは？」と反対の側の生徒が尋ねた。

　「私たちの最も身近な仲間の国を1つ挙げてみてよ」と賛成の側の生徒が尋ねた。誰かが「イギリス」と叫んだ。「そうだね、じゃあイギリスは私たちにどうぞと言ってアルカイダを捜索させるだろうか？」

　同じように多くの生徒が意見を述べ、生徒が立場を変えながらその議論は続いた。パキスタン人の家族を持つ生徒であるマリッサは最後のコメントで「私はテロリストが罪のない人々を殺し、パキスタンの生活を破壊していると思います。私も、知人をパキスタンでの爆破テ

ロのせいで亡くしています」と語った。

　このテイク・ア・スタンドの一節は、生徒たちが授業に適応される基本
的なルールと形式について精通するようになったことを明らかにしている。
教師が最初の題材文を言った時、生徒たちは迅速に動いて、議論の中では、
教師が促すことなく立場を変えた。4つ目のコメントによって、すべての
生徒が、1つの立場をとらなければならないことを知り、実際にそうした。
生徒たちは教師にではなく、互いに返答し、互いに質問し、互いの意見を
補強し、もう1つの立場に敬意を払いながら反論した。生徒たちは自分た
ちの論点について議論するために証拠や例を持ち出し、お互いの言うこと
を注意深く聞いた。

　この構造によって、授業の時間が最大限、意義ある議論に没頭する時間
になることができた。動きの柔軟性が、生徒が逃げ場のない状況に追い込
まれることなく、自分自身を表現することができるようにしていた。実際、
活動全体を通して、生徒たちが立場を変えるであろうことが予想されてい
た。立っているという行動は、学校での学習は座った状態から起こるもの
であるという思い込みを打ち破るものであり、そのような受け身の位置づ
けの結果として生じうる心理的不安への対処となりうるかもしれない。

## 構造化された会話

　構造化された会話は、1つの問題について異なる視点を示している資料
に基づいた小グループでの議論である。構造化された会話の中では、生徒
は資料を読み、論争問題における1つの立場の主要な主張を抽出できるよ
うにペアで取り組む。それぞれのペアは、資料を読んで正対側の主張を議
論できるように準備した別のペアと組み合わせられる。ペア同士は交代で
情報を伝え合い、最終的に、問題を議論するために割り当てられた立場を
捨てつつ、同意を作り出すことを目指す、または対立の争点を明確にする、
ということを行う。

　構造化された会話は、生徒たちにとっては3つの議論の形式の中では、
最も学校的で、努力を要する議論の型として経験されただろう。それは、

1つの問題についての両方の立場を考えさせ、資料を注意深く読ませ、意見をはっきりと述べさせ、文書から証拠を使い、生徒自身の意見を超えたところから議論を始める。

　これから示す例では、テニー先生のクラスの生徒たちが戦争経済についての構造化された会話に参加する。クラスは4人もしくは5人のグループに分けられている。例に出てくるグループには、5人の生徒（3人が一方の立場をとっている）がおり、2人の南アジア系アメリカ人の女の子、南アジア系アメリカ人の男の子、東アジア系アメリカ人の男の子、白人の女の子で構成されている。私が彼らと一緒に席に着いた時、生徒たちは、自身が読んだイラク戦争とベトナム戦争の費用を比較した資料の要点を書き出している最中だった。

　　「イラク戦争の費用と同じようにベトナム戦争の費用は」と男の子が言った。それは彼のグループに向けた説明で、ベトナム戦争がイラク戦争よりもどれだけ多く費用がかかっているかを示そうとしていた。
　　「何か他には？」彼のパートナーが尋ねた。
　　「これが、僕が強調したことだよ」男の子は答えた。
　　「それぞれにどれくらいの費用がかかっているかということと、どちらがより高いかということだね。ベトナム戦争が月に10億ドルだね。どっちが主要な論点かはよく分からないけどね」

　　テニー先生はグループに移動して、ひざをついた。「昨日、あなたが担当した段落に書かれていたことについての話を思い出して下さい。主張を裏付ける事実がなかったでしょ？　すぐ一般化してはいけませんよ」。
　　別の立場側の生徒はもう一方のペアの進み具合を確かめて、以下のように言った。「主要な論点は3つあるんじゃないの？」
　　「うん」
　　「次、お願い」男の子はパートナーに言った。
　　「私たちが読んだことは、アメリカ経済の損失についてでした」女

の子は言った。「その戦争には非常に費用がかかり、31億4000万ド
ルがすでにかかっています」

「数十億？」彼女のパートナーは尋ねた。

「数十億よ」と彼女は答えた。

「5万人の死傷者も」男の子が付け加えた。

「それを、'お金と血'という〈言葉〉として考えてみてほしい。そ
れがその戦争のことを要約しているようなものだからよ」と彼女は
言った。

別の立場側の女の子は尋ねた。「3つ目の論点は何ですか？」

「戦争はよく考えぬかれたものではなかった」

「考えぬかれたものではなかったって？」

「それが、お金と血を浪費している理由です。さあ、次のペアどう
ぞ」

別の立場側の女の子は、パートナーの方に向かって話し始めました。
「私は1つ目のものを、あなたが2つ目のものを読みました。イラク
戦争は月に50億かかり、一方でベトナム戦争は月に90億かかってい
ます」

「2つ目は」と彼女のパートナーの男の子が言い、続けて「15万の
兵士がイラクに送られ、一方で50万の兵士がベトナムに送られまし
た。これは何を意味するのでしょうか。より大きな経費ではないで
しょうか」

「ベトナム戦争に継続して」女の子が答えました。

テニー先生はこのグループに戻ってきて、耳を傾けました。

「戦時中のアメリカ経済は同じようなものです。なぜならば
（……）」と女の子が話し始めて、「（……）数十億は費やしているんだ
から」と彼女のパートナーが結論づけた。

「2つの戦争中のアメリカ経済には違いがあるわ」他の女の子が簡
潔に言いました。「なぜなら（……）数千もの兵士が費やされ、殺さ
れたことは似ています。だけど、異なるのは（……）」

「費やした総額が異なる」何かを書いていた女の子が言った。「異な

るのは（……）」

手がかりがなくなった。

「共通点に戻ってみたらどう？」テニー先生は尋ねた。「多くのお金がかかっている。そのことが経済に何をしたか？」

「分かった」1人の男の子がパートナーに言った。「何が分かったかというとね、僕たちは経済について話していたんだってことだよ」

構造化された会話は前に紹介した2つの議論の型と同じような真正な質を担保するものではない。その形式では、自身の意見を徹底的に掘り下げるよりも、複雑な読み物に取り組み、1つの問題に対する2つの視点を明確にすることを行わせる。彼らは、それらの視点を他の生徒たちに分かりやすく伝え、2つの立場を明確にする必要がある。これは生徒たちが難解な概念に関わり、複雑な問題に対する違った視点をきちんと理解するために効果的な方法であるだろう。

# 市民的学習を促進する真正な議論を構成するための5つのステップ

この研究から、私は市民的学習のための議論を指導する5つのカギとなる原則を提示したいと思う。それは、安全で開かれた環境を作り出すこと、基礎的な型を示すこと、生徒が型を用いられるよう訓練すること、議論への興味を引くものを扱うこと、議論から一歩下がり（時に大きく）議論から離れること、である。

### 安全で開かれた環境を作り出すこと

議論には安全で開かれた授業の雰囲気が不可欠である（Hess & Posselt, 2002）。教室は、すべての意見が反映された場所でなければならず（Evans & Saxe, 1996）、人格批判のおそれから解放され（Cook & Tashlik, 2004）、教師はできる限り批判的であったり一方的な判断を下したりしないことが求められ（Hess, 2004）、緊張や闘争を助長するようなことのない場所でなけ

ればならない（Passe & Evans, 1996）。

　3つの調査対象校の生徒たちは、議論のための安全な場としての教室の重要性を指摘している。オールウッド高校のヴィニーが論じているように、良い議論をするためには、参加者は「他の人の発言に対して敬意を示し、悪口を言うようにくどくど質問しない」ことが求められる。安全で開かれた雰囲気は、教室に、より親密感を与えるとタリクは主張している。テニー先生の授業では、「授業中の議論は、ただ友だちと連れ立って出掛けている時の開かれた議論のようなものだった」と述べられている。

　議論はまた、教師と生徒との間に深いつながりを作りやすくする。サリー高校のマヌエルは以下のように説明する。

　　ブルックス先生の授業は最も良い授業の1つです。なぜかというと、先生はしっかりと腰をおろし、私たちの言うことに耳を傾けているように感じる……そして、場合によって「そうですね、あなたは正しいですよ」と言った感じで私たちが正しいということを伝えてくれたり、私たちの間違えを正してくれたりする。それこそ、私たちが必要としているもの、コミュニケーションだった。一部の子どもたちは、家庭内で多くの問題を抱えていて、それを話すことのできる人が誰もいなくて、他人と会話をしなかったりするんです。年度の初めに、ブルックス先生は、さっき言ったみたいに、生徒との関係を話ができるような形の開かれたものにしたことで、生徒たちは彼にいろんなことを話せるようになったんです。

　結局のところ、議論とは人間の相互作用であり、深い関係や思いやり、相互理解を見込んで、実行できるものなのである。

## 基本的な型を示すこと

　研究者たちは、参加意欲が欠如している、もしくはバラバラであるかのどちらかによる議論の失敗を防ぐために、授業における良い議論には基本的な構造が必要であることに同意している（Cook & Tashlik, 2004; Passe &

Evans, 1996)。すべての生徒に参加の機会を与え、教師とのではなく生徒たち同士の会話を促し、じっくりと耳を傾けることを奨励し、意見の変更を認め、相違点を認識することを補助し、その相違についての問いを投げかける方法において、議論は構造化することが可能であり、そうすべきである（Passe & Evans, 1996; Singleton & Giese, 1996）。基本的なルールを持ったいくつかの型の構造は、これらの性質を促進することができる（Passe & Evans, 1996）。本章では、3つの型について検討を行った。

## 生徒が型を用いられるよう訓練すること

　議論の経験があまりない生徒たちは、議論するための準備をする必要がある（Cook & Tashlik, 2004）。生徒たちは十分な背景知識を必要とし（Hess, 2004; Passe & Evans, 1996）、根拠を使用するように教えられなければならない（Cook & Tashlik, 2004）。そして、どのように議論の障害物を認識し、議論の質を振り返るのかを生徒に教えておく必要もあるかもしれない（Singleton & Giese, 1996）。テニー先生は以下のように表現する。

　　　ソクラテスセミナーを実施する前に、他者と話すにはどのようにするのか、何を話すか、どのような時に話すとそれは適切なのか、さらに、彼らに行わせようとしている実際の議論において想定される振る舞いに少し踏み入り、いかなる振る舞いが期待されているのかについて、私たちは話をしておく必要があるだろう。（……）テイク・ア・スタンドの活動では、教室の中で、1つの立場から、もう一方の立場へどのように移動すればよいのかについて話をする。

　ソクラテスセミナーに参加する生徒のために、テニー先生は、まず第一回は生徒たちが気持ち良いと感じるままに討議を実施し、2回目のセミナーの時に、彼らが何回話をしたのかについて指摘し、徐々に生徒たちの発言それぞれの質（根拠の使用や明晰さなど）について考えるようにしていった。

　テニー先生のクラスでは、最初の学期の中盤には、詳細な指示がなくと

も、生徒たちが議論の様々な形態に対応した場所に素早く移動するようになっていた。本章で先に示したような議論の一節がその一例である。その議論では、教師の「それでは、テイク・ア・スタンドをしたいと思います」という発言だけで、生徒たちが、問題に対する自分の最初のスタンスに従って、教室内のどこかに移動することができていた。生徒が訓練を受け、十分な内容を準備できた時、彼らは参加の準備ができ、足並みを揃えて議論に入っていくことができる。

### 議論への興味を引くものを扱い本物の問いを使うこと

　第2章で、意味のあるカリキュラムにおいて、問いやトピックがいかに重要であるか述べたように、問いやトピックは、効果的な議論にとっても重要である。トピックは生徒の興味をそそるものでなくてはならない（Passe & Evans, 1996; Singleton & Giese, 1996）。サリー高校のマヌエルが大胆に言っているように、良い議論とはすなわち「私の興味を引くもの」である。本物の問いは、オープンエンドで明確な答えがない必要があり（Chilcoat & Ligon, 2001; Hahn, 1996; Hess, 2004; Passe & Evans, 1996）、そのような問いは生徒の批判的な思考を後押しし、さらには、彼らの考えや主張を後押しするものになることができる（Cook & Tashlik, 2004; Passe & Evans, 1996）。本物の会話を促進するために、議論をしている中での教師に対する生徒の問いを、彼らの同級生に対して向け直すことができる、すなわち、生徒たちは問いかけ合うことが奨励されるべきなのである（Hahn, 1996; Whitehouse, 2008; Wilen, 2001）。本プロジェクトにおいて、テーマの構造化と本質的な問いは、興味の想起、意味のある問い、議論するためのトピックの選定を容易なものにした。

### 議論から一歩（時に大きく）下がり離れること
### ——「先生は私たちに会話を任せてくれた」

　一度、議論の場が作り出されると、教師の能力が試されるのは、どのように議論から一歩下がり、そこから離れるかを見極めることである。これは教師にとって最も難しい仕事である。何といっても教師は、舞台の中央

で指揮することを伴う仕事をしている専門家なのである。しかしながら、議論からうまく身を引くことは、間違いなく、開かれた真正な議論にとって不可欠な要素である。

　教師の役割の1つは議論を始めさせることであり、レベッカが「彼女は、ほら、まさに議長だよ」と言っているように、テニー先生の生徒たちは、彼女を「議長」や「会話の発起人」と表現している。「彼女は議論から少し距離をとっていた。それは多分、教師があまり議論に関わりすぎてしまうと、ほら、何ていうか、しつこく監視して、みんなの意見を押さえつけるようになってしまう、からだと思います。私は、そのような人は教育者だとは思わないですね」。ロビーは、「彼女はですね。基本的には議長です。彼女は問いを投げかけて、『誰でも初めに話したい人から話を始めることができますよ』と言うんです」として、レベッカの意見に賛同した。タリクは、テニー先生の役割を比喩的に「会話の発起人」と表現し、「パーティみたいなものにいったことあるでしょ？　パーティの主催者になったことは？　彼女がしていたことはほとんどそんな感じだった」そのようにして、教師の役割は議論を始めさせることであり、実際に議論することは生徒たちの役割である、と理解されていた。

　議論が開始された後の教師のカギとなる仕事は、一歩下がることと外へ出ることである。「彼女は私たちにトピックを与え、私たちに会話を任せてくれた」とジェニーは説明した。これは生徒の会話や意見を浮き上がらせ、彼女自身の主張を減らすことになる。ジャネットがまとめたように「彼女はたいてい一歩下がっている」。

　これは複雑なスキルであり、テニー先生が行ったことは一見すると簡単なように見えるが、実際には、莫大な時間のかかる思案と忍耐を必要とするものである。彼女は、特に年度の初めには、自身の反応を慎重に制限しなければならない状態であった。その時は、円の形に着席させ他者と話をするように指示したにもかかわらず、生徒たちは繰り返し彼女に話しかけた、と書き記している。

　　私たちのクラスが行った最初のセミナーでは、彼らは毎回私に向け

て、議題についての質問や、どの立場に立つのかについて話しかけていた……私はついついアイコンタクトをしてしまいそうになるので、顔を下に向けたり……。

テニー先生は、セミナーの間は円の外に座り、他の形式の議論を行う際には教室の後ろに座り、アイコンタクトも取らないようにすることによって、生徒たちに自分と話すことよりも生徒同士で話をさせるように訓練していった。「私はほんの少し、彼らを無視するような感じを心がけてみた」「そうすると、彼らは自分たち自身で進めるようになった」と彼女は言った。

これは、教師による定期的な再確認を求め、すべての情報を教師に依存するような状態から離れるために求められる再教育の過程である。

よく知られているように、彼らは何年もの間、情報を得るための手段として教師を使用しているのです。また、彼らは教師からの承認を必要としている。それは私が彼らに与えるつもりのないことの１つです。彼らがコメントをしようとしている時に、彼らが常に欲している承認を私は彼らに与えるつもりはないです。彼らは、質問の形式でコメントをします。なぜかというと、彼らは、こう言ってほしいのです。「そうだね。それで合っているよ」ってね。

テニー先生は、もしも議論の中で生徒の質問に答えてしまうと、生徒たちの話すことすべてが、自分の言ったことを焦点にしたものになると分かっていた。それゆえ、彼女は、議論を進行させることを目的とする発言以外はどんなものでも控える必要があった。

生徒たちが互いに誤った情報を示し合っている時に発言を控えるのは特に難しかった。しかし、テニー先生はこのような場面で、行動することを自制し、最終的に生徒が互いに指摘し合うようにすることは、価値あることだと感じた。

それは、いつでも大変な道のりです。もし何か不正確なことがあるとすれば、それを私が指摘するよりも生徒にそれを指摘してほしいと思います。自分自身は議長の役割であると私は考えています。日常生活において、人が間違うことはあります。判断を誤ることもあるでしょうし、何かをうまく理解できない時もあるでしょう。そして、あなたの仲間に対しては、違うと言うこともあります。「いいえ、そのことについて、あなたは間違っています」のように指摘すると思います。なので、私は、私がそのようなことをするのではなく、子どもたちにそうしてほしいと思っています。

　それから、議論の後に行った検討会の際、彼女はその考えをさらに鮮明にした。

　テイク・ア・スタンドやソクラテスセミナーが終わって、それについて検討している時に、ある事実認識の正誤が発覚したりします。もしかすると、間違いが指摘できるのはその日ではないかもしれません。それでも、できる限り単元の終わりまでに、彼らがそれらは正しくなかったということを理解するようにします。

　しかし、教室の安全性を保つために介入する必要がある時もあった。

　私が議論を止めたり説明したりする唯一の時は、生徒がそうしてほしいと頼んだ場合、もしくは生徒のコメント等が他の生徒を傷つけている場合です。そのコメントが人種差別や偏見のようなものであった場合です。そのようなことがあれば、「ちょっと待って、それは言いすぎですよ」と私は言わなければなりません。

　教室を教師の支配から解き放ちながらも、ホスピタリティにあふれた教室の雰囲気を保つには、かなりのスキルが必要になる。
　生徒に議論の流れを任せるために、もう1つの難しくも不可欠な要素は、

沈黙の間待つことを学ぶことであった。生徒が考えるための時間（よくいわれる「待ち時間」）を確保することは、簡単なことではないが不可欠なことであった。テニー先生は「ただ飛び込むだけではダメなんです。生徒は考えなければならない。考えるには時間がかかる。それを学ぶのは難しいし、教室でいつそれをすべきかを知るのは本当に難しい」と言っている。新任教師に向けた彼女のアドバイスは次のようなものだった。

　　ただ根気強くいることです。そして、我慢していると思っている時にも、もっと我慢しないといけない。なぜなら、生徒がまだ、議論を引き起こしていないし、問いに答えてもいないのに、あなたは大事なことにすでに気づいたから、質問に答えて、議論に割り込みたくなる。少し間を取ったばかりなのに。その間は、問題ではありません。でも、カリキュラムや授業の内容を重々承知している教師としては議論に割り込みたくなるし、時々そこに飛び込みたくなって、場を静かにさせておくのが精神的にこたえるでしょう。だけど、教室が静かだと思う時は、もう少し静かなままにしておきましょう。

　真正な議論を実現するためには、教師は生徒の関心や、互いへの質問、互いの視点への関与の流れに沿って、会話が自然に動き、流れるようにする必要がある。つまり、議論は常に一直線に進んだり、ほとんど直線的な仕方で題材について「網羅」したりするのではなく、生徒の興味や意見に従って「連鎖」するものなのである。生徒のライアンはソクラテスセミナーについて次のように述べている。

　　自分が考えたことと同じことについて、他の人が何を考えるのかを知ることは、本当に素晴らしいことだと思います。そして、誰かが同意することや議論が始まることも素晴らしいです。議論は何気ない質問から始まることもありました。そして、それらは連鎖していくようでした。1人が何かを言い、それが他のトピックに触れ、また別の誰かがそれを比べ、それが議論になっていくんです。

このような自然な流れに対応するためには、教師は生徒同士の意見の対立を恐れてはおられず、対立点に踏み込んで解決しようとする衝動に抵抗しなければならない。テニー先生は、それが簡単ではないことを次のように述べた。「介入しないということ、それはとても難しいことです。特に、新任教師にとってはね。コントロールできなくなっている時とコントロールできている時の境界線を知らないでしょう。それは線を引くのが難しい境界です」。

　教師が中立であることもまた、生徒の声や意見を中心に議論を続けるために重要なことである。タリクは次のように述べた。

　　　先生は話題を投げかけると、結構な時間口をつぐんで、誰にも自分を参考にさせないんだ。何が言いたいか分かります？　先生の意見は、他の人の意見と違うかもしれない。だから、「ここにトピックがあります。今から、みんなそれについて話しましょう」って言うだけです。誰も話さなければ、彼女はそれを別の言葉に置き換えたり、それについて質問したりして議論が始まるようにする。でも、彼女は決して「私の意見は○○だよ」とか「私の考えでは……」とは言わない。先生がそのようなことを言わないことは、重要なことだと思う。なぜなら、もし教師が自分の意見を口にしたら、多くの人の考えを変えることになる。こういう風に思う人がいるでしょう、「ああ、先生だもんな。多くのことを知っているに違いない」って。

　教師が中立でいることは、生徒たちが自分自身の意見を形にしてそれを声にすることが求められている空間では、非常に大切なものである。教師が絶対的な権威であると見なされるような背景があると、教師自身の立場を前面に出さざるをえなくなり、真正な議論をすることは難しくなるだろう。

　しかし、教師はいつも議論に参加することを避けるわけではない。ジャネットは、テニー先生が議論を大袈裟に片方の立場に向けようとする「悪魔の代弁者」[2]をどのように演じていたのかについて説明した。

もし私たちがみんな片方の立場に偏ってしまったら、テニー先生は
　悪魔の代弁者を演じたりする。彼女はとってもうまいんです。言って
　いることについて、本人が実は同意していないのが分かる。だけどそ
　の立場をすごくうまく説明します。それは私にとってはちょっとだけ
　イライラするんです。

　これは生徒に本質的な情報が欠けている時には、重要なことである。
ジャネットは続けて言った。「一部の人は（……）主張しようとするけど
すべての背景知識を持っているわけではないので、ある物事について実際
の事実じゃないことを使って、それについて考えようとする感じがある。
彼女はそれで、悪魔の代弁者を演じるんだろうと思う」。
　本章の冒頭で引用したタリクとタミカの言葉が示すように、良い議論と
は、すぐに没頭し、興奮し、個人的な意味に富むような活動であり、授業
指導の他の形式とは区別される活動である。しかし、多くの社会科の授業
では、議論は誤解され、あまり用いられていない方略である。開かれた状
況を生み出し、意味ある市民的学習を導くことのできる真正の議論は、教
師にとっての知識の概念や指導者としての役割の概念を変えることを要求
する。議論を導くためにテーマについてすべてをあなたが知っていると感
じる必要はないし、実際は、内容に対して思索を続けているという立場が
議論をより前進させるのである（Cook & Tashlik, 2004; Dillon, 1994）。教師
は生徒の考えに深い興味を示し、彼ら自身の意見や信条、教師から見えな
いところで彼らの好む内容の一部でさえも、利用したいと考える必要があ
る。受動的な学習者として生徒を見なす傾向が深く根付いている学校では、
生徒が表現し、本格的な相互作用のための文脈を作る教室運営を重視しな
ければならない。議論を意識的に計画することは、こうした困難を改善す
ることができる。本章ではそれを可能にするための様々な方法を提示した
のである。

**原注**

1) The Center for Information and Research on Civic Learning and Engagementと the
Carnegie Corporationによって組織された会議に参加した50人の第一線の研究者
と実践家によってまとめられ、そして承認された。

**訳注**

1) 大学進学準備のためのコースではあるが、優等生のための特別クラスではない。
2) 議論において、特定の意見に対してあえて反論をしたり、反対の意見を支持するこ
とを試みる人やその役割。議論の場で意見の同質性が高まった場合に主張の妥当性
が十分に吟味されなくなったり、他の意見が出なくなったりすることをを解決する
ために必要とされることがある。

## 第4章

# 市民に求められる
# コミュニケーションとは
## 市民的学習のために書くことと表現すること

私たちは、殺人と薬物乱用について議論をしていました。なぜなら、それについてのスクラップブックの執筆をしていたからです……サリーの街で起きた殺人についてのスクラップブックを書いて、その後に別の殺人についても書きました。私たちは、ある人の略歴を自分たちで書いたり、写真を撮ったりその他の資料を手に入れたりしなければなりませんでした。　　　　　　　　　　　（タニシャ、サリー高校）

　私は、ユダヤ人のコミュニティがホモセクシャルに対して寛容なのか不寛容かについて勉強しました……私はユダヤ人ですが、ユダヤ教の他のすべての宗派について勉強してきたわけではありません。そして、彼らの意見が本当に様々で、とても幅広く、ちょうどスペクトルの両端〈のごとく極端〉であるように思います……ただ、1つの宗教だからといって必ずしも1つの主張ではない、ということを学んだのは、目からウロコでした。　　　　　　　（レア、オールウッド高校）

　（議論が）悪いという時は、人々が物事をうまく説明していなかったり、あるいは役に立つ確かな情報を示さなかったりした時です。しかし、良い議論であるとすれば、よく調べ、理解し、分かりやすく説明する方法を知っているということになります。

　　　　　　　　　　　　　　　　　（マルカン、オークノル高校）


　書くことやいくつかのコミュニケーションは、生徒が学校生活を通して身につけなければならない市民的スキルである。社会科はこうしたスキルを高めていく際に自然で重要な場となる。さらに、書くことや表現することを中心とした活動を行うことは、生徒を市民的学習に積極的に参加させるための絶好の手段ともなりうる。公民権運動に関する模擬記者会見を計画し実施することや、あるいはコミュニティで起こっている問題に関してのスクラップブックの見出しを書くこと、さらには、大虐殺に関してスピーチを作成し行うことといったことすべては、生徒に能動的な参加を求

めるものであり、市民的学習に対する社会文化的アプローチの中核となる、重要な市民的ジレンマを伴う。このような実践は、生徒の生活、現代の課題、そしてより大きな市民的課題の間のつながりに効果的に作用しうる。

　本章の冒頭での引用から分かるように、タニシャにとって、調べることと書くことは、彼女の教室で行ったコミュニティの問題に関する調査の根幹的なものであった。また、レアが「社会的抗議運動」プロジェクトに関して書いたことからは、個人的なレリバンスが高いトピックを調査することによって、調査や分析、発表のスキルがどのように成長できるのかについて読み取ることができる。さらに、マルカンによる分析は、議論という表現的な活動を通して、効果的な主張を促すものは何か、生徒がどのように学ぶことができるのかについて表している。ここから分かるように、書くことやその他の表現活動を用いることによって、市民的スキルが成長することになる。また、生徒たちをより大きな市民的課題や市民的問いに、いっそう活動的に取り組ませることになる。こうした市民的課題や問いは、本書で追究してきたカリキュラムの再構成の試みを後押しするものである。

　本章では、市民的学習で、書くことと表現することが、なぜ求められるのか、どのように行われるのかについて考えていく。まず初めに、書くこととその他の表現方法が市民的学習にどのように関わっているのかを検討することで、こうした重要なスキルと市民的コンピテンスや市民的関与の間の関係性を考察する。また、本章では、教室で行われた生徒の書くことと表現することに関する活動について記述しながら、永続的な市民的な問いについて熟考するように生徒を引き付ける活動と並行して、あるいは活動を通して、価値ある市民的スキルがどのように洗練されうるのかを説明することにしたい。

## 社会科における市民的学習において、なぜ書いたり表現したりするのか？

　　民主主義的なリーダーシップには、公的な事柄について明確に思考することが求められる。しかし、それにはタテの関係としては私たち

のリーダーや代表者に向けた、ヨコの関係としては我々の同胞である市民を巻き込んだ、私たちの思考や行動に関するコミュニケーションをも含むのである。

（Battisoni, 1997, pp.152-3）

　書くことや表現の他の形態は、コミュニケーションと分析の双方の手段であり、公的問題に関して自身で考え、表現する市民の能力を養うものである。この節においては、書くことや表現活動が、生徒の市民としてのコミュニケーション能力と、市民として活動するために重要な分析能力を高め、大学や職業社会に適応できる市民を育成する上で、いかに重要な役割を果たすかを説明する。

## 重要な市民的スキルとしてのコミュニケーション

　コミュニケーションは意味のある市民参加を行うために重要なものである。能動的シティズンシップというのは、政府で働く人々とも同胞である市民同士とも、どちらともコミュニケーションをとることになる。そのため、市民的に参加する際には、様々なスキル、すなわち、書くこと、批判的思考、そしてコミュニケーションの表現形態が関連することになる。

　書くことは、市民的参加の極めて重要な一面である。手紙を書くこと、会議の議事録を作成すること、ノートを取ること、これらすべてが、人々が市民的生活に能動的に参加する時に活用されるものである。ストッキー（Stotsky）は次のように表現している。

　　書くことは、読むことと同様に民主的な自治の歴史の一部である。そして、書くことは演説をすることと同じくらい重要である…地方自治が発展するにつれて、人々が市民として書くことを求められるものの種類と数は、どんどん増えていった。今日、書くこととは、編集者への手紙や立法者への質問書や意見書から、民主的に運営される市民委員会やその他の任意の市民組織、政治組織を組織し、維持するために必要な会議の議題や議事録などの様々な種類の文章にまで及ぶものになっている。

（Stotsky, 1990, p.72）

実際、トーマス・ジェファソンは公教育の主要な目標の１つとして、書くことに関する一覧表を作り、市民は「書くことによって自身で計算ができ、自身の考えや契約書、会計書を書き表し、保持すること」ができる必要があると注記している（Jefferson, in Peterson, 1960, p.239）。コミュニケーション、つまり自分の考えを他者に表現する能力とはまた、活力ある参加型民主主義には不可欠なものである。公の場でスピーチをすること、会議で意見を交換すること、代表者と話をすること、これらはすべて、市民参加に力を与える場面なのである。

## 思考し、批判的に分析し、説得する能力を発展させるためのコミュニケーション

　これらの能力を成長させることは、批判的思考のスキルと複雑な問題に対する理解を深めることに密接に関わっている。エルボー（Elbow, P.）によると、「書くこととは、人々が当初は考えられなかったことを最終的に考えられるようにするための方法である」（1973, p.15）。書くことは、複雑なトピックの理解を促進するのである。ゴギン（Goggin, W.）は次のように述べている。

> 　書くことは考えることだというのはよく知られている。その上、書くことと内容は切り離せないものである。結局のところ、書き手は何かについて書かなければならない。したがって、どのような内容分野であれ、文章を書くということは、何よりも生徒があるテーマについて自分の考えを明確にする機会を提供することである、と結論づけるのが妥当であろう。すなわち、それがどんなものであるにせよ、何かのトピックについて書いている生徒は通常そのトピックについてより良く理解できるようになっている。
>
> （Goggin, 1985, p.170）

　もしくは、テニー先生が述べているように、生徒にコースの本質的な問い（EQs）に取り組ませる方法として、「できることならそのテーマが終わる頃までに、彼らにこれらのEQsに関する明確な理解を示してしてほ

しい」として、書くという方法を用いていることを説明した。

　書くということとともに、それに伴って行われる、調べるということが、生徒の批判的能力の成長にとって重要である。ウォーク（Wolk, S.）は以下のように述べた。

　　　社会科の目的は、子どもたちが市民生活に参加する手助けをすることである。そのため、社会科が単に事物の名前や日付、場所を記憶することとするなら、この目的を理解したことにならない。また、私たちの市民としての責任は、4年ごとの選挙では始まりもしないし、終わりもしない。むしろ、市民としての責任とは、私たちの投票や意思決定を示すために必要な、能動的で熟議的で批判的な精神を求めるものである。　　　　　　　　　　　　　　　　　　　　　　（Wolk, 2003, p.102）

　生徒は書くことや表現活動を行う中で、証拠や議論と格闘したり、自分の考えを明確に表現しようとすることで、こうした重要な能力を発達させていく。

## 大学や職業社会への準備として書くということ

　シティズンシップを育むということは、大人として社会の一員に貢献するようになる準備であることと、長い間結びつけられてきた。2010年に47州とワシントンD.C.、グアム地区において採用された、歴史／社会科における言語力とリテラシーのための州共通コモン・コア・スタンダード（以下コモン・コア・スタンダード）は、書くことやリサーチ、分析について特に重点化している。新しいスタンダードは、大学や職業社会への対応力をシティズンシップ・スキルと結びつけ、次のように説明している。

　　　生徒に期待されるスキルと理解は、教室や職場の外で広く適用できるものである。このスタンダードを満たす生徒は（中略）プライベートにおける議論と、民主共和国における責任あるシティズンシップの双方にとって不可欠な、説得力のある推論や証拠の活用を明確に示す

ことができる。　　　　　　　　〈Common Core State Standards Initiative, n.d.〉

　コモン・コア・スタンダードは、生徒は歴史・社会科においても、リテラシースキルを発達させなければならないと説明しているが、それは、参加民主主義における「責任ある市民性」のための重要な能力だからである。Box4.1 に示される、6 〜 12 学年の歴史・社会科におけるリテラシーの大学と職業社会への 10 の準備スタンダード〈College and Career Readiness Standards for Literacy in History/Social Studies 6-12〉は、このプロジェクトの目標のベンチマークを列挙して説明している。

---

**Box4.1　大学と職業社会への準備スタンダード：6 〜 12 学年の歴史／社会科において書くこと**

<u>テキストの類型と目的</u>
1. 明確な理由と適切かつ十分な証拠を用いて、実質的な主張を支持する論証を書く。
2. 意図的に内容を選択し、構成することによって、複雑な情報を明確かつ正確に伝える情報的／説明的な文章を書く。
3. 現実的または想像上の経験や個人および出来事に関して、それらが時間とともにどのように発展していくかを伝えるための物語を書く。

<u>書くこととそれを発表すること</u>
4. 課題、目的、読者に即した構成・展開、内容、スタイルの文章を書く。
5. 必要に応じて、計画、修正、編集、書き直し、または新しいアプローチを試すことによって、より良いライティングを行う。
6. インターネットを含むテクノロジーを使って、文章を書き、発表し、他者と交流する。

---

知識を組み立てるためのリサーチ

7. 短期間の集中的なリサーチ・プロジェクト、および集中的な研究課題に対する持続的なリサーチを実施し、リサーチの対象に対する理解を示す。

8. 複数の印刷物やデジタル資料から関連する情報を収集した上で、各資料の信頼性と正確性を評価し、剽窃を避けつつ、情報を統合し引用する。

9. 文学的にまたは情報源に即して文章を書く。テキストから証拠を引き出して、分析や考察をサポートしたり、学んだことを説明したりする。

書くことに関する範囲

10. 様々な課題、目的、読者に向けて、長期間の執筆（リサーチ、考察、推敲のための時間をかける）や短期間の執筆（数時間または1〜2日かける）を日常的に行う。

　これらの新しいスタンダードは、歴史／社会科において生徒のリテラシーの達成に対して高い目標を設定している。スタンダードは主張の組み立てや裏付け、研究プロジェクトの実施、多様な文章を書く作業に親しむことに重点を置いている。ベイヤー（Bayer, B.）が指摘するように、社会科は、「書くことを教える自然な機会を提供する。生徒に書くことを求める時はいつでも、この複雑なプロセスを構成する様々なスキルの使い方を教える機会があるのだ」（Bayer, 1982, p.104）。

### 歴史的エンパシーの発達のために書くことと表現すること

　さらに、書くことや表現活動は生徒にとって「ある状況、ある集団、ある時代」（Beyer, 1982, p.103）へのエンパシーを育む方法である。この章の後半では、公民権運動に関して、生徒が歴史的な人物の役を演じた模擬ニュース番組を作る表現活動プロジェクトについて説明する。このような表現活動は生徒と歴史的事象を結びつけ、「今日の価値観を押し付けるこ

となしに、過去の人々が見た世界を見る」ために「歴史の主体の精神性、思考の枠組み、信念、価値、意志、行動を理解しようとすることで過去を過去の主体自身で観察し判断する能力」（Yilmaz, 2007, p.331）を育成する。

# 新しいカリキュラムのためのストランド開発
## ──市民として書くことと表現すること

　研究チームは、書くことと表現することは新しいカリキュラムにとって、必須のスキルを磨くために、生徒がテーマと歴史を結びつけることを容易にする方法として重要であることに同意した。優れたライティングの指導者と相談しつつ、年間を通した筋のようなものとなる、書くことにおける流暢さと立論への焦点を開発した。Box4.2 はこのプロセスの結果を示している。

---

**Box4.2　新しいカリキュラムにおける書くことと表現することを重視した市民的学習**

**ストランド２：**
書いたり表現したりする市民たち──書くことと表現することを用いる問題提起型市民的学習アプローチ（problem-posing civics approach）

<u>生徒の目標</u>
・書くことを、カリキュラムと生徒の生活や市民的経験とを関連づけるために用いることができる。市民的経験とは、市民組織と人々（agent）の日々の経験を含んだ、生徒自身の市民的生活における経験に基づくものである。
・書くことを通して、市民生活における重要な問題と論争を熟考することができる。
・より多く書き、創造的に書くことができる。
・意見を示し説得するために書くことができる。

---

・書く際の根拠の用い方を学ぶことができる。

・分析と批評のスキルを強化することができる。

## 概要

　多様なタイプの書くことと表現することを再検討した後に、私たち研究チームは、説得力を持って書くスキルの開発が、学年を通してとりわけ焦点となる領域である、と結論づけた。テニー先生は「説得力を持って書くことは市民的表現の究極の形である」と述べた。

　年間を通して説得力を持って書くことに注目するということに加えて、研究チームでは、年間を通じた、書くことと表現することを行う発展的な学習形態として、社会科日誌を使用するという合意に至った。社会科日誌は生徒個人の経験とコースの考えを関連づけようとしている。

## 頻度と方法

　説得力を持って書く場面：　評価の区切りごとに、説得力を持って書く場面を１つは作ること。説得するトピックは、テーマごとに評価の観点として重大な問いを反映したものとする。

　社会科日誌：　生徒は教師からの指示に応じて、自分の日誌を週に２～５回書き込む。日誌には、日々の課題を記録し、市民として経験したことも含める。期間ごとに、教師は２つのトピックを選び、よりフォーマルな形での回答を生徒に要求する。回答に対して、教師は適切なフィードバックを行う。

　章の後半では、調査対象の授業において用いられた書くことや表現活動に焦点を当て、なぜそのような活動が市民にとって有益なのか、どのようにそれらを社会科カリキュラムに効果的に取り込めるかについて探っていく。まず、対象となったクラスで、授業を始める際、大きなテーマや問いとその日の活動を結びつけるために、どのように書くことが用いられたかについて考える。そして、次に、寸劇やシミュレーションといったものの実践を生徒が計画し参加する中での表現的な活動を見ていく。そこでは、

生徒たちによる創造的でドラマティックな能力が発揮される。その後に、説得力ある小論やディベートのような、生徒の説得力や立論のスキルを磨くための書くことや口頭での活動について検討する。そして次の節では小論の利用について検討する。これは本質的な問いについて書くことや考えることという批判的リテラシースキルを磨くためのものである。節末に、生徒が自分で選択した社会運動の調査における書くことと表現について考える。

## 教室における書くことと表現すること

### はじめに――"Do-Now（今、すること）"と社会科日誌

> 「今年はこれまでに、選挙政治と公民、〈経済〉〈紛争と解決〉を学びました。それぞれがあなたの生活に関わることです。では、どのように？」
> （生徒がブルックス先生の教室に入った時に見た板書）

調査対象の授業では、書くことは、授業の導入部分で欠かせない部分であった。授業の冒頭で、「Do-Now」と呼ばれる重要な質問に対する回答を書くことで、教師たちは、生徒たちを集中させてから、授業を始めることができる。そこでの書くことは、生徒にこれから行う活動への準備をさせながら、議論またはその他の活動へとつなげる。社会科日誌もまた、生徒の生活や経験をカリキュラムに結びつけるための手段として使われた。社会科日誌は、特に本質的な問いに関連して、複雑な考えをまとめるために使用された。そして、今後の議論やその他の活動のために生徒に準備させるのにも用いられた。Box4.3 のテニー先生のDo-Now質問リストから、その年の軌跡が見てとれる。

---

**Box4.3　1年間に使われたテニー先生のDo-Nowの質問**

1. 政府は私たちのために何をしてくれるか？
2. 政府を定義しなさい。

---

3. 弁当かバックパックか？（第6章参照）私たちはどちらをさらに調査するべきか？

4. もしあなたが5分間大統領と話せるとしたら、どんな問題について議論し、それらの問題についてどんなアドバイスをしたいか？

5. 政治クイズの結果は驚くべきものであったか？　それはなぜか、あるいはそうでなかったのはなぜか？

6. 憲法の原則のうち、現代社会において政府が守るべき最も重要なものはどれだと思うか？

7. 選挙人団制度はやめるべきか？

8. 善きアメリカ市民の義務と責任とは何か？

9. 三匹のこぶたの話は、意思決定について私たちに何を示唆しているか？

10. 重要度が高い他の職業の給料がものすごく低いのに、アスリートの給料がこんなに高いのはなぜ？

11. アメリカのガソリン価格をコントロールしているのは誰か？

12. 1）問題を定義しなさい。　2）それは現実的か？　3）3つの計画を立てなさい。

13. 企業組織の3つのタイプのどのタイプが社会に最も有益だろうか？　それはなぜか？

14. 児童労働は現在も存在する。アメリカ市民としての私たちはどのようにこの不当な行為へ対応するべきか？

15. 政府は経済のコントロールをどのくらいすべきか？

16. （ニューディール政策に関連して）政府は経済のコントロールをどのくらいすべきか？

17. もし1930年代に生きているとしたら、ニューディール政策を支持したいか、または批判する側に立ちたいか？　それはなぜか？

18. F・ルーズベルトのニューディール政策とジョンソンの「偉大な社会」政策の間にどのようなつながりがあると思うか？

19. 世界の紛争におけるアメリカの役割は何か？　行動するべきか、それともしないべきか？　それはなぜか？

20. アメリカは同盟を持つべきか？　それはなぜか？　持つとしたら、誰とか？

21. 今までいじめを経験したり見たり、したことはあるか？　あなたはどのように反応しただろうか？

22. 今日の社会において「言論の自由」「信教の自由」「欠乏からの自由」「恐怖からの自由」の4つは現実味がある問題か？　どのような文脈においてか？

23. （9.11に際してジョージ・ブッシュが行った）9月20日のスピーチの目的は何か？　アメリカ市民として9月20日をどのように感じるだろうか？

24. 太平洋戦争でどの戦いが最も重要であると感じているか？　それはなぜか？

25. 原爆生存者の声——記事に登場する人物の視点から3つの主張を示そう。

26. 同盟国と枢軸国にとっての第二次世界大戦の国際的な結果を説明せよ。その点からこの戦争は価値があったか？

27. 何が冷戦を引き起こしたか？　そしてアメリカが維持した政策は何か？

28. 中国共産党はどのように中国の主導権を得たのか？　アメリカはどのように反応したのか？

29. マッカーシーは共産主義へのアメリカ人の恐怖をどのように利用したのか？

30. ケネディはキューバを侵略するためにCIAの計画を承認するべきだったのか？　彼は物事を違った形で行うことができたのか？　すべきだったのか？

31. KWL表を作りなさい。J・F・ケネディ暗殺について何を知っているか？　何を知りたいか？

32. 善き大統領を定義する特徴とは何か？　他のものよりも重要なものはあるのか？　それはなぜか？

33. 自分にとって大切なものの所有権をめぐって、誰かと口論になっ

たことはあるか？　その対立を長引かせたのは何か？　どのように解決したか、またはどのように解決しえただろうか？

34. キリスト教、ユダヤ教、イスラム教が非常に類似しているのだとすれば、なぜ中東では争いが絶えないのか？

35. なぜキャンプデービット協定は中東和平に向けた重要な一歩となったのか？

36. 2001年9月12日（訳注：全米同時多発テロの翌日）。あなたはアメリカ大統領です。さあ何をする？　アメリカの人々に向けて何を言う？　あなたの行動計画は何？

37. 戦争が終わったら、アメリカは戦った国から離れて、それ以降占領するべきではないのか？

38. アメリカ人とは何か？　誰か？

39. もしあなたが1800年代にアメリカで生まれたネイティブ・アメリカンだとしたら、移民の流入にどのように反応したか？

40. アメリカは、移民に対して閉鎖的な政策をとるべきか、開放的な政策をとるべきか？　なぜそうする／そうしないべきか？

41. 「新しい巨像」——この詩は何についてのものか？　そう思わせるような言葉やフレーズはあるか？

42. 教科書p.197の批判的思考vs.移民排斥主義者についてどう思うか？

43. 移民国籍法の1965年改定（ハート・セラー法）はアメリカへの移民をどのように変化させたのか？

44. 何の法律が1990年代に通過したのか？　合法移民と不法移民にどのような影響を与えたのか？

45. 記事「仮想フェンス」を読みなさい。これは不法移民の問題を解決できるか？　なぜか？　もしできないとしたら、私たちの国境を守るためにすべきことは何だと考えるか？

46. もしあなたが次の大統領だったら、どのように移民問題の舵を切りたいか？

47. 移住者を定義しなさい。移民とどう異なるのか？

48. 人々はなぜ故郷を離れることを余儀なくされているのか？　どのように？

49. 「私有財産は、正当な補償なしに、公的な使用のために用いられてはならない」1-権利章典のどの修正条項にこのフレーズは含まれているか？　2-これが政府に与える権力は何か？（それは何と呼ばれているか？）

50. その写真・絵を説明しなさい。

51. 過去 24 時間でどんな活動した？　証拠は？

52. 自身のジェンダーを理由に、ある特定の方法で扱われたことはあるか？　説明しなさい。

53. （アメリカへの）一時的な滞在者はどのようなメッセージを伝えようとしているか？

54. アメリカの中絶に関する現行法についてどのようなことを知っているか？　あなたに関わる中絶の問題を取り巻く法律や公的論争の用語、考え方、概念のリストを書こう。

55. 「女子のスポーツ」「男子のスポーツ」にはどのような違いがあるか？　男女教育機会均等法案〈タイトルIX〉とは何か？　なぜそれが始まったのか？　あなたはそれを公平だと思うか？　説明しなさい。

56. メキシコ系アメリカ人の活動家が抗議行動を起こすきっかけとなったのは、どのような問題か？　様々なグループが異なるアプローチを用いたのはなぜか？

　前述したように、研究チームが開発したのは、生徒たちが流暢に書くことができるようになることを助けつつ、生徒たち自身の経験と本質的な問いをつなぐための日誌を書かせる計画であった。**Box4.4** は、研究チームが実施前の夏のワークショップの間に、社会科日誌を書くというアプローチをどのように説明したかを示したものである。

生徒たちは1年間を通して、週に2～5回、コースの本質的な問いに関連するトピックについて、くだけた形で書くことが求められる。社会科日誌は、生徒たちが自身の経験と、コースのテーマや内容への意見とを結びつけられる場となるだろう。教師は、授業の始まりや終わりに宿題として、または、その日のちょうどよいところで、あまり時間がかからずに書けるトピックを課す。評価期間ごとに、生徒たちは日誌から2つを選んで、よりフォーマルな形式で書き上げる。その日誌は評価期間ごとに1～2回集められ、段階評価でない形で完成度が評価される。教師は日誌に表現された考え方に対して、間違いを直すというより返事をするように対応する。

この目標を厳密に守っているかどうかは先生によって違うが、すべての教員が授業の始めに書く活動を行っていた。

オールウッド高校のジェシカは授業の典型的な始まり方について次のように説明した。

　　ジェシカ：えっと、私たちはDo-Nowから始めました。
　　インタビュワー：Do-Nowって何ですか？
　　ジェシカ：Do-Nowですか？　それは、黒板に書かれている問題のことです。私たちは授業の日誌を持っていて、毎日、それらの問題を書き留め、答えを考え、議論をします……いつも自由な議論でした。

ジェシカと彼女のクラスメイトにとって、その日の授業がより大きなテーマや問題への導入であるDo-Nowで始まることは日課の1つであり、授業と関連した問題について一生懸命に考えることから授業が始まることを保証している。

### 授業を始めるために

日誌は柔軟に対応できるツールだった。日誌は、導入にも終結にも使え

るし、主張を評価したり、トピックと時事問題を結びつける際にも使うことができた。下の事例は、オークノル高校のバンクス先生が、重要な市民的課題の議論を行う際に用いたものである。

---

**黒板の板書**

<u>合衆国史Ⅱ</u>

　Do-Now '08.3.10 ──「戦争下での一般市民」ノートに書いて答えなさい。

　「第二次世界大戦中、民間人を標的にしたことは正当化できると考えるか？」

---

　バンクス先生は、広島への原爆投下をテーマにした授業の導入として、戦時下での道徳的ジレンマに生徒を引き込むためにこの導入材を用いた。こうすることで、生徒たちは従来型の講義に入る前に、その情報に関心を持ち、そのトピックに個人的な興味を持つことができる。また、聴くことが中心の授業であっても、反省的に書く練習をする機会にもなった。

### 生徒がトピックを自身の生活と結びつけるために

　その日扱うトピックと生徒自身の生活を結びつけるために、日誌の導入が用いられた。サリー高校のサマンサは、インタビュワーと彼女の社会科日誌を一緒に見ながら、ブルックス先生が設けたDo-Nowについて説明してくれた。

　　　ええと、ここに彼が私たちにやらせたものがあると思います。これが、Do-Nowなんですよ。「どのようにあなたは脅威に対処しますか？」といったようなものに、10分間取り組まされます。それは紛争や訴訟事件、親子関係、卒業、進級などといったことをめぐる問題として、起こる可能性のあるものです。

　日誌は、生徒が自身の生活とテーマを素早く結びつけるための機会を与

えてくれる。ブルックス先生は次のように述べる。

　　　毎日、私たちは生徒の生活について「あなたならどうするか？」や
　　「あなたはこのことについてどう思うか？」と書かせようとしています。
　　早くから意見を実際に述べていくことで、生徒たちは自分の意見
　　を表明することに慣れていきます……市民で書くことによって、早か
　　れ遅かれ、政治や社会問題について、自分がどう思うか、どう取り組
　　むかについて書いています。

テニー先生はこれに賛同し、次のように述べる。

　　　社会（公民）科日誌の大半の書き出しは、生徒自身の意見や彼ら自
　　身の経験に関係があるものである必要があります。生徒には、それら
　　を定義するだけでなく、地域社会の問題について話す時にも、生徒自
　　身の経験を持ち込むように求めます。……
　　　というのも、一般的な問いを通じて、私たちが話しているトピック
　　がどんなものであっても、彼ら自身と直接関係づけられる問いを立て
　　考えることができるからです。

　社会科日誌は、生徒の経験と大きな市民問題の間にある溝を効果的に埋
めたのである。

**複雑な考えに関する生徒の考察に足場をかけ深めるために**
　社会科日誌は、複雑なトピックについての生徒の授業前後の考えを導く
のに役立つ方法だった。授業の最初と最後に簡単な感想文を書くことで、
考える必要がある問題に取り組むための、また歴史的な出来事を本質的な
問いと結びつけるための時間と場をもたらしたのである。テニー先生はこ
の過程を次のように述べている。

　　　私は彼らに質問をして、たいてい私たちが内容を教える前に生徒の

144

意見を聞きます。そして、私は彼らに回答を振り返るように言います。また、授業が終わった後に答えを調べるなら、問いに対する答えの第2段落を書くような形にさせます。

　例えば、オールウッド高校では〈紛争と解決〉の単元の間、テニー先生の教育実習生は構造化された議論の準備段階として自身のDo-Nowを用いた。以下の授業場面はこの実践の様子である。

　　生徒はその日の研究日誌を静かに完成させる。「ケネディはキューバを侵略するためにCIAの計画を承認するべきだったか？　彼が他にできたこと、すべきだったことは？」
　　テニー先生の教育実習生であるモンローが今日の授業を担当している。生徒がおよそ10分間かけて社会科日誌を書き込んでいる間、構造化された議論のために彼女はそっと番号を振り、クラスをグループに分けた。書く時間が終わりに近づき、モンローはクラスに呼びかけた。生徒たちはお題について簡単に話し合い、その後、モンローはクラスをグループに分けて構造化された議論を行った。
　　議論の後、モンローはクラスのみんなに向かって言った。「良くできました、自分の席に戻って自分の社会科日誌を出して下さい（生徒は自分の席を元の状態に戻す）。これらは皆さんの声明となるものです（プリントを配る）。（このプリントには）今日皆さんが取り組んだものもあれば、そうでないものもあります。紛争と解決におけるアメリカの役割についてのこれらの声明のうち1つについて、皆さんの研究日誌に考えを書いて下さい」。

　この事例では、「アメリカはいつ戦争をすべきか」という複雑な問題を、「ピッグス湾」という特定の出来事［アメリカによるキューバ侵攻の試み：訳者注］に関連させて、生徒が考察するために、個人で書くことによる振り返りが用いられた。
　日誌の活用は生徒が単元の本質的な問いを把握するのに特に効果的だっ

た。テニー先生は次のように述べている。

　自分がしたかったこと、〈経済〉の授業でちょっとやったこと、そして〈紛争と解決〉でもちょっとやっていることは、評価期間中、または大単元全体を一貫する同じ問いを研究ノートで問うことです。それは、「戦争は正義か？」というものです。最初のうちは、彼らは「ノー」や「イエス」など、自分が言おうとすることを言おうとするでしょう。そして、第一次世界大戦を勉強した後に同じ質問をし、第二次世界大戦後にまた同じ質問をし、その変化が、彼らがその時に持っている知識に基づいたものであるかを見るのです。経済の授業でも同じことをしました。何かを学んだ後、同じ質問を何度かしました。…えーっと、その1つは「経済における政府の役割とは何でしょうか？」というものです。なぜなら、私たちはフーバー大統領と1920年代の大統領のレッセ・フェール［自由放任主義］から始めて、FDR［フランクリン・ルーズベルト大統領］、偉大なる社会、そしてレーガン大統領と進むことで、4回尋ねました。「経済は私にどのような影響を及ぼすのでしょうか、そして私は経済にどんな影響を及ぼすのでしょうか」と。例えば、政府が銃にお金を使いまくったとして、バターにどのような影響があるのか、私はどう影響を受けるのか、そのような視点を時間をかけて見ていきました。つまり、このような質問を何度かすることで、最終的な課題やエッセイ、テイク・ア・スタンドなどにたどり着いた時に、本当に戻ってきて、強い意見を持つことができると思うのです。問いの1つに「世界におけるアメリカの役割は何か、行動すること vs 行動しないこと」というのがありますが、この質問は何度かするつもりですし、おそらく「戦争は正義か」という問いも彼らが時間をかけて何らかの見解が持てるように、何度かするでしょう。

　テニー先生が説明したように、書くことは、歴史学習の基礎に通底する重要な市民的課題とのつながりを保ちつつ、本質的な問いを基盤としたカ

リキュラムを定着させるのに役立つことになった。また、テニー先生が述べたように、「戦争は正義か？」と、異なる時代に関しても何度も問われるエッセイに取り組む中で、生徒たちはその問題をつかんでいった。

## 他の活動の準備のために

　教師たちは、生徒に他の活動のための準備をさせるのに社会科日誌が便利であることに気づいた。テニー先生は次のように述べる。

　　　私たちは、社会科日誌を用いながら、それらの問題を時にはグループで話し合ったり、時にはペアで共有したり、時にはテイク・ア・スタンドあるいはソクラテスセミナーへと発展させることもあります。社会科日誌は、主要な問題を生徒が議論し考察したりすることに加えて、自分に反対する人がいることや、賛成する人がいることに気づいたりする機会を提供しているのです。

　オールウッド高校では、テニー先生は、クラスでの議論に先立ち、生徒たちに様々な市民問題のどれを選択するかを考えさせる方法として日誌を使っていた。最終的にどのように問題を選定するかについて、次のように振り返った。

　　　私は、ディベートすることにしました。社会科日誌に、クラスの問題で投票した2つのうち、どちらが正当な議論で、多くの支持を得ていて、達成したり解決したりできると感じそうかを書かせるのです。ディベートなので、2つの立場を用意して、そこから1つを選ばせました。うまくいけば、ディベートを通して生徒たちは問題についてももう少し明確にすることができます。そして、もし問題に課題があれば、それを特定することもできるでしょう。

　彼女は同様に、本章で後述する「立候補者と会おう」の活動の導入で日誌を用いた。彼女は次のように述べている。

私は、最初に彼らに日誌を書かせました。生徒が考えたこと、そしてその理由のようなことです。そして、問題についてちょっとしたクイズを行い、いくつかの問題について考えました。その後、もう少し広範な問題について話し合い、何を感じるかを話し合いました。その時に「それは保守的か、リベラルか」という問題だと確認して、何人かは理解したようですが、何人かは「ん？　何？」といった様子でした。

　ブルックス先生とバンクス先生は次節で述べるアクションリサーチのプロジェクトで、生徒が取り組む問題についてブレインストーミングをさせるために、同じように研究日誌を用いた。

## 創造的な表現──役割を担うこと、役を演じること

　最も効果的な表現活動の中に、生徒に役割を持たせたり、役を演じさせたりするものがあった。これらの活動は、熱中でき、楽しく、印象に残る方法でもって、生徒を調査活動や書く活動、表現活動に取り組ませることができる。このような活動の2つの例として、オールウッド高校で実践された、大統領選の立候補者の模擬公開討論と、公民権運動時代の模擬ニュース番組が挙げられる。

### 立候補者の公開討論

　それは10月で、合衆国史Ⅱの授業が、進歩主義時代について読んでいるであろう頃であった。〈政府〉というテーマの中盤あたりをやっていたテニー先生の生徒たちは、2008年の大統領選につながる予備選挙に立候補していた、非常に多くの候補者の医療や戦争、教育に関する立場を調べていた。

　当時は2008年選挙サイクルの初期で、多くの候補者が市民問題についての立場をメディアで放送しており、生徒たちを候補者による座談会に参加させる絶好の機会となった。生徒たちは、候補者たちの論点を前にして、

これらの重要な市民問題についての立場を表明し、互いに質問し、候補者のキャラクターに合わせた行動を行った。

　　生徒たちは興奮しておしゃべりしながら教室に入ってくる。輪になって座ると、彼らは紙を折って作った「名前」の書かれたものを取り出した。そこに書かれていたのは、バラク・オバマ、クリス・ドッド、マイク・ハッカビー、ジョン・マケイン、フレッド・トンプソン、アラン・キーズ、トム・タンクレド、ジョン・エドワーズ、デニス・クシニッチ、ビル・リチャードソン、マイク・グラベル、ダンカン・ハンター、ミット・ロムニー、サム・ブラウンバック、ヒラリー・クリントン（2人の生徒が演じた）、ジョー・バイデン（これも2人）、ロン・ポールであった。ルディー・ジュリアーニ役の生徒は欠席していた。

ヒラリー・クリントンを演じていたザハールは次のように振り返った。

　　初め、テニー先生が「イラク戦争」のようなトピックを挙げます。すると、人々が「こんにちは、私はバラク・オバマです」「私はヒラリー・クリントンです」みたいに、自己紹介をした後、私たちは、彼らが演じる候補者の（イラク戦争についての）意見を話す。自分の候補者の意見を言うのだけれど、それに反対する人からは、「私はそうは思わない／私はそう思う」みたいに言う。本当に楽しかった。それぞれの候補者の立場からどう議論するのかが分かった。

学年末に、ライアンが秋学期からの活動を次のように振り返った。

　　私たちは候補者が大統領選挙戦から離脱する前に、候補者を調べ、選ぶ必要がありました。私たちは彼らのカギとなる視点や主張を調べたんです。そして、2分間を与えられ、観客に対して主要な観点を伝えました。第2パートでは、問題を投げかけて、立候補者としてその

問題についてディベートを行いました。私が本当にクールだと思った
のは、候補者に賛同していなくとも、大統領選についてのディベート
を行えることです。これは良いと思いました。10代の子どもであっ
ても、彼らが何を考えているのか、国がどのような方向に向かってい
くのかを見ることができたからです……熱中できたので本当に良いこ
とでした。そして、選挙について、私たちクラスのみんなが真に把握
できたと思います。なぜかっていうと、現実社会で、選挙戦から誰か
が脱落するっていう時に、全員がその人のことを誰か知っており、そ
れに興味を示していたから。本当にクールでした。以前だったら、選
挙があることすら知らなかったと思うしね。

　ラージも同様に、その出来事の後の8カ月の活動を思い返した。インタ
ビューの時、彼はまだ選挙を追っており、振り返って言うには、

　　　　今年の選挙には投票できませんが、候補者が特定の問題についてど
　　　のように考えているのか、私の考えとどのように違うのか、あるいは
　　　似ているのかを知りたいと思っています。そして、全体がどのような
　　　プロセスになるか見てみたいですね。

　候補者を調べ、自分がその役を演じるという表現活動に参加することで、
表現能力を培う一方で、生徒たちの記憶に残る形で、現実の市民問題に直
接取り組ませることができた。

## 公民権についてのニュース番組

　表現活動の1つとしての書くこととは、「学習を中断させるものとして
よりも、むしろ教授学習過程における学習を統合するものである」
(Beyer, 1982, p.104) といわれる。そのような活動に該当するのは、第4学
期で、生徒によって創作された公民権に関するニュース番組である。第2
章表2.2に記載されている〈社会変革〉というテーマの一部として、公民
権についてのニュース番組は、夏のワークショップの間に一部開発された。

研究チームは、Box4.5 で説明しているような活動を評価期間 3 のために
デザインした。

---

**Box4.5　ニュース番組／座談会／トークショー形式**

<u>評価期間 3——ニュース番組／座談会／トークショー／パネル形式</u>
　生徒は特定の視点／キャラクターの立場から、基本的な問いに対する
オープニング文を書く。続く「会話」は、日曜朝のニュース番組のよう
な座談会／トークショー形式で行われ、対立する視点が登場する。生徒
は、差し迫った質問に答える際に人が使う効果的なスピーチテクニック
に慣れておく必要がある。座談会には研究チームのメンバーも参加し、
生徒に問いを投げかける。

---

　この課題では、生徒が公民権に関連したトピックを現代の「ニュース番
組」として書き、発表した。生徒は、本質的な問いに結びついた極めて重
要な歴史的トピックについて、リサーチ、ライティング、オーラル・コ
ミュニケーションを駆使した。Box4.6 が示す課題は、テニー先生と教育
実習生が教室で使用するために、さらに発展させたものである。生徒が歴
史上の人物になりきって、その人物の視点から問いに答えるというインタ
ラクティブな演技をするのである。

---

**Box4.6　課題：ニュース番組**

<u>公民権についてのニュース番組</u>
　あなたは全国放送のニュースチームの一員である。あなたの仕事は国
内で起こった出来事や問題についてのニュース番組を提供することであ
る。それぞれのグループには以下のトピックのうち 1 つを担当してもら
う。放送時間は 4 〜 5 分間が好ましい。
　グループ内では、それぞれのメンバーが異なった役割を担当してもら
う。もしグループが 3 人であれば、少なくとも 1 人はニュースアンカー

---

かレポーターになる必要があるが、任意で３つを選択することになる。

　　A.　ニュースアンカー：話題をつなげ、出来事についての背景を解説する

　　B.　レポーター：現場に実際にいて、人々の行動を見ている

　　C.　見物人または有識者：出来事についてコメントする

　　D.　公民権運動の指導者：組織や運動の見解を表明する

トピック

　　1.　有権者の登録

　　2.　ブラックムスリムとマルコムＸ

　　3.　ブラックパワーとブラックパンサー党

　　4.　都市暴力とSCLC（南部キリスト教指導者会議）

　　5.　（人種差別是正のための）バス通学とアファーマティブアクション

　　6.　人種・民族と2008年の選挙

　　7.　ニューオーリンズ

　　生徒は特定の視点／キャラクターの立場から、基本的な問いに対するオープニング文を書く。続く「会話」は、日曜朝のニュース番組のような座談会／トークショー形式で行われ、対立する視点が登場する。生徒は、差し迫った質問に答える際に人が使う効果的なスピーチテクニックに慣れておく必要がある。座談会には研究チームのメンバーも参加し、生徒に問いを投げかける。

　　ブラックムスリムとマルコムＸをテーマにしたニュース番組の中で、３人の生徒が1960年代のマルコムＸと他のブラックムスリム市民の視点を調査し、［台本を］書き、演じた。リームはブラックムスリムのメンバーの１人を演じ、エリカはレポーターであった。以下はそれを引用したものである。

　　　エリカ：おはようございます。自己紹介をしていただけませんか？

　　　リーム：私は名誉あるイライジャ・ムハンマドの信奉者です。言う必

要があるのはこれですべてです。

エリカ：そうですか、では、いつ入信されたんですか？

リーム：20年前、正確には1943年の3月です。

エリカ：イライジャ・ムハンマドへの忠誠を促しているものは何ですか？

リーム：両親がクー・クラックス・クランのメンバーによって殺されました。当時はまだ、キング牧師や非暴力の抵抗を志向していたので、このことを何とか忘れようとしました。しかし、妹が消防ホースによって打ちのめされました、私のすぐ隣で。そして考え方が変わりました。ホースの衝撃で骨が折れ、ずたずたにされた彼女の体が、非暴力は何も解決しないことを教えてくれました。

エリカ：あなたの妹さんについては残念に思いますが、平等な権利を保障する社会に改善していくために、暴力を振るうことが唯一の方法だと思っているのですか？

リーム：いや、そうとは思っていません。

エリカ：それでは、どのように考えているのですか。

リーム：私は、暴徒や武装した銃を持った人たちに暴力を振るわれた時、自分の身を守るために暴力を行使することは問題ないと信じています。これは偉大なる預言者イライジャが私たちにずっと説いてきたことだからです。

……その後のニュース番組……

エリカ：さて、次のゲストは、マルコムXの名で世に知られている方です。マルコムXは1925年の5月19日に生まれ、エル・ハジ・マリク（El-Hajj Malik）としても知られているアメリカンブラックムスリムの牧師であり、ネイション・オブ・イスラムのスポークスマンでもありました。1964年にネイション・オブ・イスラムを離れた後に、ハジとして、メッカに巡礼し、スンニ派のイスラム教徒となりました。また、ムスリム・モスク・インクやOAAU（アフロ・アメリカン統一機構）を設立しています。彼は自身の人生のほとん

どを、ネイション・オブ・イスラムに捧げていたと言っても過言で
はありませんが、最近ではそれらから距離を置いているようです。
それでは、マルコムＸさんに登場していただきます。

ルパール：おはようございます。

エリカ：まずは、あなたのことを知らない人たちのために、簡単に遍
歴を紹介していただけませんか？

ルパール：いいでしょう。私は1925年の5月19日にネブラスカ州の
オマハで生まれました。母の名はルイーズ・ノートンで、父はアー
ルだ。私は黒人国家主義者のリーダーであるマーカス・ガーヴェイ
（Marcus Garvey）の熱心な信者でした。父の公民権運動は白人至上
主義団体からの殺害予告を招き、2年後には町の路面電車の線路の
上に横たわっていた父の（バラバラの）遺体が発見されました。こ
の出来事によって母はうつ病になってしまったが、私は白人に同化
させられたままでした。弁護士になりたいと、白人である私の教授
に話した時に、彼は私の夢を非難し、黒人がそのような立場に立て
る可能性はないと言い放ったのです。

エリカ：その後にブラック・ナショナリストに加わったのですか？

ルパール：そうではありません。大学を中退した後に、少しの間マサ
チューセッツ州のボストンで暮らし、片手間な仕事をいくつかこな
し、ニューヨーク州のハーレムにゆきつき、つまらない犯罪に手を
染めるようになりました。1942年には、麻薬やギャンブルを仲介
するようにもなりました。1946年に強盗容疑で逮捕され、有罪判
決を受けました。それは、自己啓発の時だったのだと思います。兄
であるレジナルドが訪れ、イスラム教の宗教団体ネイション・オ
ブ・イスラムに改宗した兄の近況について議論しました。私は興味
をそそられ、ネイション・オブ・イスラムの主導者であるイライ
ジャ・ムハンマドの教えを研究しました。白人社会はアフリカ系ア
メリカ人が自らの力を高め、政治的、経済的、社会的な成功をおさ
めることができないように積極的に働きかけているとムハンマドは
説きました。他の目標もありましたが、白人の住む国とは別に、自

分たちの国を作ることを目標にして、ネイション・オブ・イスラム
は戦ったのです。1953年には、仮釈放され、私は熱心な信者とな
り、新たな姓を「X」と名乗るようになりました。

　こうした生徒の言葉からは、生徒が異なる時代、その時代からの多様な
視点、とりわけ人種差別や人種的平等を求めた闘いという複雑な問題を理
解していることが読み取れる。また、こうした考えを正確かつ表現力豊か
に伝え、歴史的探究を理解しやすい文章や描写に変えられるという生徒の
能力をも立証している。登場人物や台詞を作ることで、生徒たちは歴史的
な内容を正確に理解しながらも、社会の変化がどのように起こるのかとい
う本質的な問題を考えなければならなかった。ニュース番組を書き、発表
することで、生徒の創造的、記述的、物語的、表現的、説明的スキルが養
われるとともに、社会変化に関しての単元の根底にある「不正義と闘うた
めにどこまでやるべきか」という重要な問いについて、生徒が様々な視点
を共有する教室環境が育まれた。

# 論を唱える──ディベートと説得力のあるエッセイ

　チームは、市民として書くことや表現する力を伸ばすには、説得力のあ
る文章を書くことが重要だと考えた。議論、エッセイ、手紙などはすべて、
生徒が説得力のある文章を書き表現するスキルを養うものである。このプ
ロジェクトでは、このような活動を通して、生徒の意見を述べ、擁護する
能力、証拠を用いる能力、他者の主張を分析する能力を育成した。そして、
先に指摘したように、歴史／社会科に関するコモン・コア・スタンダード
に関連したすべてのスキルが促進された。

## ディベート

　ディベートは、説得力のある議論とは何かについて生徒の理解を深め、
またそれを実証するために、説得力のあるスキルを公の場で披露するもの
であった。バンクス先生は教室で定期的にディベートを行い、生徒たちに

調査と準備の時間を与え、証拠を挙げて準備した主張を述べさせ、ディベートの後には作文の課題を課した。禁酒法について学んでいた12月、バンクス先生は、違法薬物は規制されるべきか、非合法にされるべきか、それとも合法にされるべきかという、歴史的な問題と現在の市民的な問題をつなぐような討論テーマを生徒に課した。

　私たちが観察した当日、6人の生徒がディベートに参加していた。彼らは、冒頭の主張と最後の主張、自分たちの主張を支える事実を準備していた。クラスの残りの生徒は、彼らの「ディベート批評シート」に書き込みながら、議論を観察する準備をしていた。こうした行動から、生徒たちは議論のトピックについての論説を書くために必要な準備が揃っていた、ということが分かる。バンクス先生の生徒は教室に入り、席に着いた。6人の生徒は互いに向かい合って、教室の真ん中に3つの机が2列に並ぶところに座った。そして、薬物とアルコールへの政府の規制についての議論を始める準備をした。エドアルドは彼が机に置いた記入済みのシートから読み始めた。

　　エドアルド：アメリカ政府は、薬物を規制する権利を持っていると考えます。健康を害するあらゆるドラッグは禁止されるべきです。マリファナのように医療用途があるものは規制されなければなりません。私が調査したところ、マリファナには医療用途があることが分かりました。

　エドアルドは慎重に用意した主張を読み続けた。そして、ディベートを開始するために1分以上をとった。彼には意見を支える証拠があり、彼の主張は筋が通っていた。クラスメイトもすぐにそれに気づいたようだった。「ものすごく良かった！」と、私の隣に座っている生徒は叫んだ。

　ディベートは生徒の調査と文書の準備のクオリティや、彼らの説得力の質を披露するものだった。エドアルドの同級生が記録したように、ディベートは証拠と首尾一貫した論証が効果的であることをありありと示したのだった。近隣の低所得層が通う都市部の学校からオークノル高校に転校

してきたパーシーは、良い討論者とは何かについて述べた。

　　[良い討論者であるのは、※訳者追記]自分が何を話しているのか分かっている時。ただ書くだけで、何の例も挙げなかったり、言ったことの裏付けをとらなかったりする人もいる。それを読むとうわって思う。バカみたいだし。実際に例を挙げたりして裏を取ることができること？　いいことだよ。それは本当に強い主張だと思う。

　マルコムは彼自身のディベートの成績が振るわなかったことを反省して、ディベートにおける証拠と準備がより良い成果と関係していると述べた。

　　確かにもっとうまく準備できたかもしれません。でも興味深いトピックでした。私は、もっと多くの考えや情報を集めることができました。もし、私がもっと情報を集めていれば、さらによくなったでしょう……。半分……、ディベートにおける私のチームの半分は問題を抱えていたのです。私のせいで。しかし、チームは我に返りいくらか全体を整理しました。全体のこと……がうまくいっていない時、私たちはうまく物事を説明できません。説明しないのと同じです。それか、説明を助ける確かな情報を示すことができません。しかし、ディベートがうまくいっているのであれば、その人たちはちゃんと調査し、理解し、それをどう説明するとよいか知っているということでしょう。

　マルコムによると、良い討論者は十分な知識があり、証拠を持ち、うまく説明することができる。調査はこれの一部である。マルコムは良い討論者について加えてこのように語った。「良い討論者はたくさんの調査をしています。私が知っているだけでも、何人かの人はたくさんの調査をしていて、何度も議論を交わしていました。彼らは本当によくやっていたし、自分の言っていることを理解していました」。
　ある生徒があまり準備しなかった時は厄介で、それは仲間内で目立つ。エリックは振り返って次のように言った。

反対側の人たちがくだらないこと言うから腹が立った。それはあなたの意見だろう？　いい加減にして。バカみたいだ！……その意見は、意地悪だとか無知だとかいうことではなくて。それも、彼らの意見だということなんだと思うけど、彼らは自分が何を言っているのか分かっていないのだと思った。彼らはそれが何なのか分かっていなかった。誰かを批判しているようで、その人のことを知らない。彼らはテーマについて知らないのに、いろいろ言っていた。

　ディベートという公開での実践は、生徒たちがリサーチ能力や表現力を養い、クラスメイトの主張、証拠、説得力を判断する能力を磨くのに役立った。

### 説得力のある手紙と、スピーチ、エッセイ

　研究チームは、エッセイや手紙、スピーチを通して、生徒の説得力ある書き方に焦点を当てた。Box4.7 で示すように、夏のワークショップの間、研究チームはこれらの文章の形式をカリキュラムの中に取り入れることを決めた。

---

**Box4.7　説得力のある手紙、スピーチ、エッセイの記述**

<u>評価期間 1——説得力のある手紙</u>

　生徒は説得力のある手紙を書くのに必要なスキルを習得するために活動する。それらの活動は、経済学の概念と関連する大きな問いへ結びつけられる。

　評価のルーブリックに従って、手紙は成績付けされる。それは、形式・適切なあいさつ・段落構成（書き手を紹介する、論点を紹介する、詳細な主張を説明する、行動のために呼びかける）、最低でも２つの重要なポイントを明らかにするための証拠、反対意見を含んでいること、問題の解決と行動を呼びかけること、である。私たちの研究チームは、生徒の手紙への返事となるものを提供することがある。

---

### 評価期間 2——説得力のあるスピーチ

　〈紛争と解決〉の単元の評価期間中、生徒は説得力のあるスピーチの例を勉強して、いろいろなスピーチ例の良さを検討する。彼らは最終的には、評価期間の主要な大きな問いの1つ（例えば「戦争は理にかなったものか」）に関係するスピーチを書くこと／実際にすることが課題として求められる。

### 評価期間 4——5つの段落のエッセイ

　第4の評価期間の後、生徒たちはこの期間の指導と探究の根底にある問い、「すべてのアメリカ人は平等なのか」を再度考える。生徒は、以前の説得力のある文章で使用したスキルを再確認し、エッセイの主張の伏線となるテーマを述べた導入の段落を作成する。エッセイでは、導入の後の3段落をそれぞれ、トピックセンテンス、それを支える証拠、まとめの文で構成しなければならない。3つの段落は、エッセイの主張を支えるために組み立てられるべきである。エッセイは、論文を再確認し、各段落の主要なアイデアを要約した結論段落で締めくくる必要がある。エッセイには、効果的に説得する結びの文が必要である。

　新しいナショナル・スタンダードは、説得力を持って書くことを社会科や歴史科で書くことにおける目標の中核に位置づけている。

　秋学期に、〈経済〉のテーマの中で、生徒は経済やその他の問題について説得力ある手紙をブッシュ大統領（当時）に向けて作成した。Box4.8に示したラリットの手紙は、彼が主張を作るための証拠の使い方についていかに学んでいるかを示している。

---

### Box4.8　説得力あるラリットの手紙

2007年10月2日

親愛なる大統領閣下

私はあなたにお手紙をしたためようと思います。なぜなら、この国の経済的課題や問題が日に日に悪化しているように強く感じているからです。私が非常に重要で、考えるに値すると確信するいくつかの問題には、退職後の貯蓄と社会保障、エネルギー、そして公債があります。私たちがすぐにこれらの問題に取り組まなければ、それらの問題は手に負えなくなってしまい、私たちはそれらを改善できなくなるでしょうし、あるいは、何もできなくなるでしょう。

　私は、アメリカ人が、自身で退職する時の十分なお金に関して計画を立てないでいたり、蓄えたりしていないと思っています。これらの人々は、自身の将来を社会保障に依存しており、社会保障制度を財政的に困難な状況に追い込んでいるのだと思います。この問題にありがちな結果は、強力な既得権益からの政治的圧力によって、将来の改善に対するあらゆる機会が十中八九、奪い去られてしまうことです。本当の意味での制度改革は、少なくともあと5年か10年、あるいはそれ以上先になる可能性が高く、可能な結果は増税や給付額の引き下げなど、より非日常的な手段に限られるでしょう。

　退職後の貯蓄や社会保障に関する問題に加えて、対処の必要がある他の問題には、エネルギー問題があります。コンピュータや電子技術の利用が増えることは、繁栄とエネルギー利用の爆発的増加をもたらし、事態を悪化させてしまいます。同時に、エネルギー使用量と比較して、効率はあるべき姿にはほど遠い状況です。石油のような再生不可能な資源であっても、エネルギー供給が完全になくなることはないかもしれません。しかし、コストは上昇し、時間の経過とともに割高になっていくと考えられます。

　公債もまた、早急に考え、解決すべき問題の1つです。連邦政府が支出を抑制できないことから、アメリカは現在、巨額の負債を抱えています。政府は、多くの費用をかけて、利益を集中させ、コストを拡散させてきました。すなわち、恩恵を受ける人々はより良い暮らしをしている一方で、コストを多くの納税者に分散しているということです。

　これらの問題はとても重大で、もし、すぐにそれらを十分に改善し、

対処しなければ、将来に重大なダメージを引き起こすかもしれません。あなたには、特に注意してこれらの問題を検討してほしいと思っています。そして、可能な限り早くそれらの問題を解決してほしいのです。意見を読んで下さりありがとうございます。

敬具

ラリット・パリクー（Lalit Parikh）

　サリアとエミリーはそれぞれ、アメリカが独立宣言と権利章典で示された誓約に従っているかどうかについて自分なりの見解を提示するために、歴史的証拠を活用した（Box4.9を参照）。

---

**Box4.9　サリアとエミリーの説得力ある手紙**

サリア

　私は、次のような理由から、合衆国は独立宣言で明示された誓約や、権利章典で与えられた自由を実現できていないと考えています。日系人強制収容の法案を通過させたことは、独立宣言序文の文言に明確に反したことだといえます。序文には、「私たちは、以下の真理を自明なものとする。すなわち、すべて人民は平等に創られていること。彼らは、その創造者によって、譲るべからざる権利を神に与えられていること。それらの権利の中には、生命、自由、および幸福の追求が数えられること」とあり、それは、人々がいかに平等であるのか、隣人や友人などと同じ権利を有しているかということについて説明しています。

　しかし、無実の日系人を不潔で恐ろしい収容所に収容することを決めた際には、合衆国の人々は無実の日系人から、生存権、自由権そして幸福追求権を奪っているということについて一瞬たりとも考えなかったのです。日系人は収容されている時、ひどい待遇を受けました。例えば、彼らが収容所に持ち込めるものは1つだけでしたし、食事をしたり、排せつしたり、洗濯することなどすべてのことで、整列しなければなりませんでした。さらには、結局日系人強制収容が終了した後でさえ、彼ら

は家に帰ることを許されませんでした。したがって、合衆国は日系人強制収容の間、独立宣言に示された誓約に従っていなかったのです。

エミリー

　アメリカは、独立宣言で示される多くの誓約を作ってきました。この国は、権利章典に基づき自由を認めてきました。近年、アメリカは成長し、私たち自身の失敗から学んだりしました。第二次世界大戦中、すなわち真珠湾を攻撃された瞬間から、私たちは、合衆国に住むすべての日本人もまた攻撃に加わると思い込んでしまいました。私たちはすぐに日本人を強制収容所に収容しました。彼らは生き地獄を味わい、生命を保障されることすら難しかったのです。それから約 40 年が経って、レーガン大統領は公に謝罪しました。私は、彼が状況をしっかりと見て、そのことが間違いであったと、今日になって理解したのだと確信しています。9.11 の事件後、ブッシュ大統領は声明を発表しました。その声明には、彼がムスリムの人々を尊敬しており、アルカイダに加わるテロリストこそが、私たちの敵であると述べられています。彼は合衆国のムスリムの人々を 1 人残らず強制収容所に連行するようなことはしませんでした。このような過去の経験を振り返ると、アメリカは多くのことを学んできて、これらの人々に権利と自由を与えているといえます。

　これらの主張からは、歴史的な出来事を市民的問いに照らして考察する力があることが分かる。また、生徒が論争的な話題について、証拠を吟味し、立場を表明していることも表している。生徒たちは、事実的問いに対して暗記した回答をするというよりも、事実的知識を活用してオープンエンドの問いに答えている。その際に、生徒たちは歴史的な内容をダイナミックに活用し、特定の出来事の意味を自分なりに解釈しているのである。こうすることで、生徒は、アメリカがどのように基本的な理念を守っているのかに関する現在進行中の市民的議論に参加し、市民的な対話に対しての能動的な参加者になるのである。

# 本質的な問いに取り組むための
# 書くことと表現すること

　コースにおいて生徒が本質的な問いに深く取り組むために、また歴史の学習をそれらの問いに埋め込まれた大きな市民的テーマとつなげるために、書くことは効果的な手段である。

## エッセイ執筆を促す本質的な問い

　テニー先生が行った方法は、単元テストに向けて、エッセイの執筆を促すような本質的な問いを設定することであった。

　　　単元末テストでは、テストの一部として、本質的な問いについての設問を出しました。この問いは、日誌の課題としても授業での話題としても課したものです。4つまたは5つの質問のうち2つを短答形式のように1段落で答えさせるようにしました。みんな、とても良い成果をおさめました。

　テニー先生は、テーマ内で起こった異なる個別の出来事や単元を通して1つの質問をした。例えば、以下に示すものである。

　　　毎回のテストで、私たちは彼らに同じ問いを投げかけています。しかし、答える際は、学習している単元に関連させて答えなければなりません。戦争は正しいか？　であれば、第一次世界大戦は正しいか？　第二次世界大戦は正しいか？　冷戦は正しいか？　中東戦争は正しいか？　ダルフールのような、必ずしも私たちが戦争に行かなかった場所での虐殺を伴う戦争は正しいか？　このように、異なる時代に関して、何度も繰り返し本質的な問いを投げかけました。生徒たちはテイク・ア・スタンドをし、うまくいった場合は、戦争は正しいか？という問いにつなげるようなことができます。生徒が経験した、経験しなかった、すべての異なる時代を知ることで、アメリカは行動を起こす

べきか、起こすべきでないのかを選択するのです。

　すべての単元テストにおいて私は、生徒たちに同じ本質的な問いを与えました。すべてのテストにおいて、です。しかし問いに答えるためには、問いとトピックを関連づけなければなりません。例えば、公民権を扱うなら、公民権に対しても女性の権利に対しても同じ本質的な問いが投げかけられます。しかし、答える際には、公民権という観点や女性の権利という観点を意識して答えなければなりません。そのため、何回も、何回も、何回も問いを見て、異なる項目の観点からこれについて書いていきます。そのため、本質的な問いに対して、自分自身の意見を作ることに役立つと私は思います。なぜなら、これは同じ本質的な問いでありながら、トピックに依るものでもあり、彼らの答えは変化するかもしれないからです。またテーマを通して、「ああ、少し待って、私はこれを本当に信じているわけではないんだ」と彼らは気づくかもしれません。私が本質的な問いについてもともと考えていたことは、この例も１つの方法だし、あの例も１つの方法なんだということです。そして、願わくは、そのテーマの終わりには、本質的な問いについて明確に理解できるようになっていてほしいと思っています。それが、私が繰り返して書いてもらった目的でした。

　生徒たちはこのことを覚えていた。ジャネットは次のように振り返った。「本質的な問いが最初に頭に浮かびます。多くの、いや、すべてのテストで私たちは２つのことをしなければなりませんでした。どの単元でも同じ問いが出されました。しかし、私たちは常に背後にあるものとその問いを関連させなければなりません」。ラリットは次のように振り返った。「私たちはテストを受けたすべての時間で、オープンエンドな問いに答えなければなりません。それが何という問いだったかは忘れましたが、５つありました」。「本質的？」「そうだ、本質的な問い。そして、それらの問いは基本的に同じものでした」。

## 社会運動に関する生徒の調査と発表の一部としての本質的な問い

　オールウッド高校では、生徒は各自で社会的な抗議運動についてのプロジェクトに取り組んでおり、彼らは興味のある社会的な抗議運動を選択し調査を行う。生徒はそれぞれ、その問題の描写、KWL表、ならびに取り扱った運動に対するテーマにおける本質的な問いへの答えを含んだ付属的な視覚資料を盛りこんだプレゼンテーションを作成した。生徒は自ら選択した社会・政治運動を調査する際に、次の問いについて検討した。

　　　・すべてのアメリカ人は平等か？
　　　・どのようにアメリカ人は社会を変えるのか？／変えることができるのか？
　　　・社会を形成する、個人とは異なる力は何か？
　　　・変化を起こす力を持つのは誰か？　あなたは？
　　　・法律を破ってもいいことがあるのか？　いつ？

　トピックは、同性愛者の権利運動、ラテン系アメリカ人の権利運動、妊娠中絶反対の運動、妊娠中絶賛成の運動、障害者の権利、さらに多くのものを含む。ジェニンは彼女のプロジェクトについて次のように説明した。

　　　　私は同性愛者の権利運動、特に同性愛者の結婚の権利に取り組んでいました。私はそのことに賛成なので、調査をしました。私は多くの背景と、同性愛者の結婚を認めている州とそうでない州を調査しました……また私がプログラムに役立つものを探している時、同性愛者の友だちを見つけました。私はこのテーマに関する彼のあらゆる見方を知ることができました。

　また、各自の政治的・個人的な視点をプロジェクトに持ち込んだことが、生徒たちの印象に残っているようであった。キャサリンは次のように説明する。

本当に、私はこのプロジェクトが好きでした。自分たちでしたかったことを選択できたから。私たちが生活の中の問題と実感できるもので、重要なものってことですね。それで、私はほとんどの部分で妊娠中絶に反対なので、妊娠中絶反対をテーマにして取り組みました。私が言いたいのは、本当にそれをすることができないのか、と思った状況があったということです。でも、このプロジェクトを通して、私は今までに考えた以上のことを学べたって感じですね。私は子どもが大好きで、あちこちでベビーシッターをしています。いつも子どもたちの子守りをしていますが、知らないこともあります。誰かが妊娠中絶をした時赤ん坊はバラバラになってしまうことを、私は理解していませんでした。私はインターネットを使って、真剣にこの調査のすべてを行いました。すると、自由に読むことができるクリップがあり、それはビデオで終わっていました。今、ここに座りあなたに話しているのは、そのビデオを見て泣いた私なんです。こうした恐ろしいことは私にはできないでしょう。人々が妊娠中絶に反対するために立ち上がろうとしていますが、私たち皆のトピックとして人々が考えようとしないために、打ちのめされているのです。多くの人々は反応したり選択をしたりする前に考えるということを、手遅れになるまでしません。

　クリスティは、自分が選択したトピックを、どのようにして意味あるプロジェクトにしたのか、またこれが学校ではどれくらい珍しいことなのかを語った。彼女に今まで学校で似たようなプロジェクトを行ったことがあるかどうか尋ねた時、次のように答えた。

　まったくこのようなことはないです。多くのものはただ割り当てられたものであり、それは「また、やらなきゃならない別のプロジェクトをもらった」ような感じです。だから、私が本当にこれを好きな理由は、私たちが個人的に付け加えができるものを選択できたためです。

　生徒たちは、プレゼンテーションをすることや多様なトピック性につい

て他の人から学習することを通して、お互いに影響を与え合ったり教え合ったりすることを楽しんだ。ケイトは、「とても良いと思いました。不思議なくらいにすべての問題に誰もが関連するし、みんながすべてのことを調査しなければならなかったから」と説明した。ディベートと同じように、このプロジェクトの公開されるという性質は、準備の重要性を浮き彫りにした。ケイトは「私は良いプロジェクトだと思います。また、プレゼンテーションのために準備と覚悟ができていれば、問題が起こることはありませんでした」と振り返った。

　社会的な抗議活動に関する生徒たちのプレゼンテーションは、彼らが1年のコースを通して形成してきた本質的な問いと関連する歴史的トピックに関する思考を進歩させたことを示していた。テニー先生は以下のように述べている。

　　　印象的だったのは、あの生徒たちが最後に行った社会的な抗議運動についてのプレゼンテーションですね。年度の初めには教室の前に立つことにすらまったく慣れてなかったあの子たちが、皆の前で抗議運動について話し、質問を受け付け、自分の意見を自発的に言って、本質的な問いと関連させたのです。こんなことってなかったんです。（年度初めの）9月や10月だったら決して起こらなかったでしょうね。

　生徒たちはトピックに関連させて仲間たちと考慮することができるようになり、本質的な問いが伴う作業に慣れ、楽しみを感じるほどに成長していた。テニー先生が関わったある生徒は、1980年代のブライアン・ホワイト（Brian White）とエイズ擁護、というトピックに関連して、単元の本質的な問いについて検討するように、仲間を導いた。テニー先生は以下のように説明している。

　　　彼女はひとつづきのミニ講義を計画し、実行しました。彼女は「社会的抗議は民主主義にとって重要か？」という本質的な問いを尋ねたがっていたのです。彼女は、最初に問いを投げかけて、みんなに書か

せて、説明し、その後ブライアン・ホワイトの話に関する問いかけをしました。年度初めの頃のエイミーは、話すことが必要とされるような場には、どんなものでも参加したがらなかった女の子でした。彼女はそういうのが好きじゃなかったし、授業中に名前を呼ばれたり、発言したり、そんなようなことをするのでさえ好きではなかったから……。でも、その年度の終わりの頃には、導入から終結まで、彼女が作った授業計画を見ても分かる通りに、生徒たちは進歩したと思います。例を出すなら……彼女は様々な問いに答え、生徒たちは興味を持って取り組み、そして終わった。彼女が問いに答えた時、生徒はみんなできていました。そして、最後にそれについて振り返ることもしました。

この章で紹介された他の表現活動と同様に、社会的な抗議運動に関するプロジェクトは、調査すること、分析すること、書くこと、そして表現することという本質的な市民的スキルを構築しつつ、生徒にとって個人的関心と、歴史の学習、そして重要な市民問題の架け橋となっていたのである。

# 結　論

他のスキルと同様に、書くことも表現することも実践を伴う。テニー先生は次のように述べている。

この年度の初め、生徒たちは書く中で、証拠を用いることができませんでした。また、議論の中でも証拠を用いることができませんでした。だから彼らが何かを言う時、私はいつも「ええ、どうして？　どうしてあなたはそう考えたの？」と言わなければなりませんでした。ジャネットはある時、私に向かってこう言いました。「先生はとても意地悪よ……意地悪と言いたいわけじゃないけど、でも先生はその答えを教えてくれない。先生はいつも'なぜ、なぜ'と尋ねるけど……誰もそんな風にしない、先生はいつも質問を私たちに投げ返してく

る」。これが、彼女の言う「意地悪」という意味です。彼女の言う通りで、その年度の初めは、年度の終わりよりもかなり多い頻度でこうしたことを行いました。なぜなら、みんなが自分の主張を確認しなかったし、書くことでも同じ感じだったからです。私は、書くことや議論の練習をして、その2つのことが同時に行われることで、何か意見を言うためだったり、みんなに賛同されなかったり、みんなに賛同してもらうためには事実の裏付けが必要だ、ということが理解できると考えたんです。あなたの意見は、何かしらのものに基づく必要があるよ、ただ適当に言いたいことを言うだけではダメだよ、と。このことは、1年を通して彼らの文章に見られるようになったと思います。

　生徒たちは、継続的に機会を与えられれば、時間をかけて証拠や説得のスキルを身につけていく。さらに、その過程が、生徒たちに時間を与えて、歴史的な内容を自分の生活や市民の問題に結びつけるための支援となる。手段と同時に方法でもある、書くことや表現する活動は、意欲的で有能な市民を育てるための強力なツールになりうるのである。

## 第5章

# 「週末の時事問題」を超えて

## カリキュラム全体で過去と現在を結びつける

昨年から今年にかけて、私たちはアメリカの変化や現代の問題に注目して、私は多くのことを学びました。　　（エリック、オークノル高校）

　　私たちは過去の戦争を今日の戦争に応用してきました……ベトナム戦争、第二次世界大戦、第一次世界大戦などを今日に応用するように考えてきたのです。　　（ラジ、オールウッド高校）

　　私たちのクラスは、近頃ですが、現在起こっていること、これから起こりそうなこと、すでに起こったことを扱っています。他のクラスでは、今とは関係のない1万3000年前に起こったことについて話をしています。　　（ベニー、サリー高校）


　2003年の『学校の市民的使命（The Civic Mission of Schools）』報告書[1]では、市民的教育の6つの有望なアプローチの1つとして、「時事問題（current events）についての教室の議論」について説明している（Carnegie Corporation and CIRCLE, 2003）。先行研究に関する調査によれば、そうした実践は生徒の市民的・政治的知識やスキル、市民的態度、政治的参加に直接的な効果がある（Carnegie Corporation and CIRCLE, 2003, p.22）。公共の問題に興味を持っていると認識している若者が以前から減少している状況において——2000年において18歳から25歳の若者のわずか5%だけが定期的に公共の問題を把握していたと報告されている（Carnegie Corporation and CIRCLE, 2003, p.22）——、時事問題を活用した実践について真剣に捉えることは有効であろう。
　時事問題に注意を向けることは、社会科の当然の中心的な使命であり、よくある提案のように思うかもしれない。全米社会科協議会（National Council for the Social Studies）のスタンダードによれば、「社会科の本質とは市民的問題に関する知識やそれに関与することを促進することである」（NCSS, 2009）。しかし、実際のところ、時事問題は社会科の教室で見落とされやすい。あるいは、つながりのない表面的な方法によって扱われるこ

とが多い。時事問題という用語がまさに、「現在（current）」が個別の「出来事（events）」として学習されやすいということを意味している。その学習は、他の出来事や歴史的・社会的な学習とは切り離され独立した学習として行われる。例えば、「週末の時事問題」として、生徒が集めたニュースの話題を要約してクラスで報告するように時事問題を教える典型的なアプローチの多くは、実際のところ、現代の関心とカリキュラムの他の部分との分離を強調してしまう。

　これに対し、本プロジェクトは、現代の世界的な問題（issue）を学ぶためのより統合されたアプローチを創造しようとした。「市民的教育は、生徒が市民生活における重要な問題と論争点を考え議論するための機会を提供するべき」ということを研究の方針とし、恒久的で関連性のある市民のテーマと問いを磨くという視点で私たちのテーマと問いが選ばれた。本質的な問いとテーマで組織されたカリキュラムは、合衆国史のコースに時事問題を統合することを容易にした。このことは本章の後半で論じる。

　本章では、まず、市民的な学習のストラテジーと成果の両方の観点から、時事問題に注目する意義について説明する。次に、なぜ社会科教師が教室で時事問題を扱わないのかという理由や、生徒が時事問題の教育にアクセスする上での不平等さや、授業で用いられることが多いが効果が高くない時事問題学習の方法について考察し、より有効なアプローチを検討する。3つの研究校を事例に、このプロジェクトが社会科における時事問題に関する伝統的なアプローチをどのように再構成するのかを説明し、その成功と挑戦を強調する。現在の「出来事」がテーマと本質的な問いに結びつけられることで、文脈から切り離された好奇心に関連づけられるようなものではなく、現在進行中の市民の問題を深く熟考するものへ、より豊かで意義の大きい学習を行うために歴史と現代の生活を結びつけるものへと生まれ変わらせることができる。

# なぜ、市民的学習のために
# 時事問題を取り上げるのか？

　時事問題について学習すること、時事問題とともに学習することが、市民的学習にとって重要である理由はいくつかある。『学校の市民的使命』報告書は、市民的教育の実践をレビューする中で、「若者が教室という場で時事問題を議論する機会を持つことは、政治への興味を高め、批判的思考やコミュニケーションスキルを向上させ、市民としての知識を増やし、学校外の公共の問題を議論することへの関心を高めることに大きく貢献している」と結論づけている（Carnegie Corporation and CIRCLE, 2003, p.6）。さらに公平さ（equity）という原則も欠かせない。質の高い時事問題の教育を経験する機会は、生徒の家庭における収入の高低によって質的にも量的にも違いが生じていることが、複数の研究から明らかになっているからである（Kahne & Middaugh, 2008; Soule, 2006）。

## 市民的参画を育成すること

　ニュースに関心のある人々は市民的参画を行うことが多い。市民の学習と参画に関する情報と研究センター（The Center for Information and Research on Civic Learning and Engagement（CIRCLE））[2] による 2006 年の「国家の市民的・政治的健康（2006 Civic and Political Health of the Nation）」[3] の報告では、「ニュースに関心を持ち続けることと市民的参画することの強力な関係」と呼ばれているものが説明されている。報告書では、多様な形式のニュースメディアを定期的に利用している生徒は、19 種類の市民としての参画に関係している可能性が高いというデータが引用されている（CIRCLE, 2006, p.5）。また、学校の教室で時事問題について生徒が学習することと、学校外で時事問題へ関心を持つことの間にはつながりが見られる（Chapman, 1997; Education World, 2010）。5 万 5838 世帯について行われた「1996 年の全米家庭教育調査（National Household Educational Survey）」[4] の報告で、国立教育統計センター（The National Center for Education Statistics）[5] は次のように説明している。

ここ2年の間に少なくとも1つの（国家の問題を取り入れた）コース
を履修した生徒のうち65%は、結果として彼らの政治や国家の争点
への興味が「少し」あるいは「大きく」、増大したと報告している
……。国家の問題を取り入れたコースを2年とも履修した生徒はより
高い割合で、彼らの興味が増大したと述べている。29%の生徒は現在
の年度と前年度の両方でコースを履修し、これらの生徒の71%が結
果として国家の争点について興味が増大したと報告している。

（Chapman, 1997, p.3）

　教室で時事問題が議論されると、生徒は教室の外でも興味を持ち続ける
可能性が高くなり、さらに、市民として参画することや現代の出来事への
意識を高いレベルに導くことができる。

## 批判的思考とその他のスキルを高めること

　時事問題の学習は、生徒の読み・書き・聞く・表現するスキルだけでな
く、批判的思考の能力を発達させる優れた手段を教師に提供する。ペスカ
トーレ（Pescatore）は次のように説明している。

　社会科において、生徒が調査したり問いを立てたりすることや、多
様な観点やバイアスに気づくことを求められる複雑な争点を提示され
ることは、あったとしても稀である。……もし教科書がそうしたこと
を伝えることにしばしば失敗しているのであれば、時事問題の活動は
その隙間を埋めることができる。

（Pescatore, 2007, p.336）

　オープンエンドで、多面的で、新しく起こっているものと定義される時
事問題は、教師に生徒の高次の思考スキルを養うために役立つ素材を提供
する。生徒は、答えがない複雑な争点を熟考することに直接的に関わるこ
とで、「言葉や語彙、読解力、批判的思考、問題解決力、口頭での表現、
聞くスキルを形成する」（Education World, 2010）。つまり、時事問題に取
り組むことは、生徒の読む力、調査する力、表現する力、聞く力を引き出

し発達させることになる（Pescatore, 2007, p.336）。

## 生徒が成人市民として生活するための準備を行うこと

　時事問題の学習は、国家の教育言説の中で謳われている「21 世紀型能力」[6] を形成することができる。トーニー＝プルタ（Torney-Purta）とウィルケンフェルド（Wilkenfeld）は、「市民的教育は、特にそれがインタラクティブで時事問題の議論が含まれた場合、アメリカの子どもが 21 世紀の労働で成功するために必要なスキルを発達させるための重要な方法である」（2009, p.7）と述べている。生徒が成人生活の準備をすることは、K-12[7] 教育の明確な目的であり、国内や国際的な時事問題に注意を向けることは「成人生活のための準備の 1 つの指標となる」（p.20）。

　生徒が時事問題を調査する能力を持ち自立して思考する市民になるように準備することは、テニー先生の中心的な目標であった。テニー先生は、プロジェクトの初期から次のように述べていた。

> 　私は、アメリカが何をすべきか、自分たちが何をすべきかについて自分自身で考えてほしいのです……生徒たちは背景や内容を必要としているでしょうが、それに加えて、時事問題についても自分たちがどのように感じているかを明確に述べるべきだと私は考えています……それが本当に重要なことだと思います。なぜなら大人になっても、多くの人が自分で考えません。政治あるいは時事問題など、国内で様々な論争が生じた時に、その背景を知らず、それについて自分自身で考える方法を知らないからです。だから、人々が持つことができるすべての内容や集めることができるすべての情報を理解し、そしてそれから信頼できる情報源に基づいて彼ら自身の意見を生み出し行動を起こすことが重要なスキルなのだと私は考えています。

　トーニー＝プルタとウィルケンフェルドによれば、若い人々が時事問題に関わることは、社会の問題に関する効力感や自信を養うものである。彼女たちは、そのような感覚を「教室の外の仲間と建設的な議論に関わるこ

とができるという素晴らしい感覚」（2009, p.23）と述べている。

## 興味を高め、ギャップを埋めること

　時事問題は、「なぜ私たちはこれを勉強するのか」という古くからある問いに答えることを助ける。フェルドマン（Feldman, S）は、「歴史が『過ぎ去ったこと』ではないということ、そしておそらく最も重要なことであるが、生産的な市民として自分たちが受けてきた教育を『実生活』でどのように役立てることができるかということなど、学習のレリバンスや重要性を理解する助けになるものとして、時事問題を使用することができる」（2004, p.6）と指摘している。テニー先生は次のように整理している。

　　　プロジェクトの目的と私の個人的な目的は、社会科を生徒の生活に関連づけることです。それはこのカリキュラムを行う前から常に私の主な目的でもありました。このカリキュラムを導入したことで、生徒がそのような関連があることや自分たちが生きている世界について理解することを楽しんでいます。そのため社会科や歴史が重要だと生徒が感じるようになっていると思います。なぜならこのプロジェクト以前には、「こんなこと学びたくない。とても退屈だ」といったことをいつも言われていたからです。でも今は、関連性やどのようにつながっているかが分かり、……世界で何が起きているかを本当に理解し、より能動的になっているように思います。

　時事問題は、生徒にとって興味のあるものであり、しばしば注目を集めるものである（Sumrall & Schillinger, 2004）。また、教室と生活の間の関連性を理解する手助けにもなる。
　時事問題の学習は、過去と現在の間のギャップや生徒の生活と教室の外の世界との間のギャップを埋めるのを助ける。リントナー（Lintner）は次のように指摘している。

　　　社会科の教師は、過去と現在、近いものと遠いもの、よく知ってい

るものと難解なものなどを関連させる方法を絶えず模索している。そうした関連を作り出すための最も有効な方法の1つは、社会科の授業に時事問題を統合することである。……社会科の教室における時事問題の即時性とレリバンスは非常に重要である。なぜなら、教室と外の世界の間のギャップを埋め、生徒に日常生活で使うことのできる情報を提供することができるからである。 (2006, p.101)

　時事問題は、絶え間なく変わる複雑で即時的なものである。その学習は、生徒の生活と市民としての永続的なテーマや問いとのレリバンスを促進し、社会科カリキュラムを生き生きとさせ、深める可能性を持っている。

## 不平等に立ち向かうこと

　最近の研究は、低収入の家庭の生徒や大学進学を希望しない生徒は、社会科の教室で時事問題の議論を経験する機会が少ない傾向にあることを示している。カリフォルニア州の12年生についての最近の研究では、大学進学を希望しない生徒が「社会の問題あるいは時事問題について議論する」可能性は、大学進学を希望する生徒の30%ほどであった（Soule, 2006）。オレゴン州で実施された類似の研究でも同様の結果が示され、「不利な条件に置かれた子どもは、市民として必要な知識やスキルを得る公的な教育の機会を受けていない」（Oregon Civics Survey, 2006）と結論づけている（Soule, 2006）。

　『全米市民教育連合（The National Alliance for Civic Education）』[8) の中には次のような指摘がある。

　　市民としての知識は平等に分配されていない。政治的スキルと情報を得る力を必要とする大部分の人々は、効果的な市民的教育を受ける可能性が最も低い。例えば、アメリカ人の最も貧しい人々の3人に2人は、財政支出に関する政党の態度を説明することができない。一方で、裕福なアメリカ人の大部分は民主党が共和党とどのように異なるかを正確に知っている。この情報の格差は、裕福な人々と貧しい人々

との間の投票への参加の違いを説明する手助けになる。なぜなら争点についての情報が欠けていれば投票することが意味のないものになるからである。

　すべての生徒が、社会科の教室で現代の問題について議論する機会を持つことは非常に重要である。この領域における不公平は、低所得の子どもや有色人種の子どもの中での市民の知識やエンパワーメントを低い水準に留めてしまい、市民としての機会のギャップを助長する（Kahne & Middaugh, 2008）。

# うまくやることは想定よりも難しい

　市民的教育にとって時事問題が有用であるということが明らかになっても、実際に社会科の教室に現実の世界の出来事を持ち込むことは難しい。時事問題の教授に関する研究を検討しても、新しいニュースを取り上げる単発で投げ込み的なアプローチが多いことが分かる。そうしたアプローチは、現代の出来事をエピソード的に扱うだけで、出来事と歴史的影響を踏まえるより大きな市民的なテーマとの間のレリバンスを作り出すことは難しい。この節ではこうしたアプローチの欠点とその理由について説明する。

## カリキュラムの他の部分と時事問題に隔たりがあること

　時事問題の教授は、カリキュラムの他の部分とは分断され、コースの内容から切り離され、別の日あるいは臨時の宿題に追いやられる。ターナー（Turner）は次のように指摘している。

　　教師が時折行うことは、時事問題をカリキュラムの他の箇所と分離することである。つまり、生徒が受け入れやすいような時事問題を受け入れやすい方法で学ばせるという限定的な目的に特化し、単一のニュースソースという固定された手段に時事問題を矮小化してしまって、ニュースの全体的な学習を困難なものへと変えてしまう。また、

教師たちは、計画できないもの、重要でないもの、教えようのないも
　　のとして、完全に時事問題を避けている場合もある。

（Turner, 1995, p.118）

　授業計画の文献は、次のような流れで時事問題を教える例であふれてい
る。生徒が自ら選んだニュース記事の報告、1つのニュースソースあるい
は記事の学習、分析や文脈をほとんど踏まえない出来事の要約や報告
（Hass & Laughlin, 2002; Turner, 1995）。そのようなアプローチは、大きな
テーマの文脈の中で調査できる進行中の出来事ではなく、孤立した一回限
りの出来事として時事問題を扱うように促してしまう。

## 矮小化するアプローチ

　インターネットを見れば、時事問題を用いた社会科授業を説明する記事
は多くある。典型的な例は、教育の世界（Education World）（2010）の「時
事問題を教えるための25の素晴らしいアイデア」である。25の授業には、
「ニュースを保存すること」（「1クォートの水で1錠のマグネシア乳の錠剤を
溶かし、一晩そのままにしておく。それをあなたが保存したいニュースの切り
抜きが入る十分な大きさの平らな焼き型に注ぐ。切り抜きがその液体に完全に
漬かるように入れる……」）や、「AからZの形容詞」（「紙の上にAからZまで
の文字を書く。それぞれのアルファベットで始まる形容詞をその日の新聞の一
面（高学年であれば新聞の全面）から探させる。新聞からその形容詞を切り抜
き、リストの上に貼り付けさせる」）といった提案が含まれている。

　こうした授業は、本章でこれまでに説明してきた時事問題教育の目標を
改善するには、役に立たない。ニュースを矮小化することは、時事問題教
育にとって常に生じる心配である。ハース（Haas）とラフリン（Laughlin）
は、1955年のハント（Hunt）とメトカーフ（Metcalf）の指摘を取り上げ、
次のように述べている。

　　（ハントとメトカーフは）時事問題［教育］の動きを、カリキュラム
　　に新しい内容を導入する力を与えるものとして説明したが、カリキュ

ラムに時事問題を結びつけるために必要となる難しい分析や解釈よりも、取るに足らないことに焦点を当てたりニュースを報告したりすることを強調する傾向があるかもしれないことを警告していた。

(Haas & Laughlin, 2000, p.2)

　もちろんこのような時事問題の教育ばかりではない（「ラーニングネットワーク：ニューヨークタイムスを用いた教授と学習」（The Leaning Network: Teaching and Learning with the New York Times）[9] には、本質的な問いと歴史的なテーマを結びつけた質の高い時事問題の授業例が掲載されている）。しかし、社会科カリキュラムにおける不可欠なものとしてではなく、時間を埋めるものとしてニュースを使用するといった生徒の興味を刺激する一回限りの授業を促進するような提案が優勢であり、こうした例外は隠れてしまっている。

## 十分な時間がなく、議論の余地があること

　良い授業提案が不足しているということ以外にも、様々な理由で教師は時事問題に継続的かつ批判的な注意を払うことを避けているようである。近年、国家や州の規定によって、全体として社会科授業に割く時間が少なくなっている（Mitsakos & Ackerman, 2009）。加えて、時事問題には議論の余地がある。近年の様々な状況において、教室で時事問題を用いることは、疑問視され、制限されてしまうことがある（Sharp, 2009）。また、解決しておらず、議論を呼ぶような時事問題を取り上げ、それについて生徒と共に深く調べようとすると、教師が強い批判に直面することもある（例えばGarrison, 2006）。例えば、（本書執筆時）現在進行中のイラク戦争もその1つだろう。イラク戦争は、直接関連しているにもかかわらず、多くの社会科の教師がひたすら避けるトピックだと思われる（Davis, 2005; Flinders, 2006）。

## 伝統的なカリキュラムの制約

　おそらく、しかし最も切実な困難は、教科書が求める年代順に教えると

いうカリキュラムの制限の中で出来事を展開することである。時事問題を
しっかりと位置づけられるような本質的な市民の問いとテーマがなければ、
典型的なものとなっている脱文脈化されたエピソード的なアプローチ以外
の方法で時事問題を扱うことは難しい。教科書主導の合衆国史の学習アプ
ローチは、多くの学校での評価にも及んでおり、主に国家の軍事や政治の
歴史に関連した事実を集めた編集物へと合衆国史を縮小させてしまってい
る。テニー先生は、彼女の学区の最終試験がどのように指導を狭める可能
性があったかを述べ、このアプローチにどのように抵抗したかについて次
のように説明している。

　　　最終試験は、すべて軍事史と外交政策についてです。それと大統領
　　選挙。私たちはそれを扱いましたが、多くの時間を割くことはありま
　　せんでした。なぜなら私は、移民問題の背景にある議論を理解するこ
　　ととは逆に、1948年に立候補したのが誰であったかということを教
　　室で扱うべき重要なことだと思わなかったからです。少なくとも私に
　　とっては。しかし、私たちの学区はそう考えていません。

　本書で取り上げるアプローチは、カリキュラムの中で時事問題について
効果的に考察するようにデザインされている。それは、歴史学習を豊かに
するために時事問題を使用し、生徒の時事問題の理解を豊かにするために
歴史を使用するものである。
　この方法でアプローチすることで、現在の事象も歴史の流れの一部とな
る。現在と過去をより深く理解できることは、より大きな市民的課題に取
り組む際の前提として機能する。バッツ（Butts, R.F.）は次のように説明
している。

　　　もちろん、合衆国史のカリキュラムがあらゆる現代の争点や時事問
　　題の議論に当てられるべきだとは主張していない。そうではなく、憲
　　法の原理の基本的な歴史学習を通すことで、より有益にアプローチさ
　　れうる時事問題がたくさんあると述べているのである。第1条、第5

条、修正第14条の下で生徒と教師の権利と義務に直接影響を及ぼしているものなどは、特にその事例となるだろう。これらは政治や社会や文化の歴史と切り離して十分に理解することはできない。

（Butts, 1988）

　ここでは、歴史と社会科学を市民的意義のあるものへと統合するための媒介として時事問題がどのように使用されるかについて、説得力のある、うまく関連づけられたビジョンを示している。ただ、現在の社会科カリキュラムの制約の中で、この価値ある目標を達成する方法の具体的な提案を見つけることは難しい。

## 優れた実践の不足

　社会科カリキュラムに時事問題を有意義に統合するための方法を提案する先行文献はほとんどない。先述したように、『学校の市民的使命』報告書では、市民的教育にとって6つの有望なアプローチの1つとして「時事問題の議論」が挙げられている。この報告書は、時事問題を教えることは役に立ち、意義があると示しているが、時事問題を実際に扱いたいと願う社会科教師のための有益な手引きはほとんど提供していない。報告書は、教師が「教室に、特に子どもが自分たちの生活に重要だと見なしている、現在のローカルな、ナショナルな、インターナショナルな争点や出来事についての議論を取り入れ」、さらに「学校管理職」が「教室に複雑で論争的な時事問題の議論を促進するように教育者たちに許可し奨励すべきである」と提案している（Carnegie Corporation and CIRCLE, 2003, p.7）。この報告書の著者が教育を行う上での推奨事項として述べているのは、時事問題についての生徒の議論は「生徒が様々なパースペクティブから自由に話せるように注意深く調整されるべき」としているくらいである（Carnegie Corporation and CIRCLE, 2003, p.6）。このことは非常に重要なことではあるけれども、時事問題に関する新しいカリキュラムのアプローチを提案するというものではない。

　その他の著者も同様で、生徒に時事問題教育を経験させることを説明し

ているが、カリキュラムを計画するための実施可能な方法を提供していない。リブレスコ（Libresco）は次のように強調している。

> 時事問題教育について、*Weekly Reader*や*Time for Kids*の印刷物の裏に示されている課題に、金曜の 10 分間を充てることを主張しているわけではない。私が言いたいのは、世界の出来事について知り、それに対して判断したり行動したりすることが当たり前になるような教室文化を小学校の教師が作ることである。　　　（Libresco, 2002, p.69）

　フェルドマン（Feldman）は、「時事問題の学習は、出来事についての『展示と説明』ではなく、生徒がそれ以外では知ったり理解したりすることのない考え、場所、行動、文化これらを経験させる方法」だと述べ、これに賛成している（2004, p.6）。こうした示唆は、合衆国史の教師が教科書によるカリキュラムの制約の中で、現在とのレリバンスを作り出そうとする際に直面する実際の困難に対処するものではない。本書は全体を通して、市民的テーマの下で過去と現在とを統合できるように、合衆国史のカリキュラムを再構想する試みを提供している。以下の節では、プロジェクトチームが作成した時事問題へのアプローチを促進する新しいカリキュラムと教授・学習方法によって容易になった 3 つの方法を説明する。これらは、生徒の市民的スキルと関与を深めるための教育に関する提言と一致したものとなっている。

## 有意義な市民的学習のために時事問題を再構成する

　時事問題について検討することは、新しいカリキュラムに不可欠な要素であり、アプローチの基礎となるデザイン原理の中心でもあった。その際、扱いにくい付属のものや議論を招く回り道として関わるのではなく、現代世界の社会・経済・政治的な出来事の考察をデザイン原理に組み込み、新しいカリキュラムの目的に関する教師の信念の中心に置いたのである。テニー先生は、「私自身の個人的な目標は、生徒の生活により関連した社会

科を作ることです」と説明し、「最終的には、それを極めて現代的なものにします」とプロジェクトの目的を振り返っている[10]。

## プロジェクトのアプローチ

　市民的教育のデザイン原理として「市民生活における重要な争点や論争を考察し議論する機会を生徒に提供」し「市民生活での生徒自身の経験に基づく」としたことで、時事問題がプロジェクトのアプローチの基盤となった。とりわけ、本質的な問いやテーマが意図的に選択されることによって、カリキュラムの重要な枠組みに時事問題が組み込まれるようになった。例えば、(〈人々の移動〉というテーマからの)「アメリカ人とは何を意味するのか？」といった問いは、19世紀末の移民と現代の移民法案の両方についての学習と議論を促進した。このフレームワークでは、不法入国に関する2010年のアリゾナ州法SB1070[11]について、複雑で議論の余地のあるテーマをはっきりさせるのではなく興奮させるだけの一回限りの関わりとしてではなく、現在進行中の移民の争点を考察するものとして扱うことができた。

　時事問題について、ブルックス先生は、最後のインタビューで「私たちはいつも時事問題を使った」とはっきりと述べた。テニー先生も同様であり、プロジェクトの1年間に時事問題を組み入れたのはいつかを尋ねられた際、「いつも」と答え、次のように続けた。

　　　毎日です…（中略）…テーマに沿って［統合を］行うことはまさに自然な形に思え、毎日時事問題を扱うことができた理由でした。もし通常のように年代史の順序に教えていたなら、「そうですね、毎週金曜日に時事問題を扱います」と言ったでしょう。でも、テーマに沿って教えていたので、毎日時事問題を扱うことになりました。例えば、移民についての話をしていたとします。100年前に起こっていたのと同じ問題が今起こっているので、テーマを100年後に引き寄せて、「100年前の人々の移民に対する賛否両論の視点は、今日と同じだ」と言えます。だから、それは時事問題なのです。そしてそこからさら

に進んで、議会が移民について何を計画しているか、移民の観点やすでに市民である人々の観点について話すことができます。私たちがそれについて話したわけではありませんが、毎日、たとえそれがどんなテーマであったとしても、私たちが行うテーマと関連するものが常にあり、カリキュラムに引き寄せて行うことができました。

　全体の一部として明確に位置づけられることで、歴史の内容も時事問題も双方が強化されることになった。時事問題自体は、3つの研究校のすべてでカリキュラムや教え方において不可欠な要素であったが、教える範囲や性質は学校ごとに多様であった。
　Box5.1 は、プロジェクトチームの時事問題の教育のための当初のアプローチを示したものである。これは夏のワークショップで作成された。
　3つの学校すべてで、年間を通して時事問題教育は行われた。この節では、どのように統合したのか、各学校の試みで一致した点に焦点を当てる。一致した点とは、時事問題を歴史に関連づけること、選挙政治や現代の政治の争点についての生徒の理解を高めること、基盤となる時事問題や市民的議論に関する生徒の視点を明らかにすることの3点である。Box5.1 の例は、そうしたアプローチを実施する上での展望と複雑さの両方を説明している。

---

**Box5.1　時事問題ストランドの目的**

ストランド5
世界を読む——問題提起型市民的学習アプローチにおける時事問題とメディアリテラシー

生徒の目標
　・新しい物語を分析することができる
　・自己、世界、カリキュラムを結びつける
　・情報を獲得することができる

---

・妥当性とパースペクティブという観点で情報源を区別することができる
・メディア表現のための自身の手段を理解する
・議論、分析、批評、調査に関するスキルを構築する
・市民生活における重要な争点や論争について考察し議論する

　授業を作るにあたって、各評価期間に少なくとも1回は、時事問題と関連した次の3つの活動を行うことにする。

1. カリキュラムに何かしらの時事問題やニュースを関連づける教師主導の活動。
2. 生徒は興味のある新しい出来事を選択し、自分の社会科日誌に書き込み、いくつかの形式（ペア、小グループ、クラス全体）で共有する。
3. クラスは、時事的なニュースの出来事を利用した選挙のような活動に参加する。その活動はカリキュラムに位置づける。

## 時事問題を歴史と関連づけること

　プロジェクトのアプローチの中心は、より大きな歴史的文脈の中に時事問題学習を埋め込むことだった。ブルックス先生の場合、第2章で説明したように、生徒が歴史的なパターンや因果関係を理解する際に、このアプローチがとりわけ意味を持つことを発見した。彼は、「どのように物事が変化し後退するのか、どのようなパターンで物事が変化し後退するのか」、「生徒がこのサイクルを理解するのがより容易になると思います」と説明している。このようにつながりを作ることで、生徒が歴史上の出来事と現代の出来事の両方に通じる市民的ジレンマに関わることができるようになる。ブルックス先生もまた、「1年中、時事問題を扱った」と説明しており、「私たちはイラク戦争から多くの役に立つものを得た」と振り返った。その際、インタビュワーはある授業について思い出した。その授業とは、24人のイラク人男性、女性、子どもたちがアメリカ海兵隊の一団に殺さ

れた 2005 年のイラクのハディッサの虐殺と、1968 年のベトナム戦争中の
アメリカ陸軍部隊によって非武装の市民数百人が殺されたベトナムのソン
ミ村の虐殺について生徒と議論し、生徒を「戦争中に許されることは何
か」という問いに巻き込んだ授業だった。

　〈紛争と解決〉のテーマについて学期末の振り返りを観察した際、テ
ニー先生の教育実習生が、2 月に、イランアメリカ大使館人質事件 [12] か
らイラン・コントラ事件 [13]、オリバー・ノース [14]、冷戦、サンディニス
タとコントラ [15] へと進めていた。

　2 月の授業ではより現代史の学習をするようになっただけでなく、生徒
はアメリカの紛争における大きな問いや繰り返されるパターン、例えば
[他国への] 介入に伴うジレンマや人道主義的な争点や国内政治などにつ
いても考察するようになっていた。

　テニー先生は、彼女の教育実習生のクリスティがどのように〈人々の移
動〉というテーマにアプローチし、どのように合衆国史の学習の中に時事
問題を埋め込んだのかについて、次のように説明した。

　　彼女は強制的な移住を理解させるために、涙の道 [16] から始め、日
　系人強制収容へと進めました。それからクリスティは、9.11 の後イス
　ラム系アメリカ人に収容や尋問のようなものを求める人々がいました
　が、150 年の間にアメリカは変わったのでしょうか？という問いを投
　げかけました。生徒は、人々がこの国に移住する選択について話し合
　いました。それから生徒は 1800 年代後半から 1900 年代初期のエリス
　島 [17] の移民について話し合い、中国人移民排斥法 [18] について話し
　合いました。そして、私たちの国においてある時期どのように移民の
　ペースが落ち、それからどのように 1950 年代以降に再び勢いを増し
　たのか、アメリカに来た人々はどのようなグループがあり、なぜ彼ら
　がやって来て現在に至るのか、アメリカに来た最も大きなグループな
　どについても話し合いました。クリスティは、私たち自身のコミュニ
　ティ…私たちの町がどのように変化し、なぜここに人々がやって来た
　のかについても話をしました。

数十もの国の移民の背景を持つオールウッド高校の生徒にとっては、後述するように、移民の歴史の学習に、時事問題を結びつけることは難しいことではなかった。

　またバンクス先生は、移民というテーマが、様々なつながりと逃した機会の両方に満ちた授業の中で、過去と現在とを結びつける良い機会を提供することに気づいた。授業は、まず宿題で課していた問いを確認していくことから始め、生徒に「なぜ移民についての討論は開放されてきたのだろう？」と尋ねた。生徒たちは、国家の安全保障上の理由や経済的な関心を挙げた。バンクス先生は次に「最も大きな移民の集団がアメリカにやって来たのはなぜだろう？」という問いに移った。この問いは、アイルランドのジャガイモ飢饉とその後に続く 19 世紀の移民に与えた影響についての詳細な説明へのきっかけとなった。

　さらに、資料を通じていくつかの移民の波を説明し、移民がアメリカにやって来た理由を説明した。アイルランドからの移民の波の原因としてジャガイモ飢饉を、イタリア系移民がアメリカに来た理由を「経済的理由」、ユダヤ系移民にとっては「宗教的理由」、また「中国人は低賃金の労働のために来た」と説明した。1882 年の中国人排斥法を議論する際、中国人がアメリカに来ることがどのように禁止されたかについて生徒に話した。レティシアは「彼らを利用しているんだ」と叫んだ。「めちゃくちゃだよ」ティロニーが同意した。

　宿題の問いの残りを確認した後、バンクス先生はパワーポイントのスライドを示し、アメリカの市民権（シティズンシップ）がどのように法的に定められてきたのかを説明した。最後のスライドで、「誰が市民権に値するだろう？」という問いを提示し、「テイク・ア・スタンド：アメリカ市民権」というタイトルをつけたワークシートを配布した。生徒はワークシートの一番上に書かれた「アメリカ市民権は与えられるべきものではなく、すべての市民によって獲得されるべきものである」という言説を支持するか、それとも反対かを尋ねられた。生徒は最初にノートに自分の答えを書き、「あなたが書いたことを議論する準備をする」ように求められた。

　バンクス先生はテイク・ア・スタンドについて説明した。その問いは、

生徒に多くの興味をもたらし、たくさんの会話のきっかけとなった。シャンテルは、市民権を与えることに反対するとはどういう意味かを説明してほしいと尋ねた。生徒がノートに答えを書いた後、バンクス先生はこの争点における自分の立場を表明するために［教室のどちらかに］立つように求めた。4人の生徒が市民権は「獲得される」ものだと考える側に立ち、17人の生徒はその反対側に立った。マーカスが「本当のアメリカ人ってどういうこと？」と尋ねたが、その質問への答えはなかった。短い議論の後、バンクス先生は生徒に明日続きをしようと話し授業は終わった。

　生徒たちは、この活動に歴史と現代の両方の面で明らかに興味を持っていた。生徒に生まれた問い、例えばマーカスの問いは、1年全体での本質的な問いである「アメリカ人とは何を意味するのか？」にとても近いものだった。この授業は、時事問題を歴史やより大きな市民のテーマに関連づける可能性だけでなく、移民のような現代と歴史の争点の両方の根底にある重要な問いに注意深くなる必要性を示唆している。バンクス先生は、本質的な問いが重要であることを認めていた。最初のインタビューで彼は次のように説明した。

　　　私たちが夏の間に考え出したものは、非常に大きな本質的な問いに思えますが、最も重要なものでもありました、本当にそうだったんです。私たちはどこから来て、何を支持するのか、国民とは誰なのか、どこへ向かおうとしているのか？　最も重要な争点は何か、過去にどのように議論され、どのような行動がとられたのか、これからどこへ向かっていくのか？

　一方で、バンクス先生は時事問題とのつながりを強調しながらも、カリキュラムを再編成することについては葛藤していた。「ありのままの歴史の多くを失っているように思う。どちらが良いか私には分からないが、少し違和感がある」と振り返っていた。彼は、そうしたアプローチが生徒に与える自由度の多さに落ち着かない思いを抱いており、クラスの議論が計画していない領域へ向かう可能性を心配していた。彼は、新しいアプロー

チは「教室から教壇をなくし、教室を生徒たちが議論する場にする」ものだと説明した。また、彼はこれが「かなりの不安が生じる」ものであることに気づいたのである。

　この例から分かるように、歴史を現在と結びつけることは、想像する以上に複雑なことである。歴史的な争点と時事問題を強く結びつける市民のテーマを強調するためにカリキュラムを再編成することは、歴史の学習を解釈へと開くことであり、誰が知識を保持し作り出すかという伝統的な理解に疑問を投げかけ、学習の中心的な媒介物としての教科書の優越性を奪うことだからである。しかしながら、そのような変化は社会科の教室を活性化させる可能性を持っており、バンクス先生はそれを「瀕死の学習を生き返らせる」とまとめている。

## 選挙政治と政治の争点

　本章の冒頭で述べたような若い人々が著しく政治意識が低いという指摘と同様に、プロジェクトに参加した教師たちも生徒が現在の政治の争点についてほとんど知らないと感じていた。ブルックス先生は、〈政府〉というテーマの初期の活動を次のように説明した。

　　　共和党について考えようとすると、多くの生徒が「ジョージ・ブッシュが嫌い」と言うのです。私がジョージ・ブッシュについて言及する時、生徒たちはいつも「うっ」と感じるようですが、共和党とは何であるのか、共和党がなぜ共和党なのか、民主党がなぜ民主党なのかについて、実は自分たちが知らないということをすぐに理解していきました。

　テニー先生は、〈政府〉の単元を通した政治の直接的学習をしていた今年度と過去の年度を比べながら、「以前は生徒はバラク・オバマやヒラリーがどの政党かさえ知りませんでした。『青い州と赤い州 [19]って何？そもそもなぜこんなことが大事なの？』生徒はまったく分かっていなかったんです！」と述べていた。

生徒に最も大きな印象を与えたと思われるテニー先生の教室での活動の1つは、第4章で言及した候補者の公開討論だった。この活動は、生徒がある候補者のキャラクターになりきって、調査や書くことなどの準備をし、現代の政治問題についての討論会に候補者の役割で参加することが求められた。テニー先生は次のように説明した。

　　　「立候補者と会おう」という活動では、生徒が自分自身ですべての研究を行い、その候補者が争点に対してどんな立場であるのかを見出し、議論の準備をするために概要を整理しなければならないという条件を生徒に与えました。ウィキペディアからただ切り貼りすることはできず、オリジナルで作成したものをクラスに提出しなければなりません。生徒は実際に読んで調べ、それから、その候補者が争点に対してどんな立場をとるのかについて、自分自身の言葉で書かなければなりませんでした。

　2007年10月に行われた候補者討論会への参加は、多くの重要な現代の争点に対する様々な政治的なパースペクティブをはっきりと示す素晴らしい機会だった。授業は、テニー先生が議論の形式を説明することから始まった。彼女は、自分の演じる候補の立場を議論することに加えて、その他の候補者から聞いた情報に基づいて振り返りのレポートを書くことになるため、すべての生徒に注意するように指示した。それぞれ生徒は、自分の演じる候補者について、略歴と大統領に立候補する理由を含む1分間の紹介を行うことになっていた。取り上げられた候補者は、ジョー・バイデン、バラク・オバマ、クリス・ドッド、マイク・ハッカビー、ジョン・マケイン、フレッド・トンプソン、アラン・キーズ、トム・タンクレド、ジョン・エドワーズ、デニス・クシニッチ、ビル・リチャードソン、マイク・グラーベル、ダンカン・ハンター、ミット・ロムニー、サム・ブラウンバック、ヒラリー・クリントン、ロン・ポールであった。ルディー・ジュリアーニを演じる生徒は欠席していた[20]。
　生徒は、それぞれ論点を示した1枚の紙を持っていた。議論で取り上げ

られた最初の争点は、イラク戦争であった。まずジョン・エドワーズが話をした。彼はイラク戦争がいかに失敗した外交政策であったのか、そして現代の戦略がうまく機能していないかについて語った。ジョー・バイデンは、エドワーズに賛成だと答えた。デニス・クシニッチはあいづちを打ち、イラク戦争について「平和は力である」と断言した。クリス・ドッドも賛成し、「税金の無駄使いであり」、「イラクはアメリカの安全性を低下させた」と言った。ビル・リチャードソンは、イラクは私たちが焦点を当てるべきことから遠ざけた。その焦点とは教育であると言った。バラク・オバマは、私たちはイラクから軍隊を撤退させ、シリアとイランとの対話を開始するべきであると言い、それに対しマイク・グラベルが「その通りだ」と述べた。ジョー・バイデンは、「イラクを3つの地域に分割すること」が最も良いと提案した。ロン・ポールは、我々は誤った情報でイラクに行き、宣戦布告をしなかったことで、戦争は法律的には「憲法違反」だったと述べた。マイク・ハッカビーは「イラクでの戦争は『テロとの戦い』の一部だ」と言い、この議論の中で初めて戦争を支持した。ヒラリー・クリントンが、ブッシュは戦争に行く権限を濫用したと言うと、ハッカビーが「もし我々が戦争に行かなければ、テロリズムがさらに強まっていた」と即座に反応した。

テニー先生は、イラクでの戦争から医療保障へ議論を進めた。マイク・グラーベルが普遍的な医療保障を主張し、議論を開始した。エドワーズが普遍的な医療保障を支持した一方で、アラン・キーズはテリ・シャイボ事件[21]を持ち出した。オバマは、アメリカ人は国会議員が受けているような医療保障を受けるべきだと言った。テニー先生は、議論を月曜に再開し、今日は進まなかった争点に焦点を当てて討論会を終える、と生徒に訴えた。

この討論会では、医療保障やイラク戦争、テロとの戦い、教育、経済といった時事問題が取り上げられた。生徒たちは、参加しながら、異なる政党によって保持されているパースペクティブと政治的なイデオロギー、アメリカの国家的課題の特性について学ぶことができた。そして、第4章で述べたように、調査スキルや書くスキルや表現するスキルを発達させることになった。

ただし、政策や歴史に対する生徒の理解やプレゼンテーションは、必ずしも完璧ではなかった。テニー先生は次のように指摘している。

　　候補者の立脚する立場を誤解するなど、議論の中でいくつかの誤りがありました。しかし大部分についてはとても正確でした。議論の後に私が生徒にしたのは、誤解の内容を書き留めて伝えたことだけです。自分たちでこれを見て、という感じで。でも、多分私が言ったのは3つくらいだったかな。争点に対する候補者の立場が間違っていたことについてのコメントでしたね。

　上記のように、生徒はすべての詳細を正しく理解したわけではない。しかし、討論会は、アメリカ合衆国が直面している多くの問題に関する多様な視点に触れ合う機会としてだけでなく、これらの問題に自分自身の立場を反映する機会としても活用されることになった。

　現代の政治問題やパースペクティブを直接的に取り上げることは、アメリカ合衆国の政策や政治の展開の文脈の中で時事問題を生徒が考察することを可能にする。〈政府〉というテーマを実施したオールウッド高校とサリー高校の2つの学校では、生徒は政治や政治のシステムに関する知識を強固なものにする機会を得た。ブルックス先生は、生徒の政治に対する理解が深まったことを次のように説明している。

　　生徒たちは、実際に起こっていることと、教室の中で行っていることとの間の関連を理解しようとしているように思います。それは、生徒が「なぜこの人は民主党なのか、なぜこれらのグループの人々は民主党に投票するのか、なぜ共和党と民主党は同じではないのか、なぜ財政についての保守派は共和党に投票する傾向があるのか」を理解しやすくしていると私は思います。以前の生徒は「共和党員は白人であり、民主党員は黒人である。だから民主党は貧しい人々を重要視し、共和党は貧しい人々に関心を払わない」などと考えていましたが、今や生徒は物事がなぜそうなっているのかという点で、もっと微妙な差

異を理解し始めたと私は思います。生徒は、刑法と民法の間の違いや、政府の様々なレベルについてもはっきりと理解していると思います。この方法は、生徒がより多くのことを学習するものだと思います。誰かが生徒に質問した時の彼らの答えは、より多くのことを関連させたものになると思います。

おそらく合衆国史のコースの伝統的な使命ではないが、このような学習は市民の指導者や教育者が同様に非難している政治的無関心に直接的に対処するものである。

## 時事問題についての生徒自身のパースペクティブを探究する

プロジェクトチームによって用いられた時事問題の最後のアプローチは、時事問題についての生徒自身のパースペクティブを深く探究することができるという点であった。テニー先生は、多様性があり、移民の多い環境において非常に個人的なトピックである移民について、生徒たちが自身の感覚をどのように掘り下げたのかを次のように説明した。

生徒は、対立を理解し、市民になるということがどれほど難しいものであるかを理解しています。移民がここへ来た理由を他の生徒よりもよく理解している生徒は、移民について議論する時、その状況に生徒自身の個人的な状況や個人的な観点を多く持ち込み、構造化された会話をしていました。ただ、興味深かった点として、合法移民として来た生徒たちは非合法移民にとても強く反対していたことです。実際問題、私たちの教室には合法的な移民と非合法な移民の両方がいます。合法にやって来た生徒やその家族の中には、非合法にやって来た人々に対して憤りがありました。合法移民はここまで来るために多くの戦いや多くの犠牲にしなければならなかったことがありました。だから非合法にやってきた人々を公平ではないと感じているのだと思います。

テニー先生は、生徒にとってこのトピックがどのように直接的に関わっ

たかについて、合法的な移民の生徒の発言「私は移民で、合法的にここへ来ました。私は、非合法な移民が許され、恩恵を得るべきではないと思います。彼らは他の皆と同じようなプロセスをとるべきです」ならびに非合法移民の生徒の発言「私の故郷の国ではこういったことはよくあること。私たちはどんな方法でもここに来なければならなかったのです。実際、私たちは経済に貢献し社会に貢献しています」を使って説明した。

　生徒は、この個人的なつながりの力を感じ、時事問題について自分自身を表現する機会として前向きに捉えていた。カイリーは最も関心があることについて次のように述べた。

　　　戦争……なぜ私たちがそこにいるのかを明確にしていないことが、私を悩ませたことの1つです。と言うのも、私の兄弟の友人がイラクから戻ってきたところなのです。私は彼が無事に戻ったことを神に感謝しています。でも行ったままの人もいるし、私のいとこも行きました。……私たちは何度かこのようなトピックにぶつかり、テイク・ア・スタンドを行いました。それはとてもいい場になりました。みんなが自分の意見、個人的な意見を語るようになりました。そのトピックは、アメリカ人は平等なのか？につながりました。イラクでの戦争、その他の事柄、そのすべてが組み合わさっています。

　生徒にとって個人的に重要だったトピックは、強い関心を呼び、先行研究で推奨されているような市民の議論への関与に生徒を関わらせる準備を教師に提供した。

　オールウッド高校では、テイク・ア・スタンドは、生徒のパースペクティブを掘り下げて考える構造になっていた。その例は、2008年2月に行われた、〈紛争と解決〉というテーマの中の「中東」の単元で行われた中東についての次の議論である。テニー先生の教育実習生が議論を始め、生徒はそれに反応し教室のあちこちに移動した。

　教師：[最初の主張を与える]「何があっても、私はイラクで戦うつも

りはない」。

（生徒は両方の立場にほぼ均等に分かれた。）

ウィンストン：私はこの国を愛しているので、何があろうと国を守り
　たいです。よっぽどのことがないならですけど……

ラリット：どういう意味ですか？

ウィンストン：経済的な問題からイラクでの戦争には賛成しない、と
　いうことですが、私は国のために戦います。

サラ：私たちのために、一体何人の人が足を失ってしまったのでしょ
　うか？　あなたが自分を犠牲にしようとするのは……［国のために
　戦うのは良いことだけど］。

シャンテル：私はバグダッドを爆撃するつもりはありません。衛生兵
　になれるの？　なら、私もそこへ行けますかね？

（彼女は「賛成」から「反対」へ移動した。）

アンナ：ここでの議論は、衛生兵や通信員ではなく、兵士が前提です
　か？

教師：看護士もありえます。

ラモーナ：分かりました。（「賛成」から「反対」へ移動する）私は誰も
　殺したくありません。私は誰かを救うために命をかけたいです。

タミカ：私はイラクでの戦争を認めません。もし私たちが去ってしま
　えば攻撃されやすくなってしまうというあなたが昨日言った観点で
　すが、私たちがあそこにいる理由はまったくありません。もしあそ
　こにいる理由があれば、誰か教えて下さい。

タリク（「反対」側に立っている）：賛成側の多くの人は、もし徴兵が
　来たら、国を離れることになりますよ。

サマラ：あなたたちは兵士を支えるべきです。

マリア：そしたら兵士と一緒にやられます。

マーカス：僕は戦争に勝つ軍事的な方法があるとは思いません。軍事
　的な方法よりもむしろ、外交上の方法があるはずです。僕たちは外
　交上の方法を放棄するまで、奇襲を行うことはできません。

ノア（「反対」側に座っている）：私たちは 3000 人を殺した人々につい

て話をしているんです！　人々は働きに行ったまま帰ってきません
でした。

多くの声：それは違う戦争のことでしょう！

ノア：同じことです。だから私たちはあそこにいるのです。

教師：9.11ですね。それが理由でアフガニスタンに侵攻しました。な
　　ぜ私たちはイラクに侵攻したのでしょう？

多くの声：大量破壊兵器です。

リーム：それは私たちには関係のないことです。もしブッシュを嫌い
　　な人がいたとして、その人たちはやって来て私たちを攻撃します
　　か？

タミカ：いつ私たちを攻撃したのですか？

レイチェル：多分彼らは私たちを攻撃する予定になっていたと思いま
　　す。

ダン：彼らが私たちを攻撃する前に、攻撃したいと思いませんか？

ローリー：サダム・フセイン [22) ]はイラクにとって悪い存在でした。
　　彼は人々を虐待していたのではないですか？


　この議論の中で、生徒は、時事問題が道徳と愛国心という繊細な個人的
問題に触れるギリギリのところで、率直にはっきりと意見を交わしている。
抽象的な話ではなく、生徒は個人的な犠牲、他者を傷つけること、復讐、
血縁または国籍といったつながりのない他人の命を守る義務などについて、
互いの判断を引き出す問いに踏み込んでいる。

　このような議論はとても激しくなりうる。あるところで、ノアが「ト
ピックを変えられませんか？　あまりにも深くなりすぎています」と大声
で言った。実際、生徒が時事問題のトピックに個人的に関与することの目
的は、生徒を動揺させることではないので、このコメントから、この授業
がトピックの抽象的で表面的なレベルの考察を超えたものになっているこ
とが明確に理解できる。生徒は、過去と現代の両方で、アメリカ合衆国に
おいて重要な市民の討論の根底にある最も差し迫った核心的なジレンマに
ついての考察に加わっていたのである。

# 時事問題の統合に関する重要な結論

　プロジェクトの教室における時事問題教育について探究してきたことを、先に触れた主題のいくつかを再び取り上げて、この章の結論を簡潔に述べることにしよう。

## テーマで組織されたカリキュラムの重要性

　市民の学習と関与という目的を促進する有意義な時事問題の教育は、テーマで組織されたカリキュラムを用いることで大いに促される。そのようなカリキュラムによって、社会科の教師は過去と現在を容易に行き来し、議論や分析の可能性を豊かにする主題と個人的なつながりを結びつけることができる。

　ブルックス先生は、テーマで組織されたカリキュラムの意義を、年度末に次のように述べた。

　　　私は、以前よりも、現代の争点により多くの焦点を当てることができました。以前は、私がある事柄を議論する時、ただ単に一般的なトピックを扱ってきたように思います。しかし今では、生徒たちにとって身近な現代の事柄を具体的に取り上げることができています。

　テニー先生は、「すべての事象、すべてのテーマ、そして、テーマの中でのすべての単元は、時事問題について話すために役立てられます」と説明した。テーマとは、時事問題を些細なものに捉えさせるようなエピソード的なアプローチを超え、時事問題の学習を機能させるための助けとなるものであった。時事問題を進行中のカリキュラムと直接に関連させることによって、時事問題は通常のコースの学習の一部となり、生徒の歴史の学習を豊かにするのである。

## 本質的な問いの重要性

　オープンエンドで本質的な問いは、時事問題の学習を、内在する市民の

争点や討論と関連づけるために不可欠であった。そのような問いは、生徒が現代と歴史の出来事を学習する際に触れてこなかった市民的学習の可能性を教師に気づかせる。「いつアメリカ合衆国は戦争に行くべきか？」「アメリカ人は互いにどんな義務があるのか？」「アメリカ人とは何を意味するのか？」といった問いは、議論の余地があり、歴史と現代の出来事の両方を調査することによって説明することができる。このような問いは、過去と現在の出来事について議論させるのに有効であり、現在進行中の市民の討論の真っただ中に生徒を飛び込ませ、歴史に動きを与え、社会科の核心にある市民のジレンマを解き明かすものである。

## 年代史的アプローチの中で意義ある市民の学習のために
## 時事問題を使うことの難しさ

　一方で、年代史的アプローチを用いることが、時事問題の意義ある使用を難しくしていることも見えてきた。バンクス先生は、年代史的なカリキュラムの中で時事問題にアプローチすることを「思いついた時に」行うものだと述べ、次のように説明している。

　　　時折ジム・クロウ法[23]についての話をしたり、イエナの6人[24]についての記事を生徒に渡したりしましたが、それは一回限りの投げ込み型のものでした。私たちはそれに基づいて議論をしていました。しかし、……カリキュラムに本当に適合するところで時事問題を取り扱っていたかどうかは分かりません。

　結局、彼は社会科の教師に共通するフラストレーションに直面していた。「今を分かる」ことができていない、ということである。バンクス先生は「時間が足りない。通常のカリキュラムでいえば、1977年以降はあまりできなかった」と感じていた。

　彼は、年代史的に組織されたカリキュラムを非難し、次のように言っている。

この学区で行われているように、年代順の方法でカリキュラムを教えることは本当に時間を使います。ジミー・カーターまで到達することもできず残念でした。本当にがっかりしています。クリントンまで到達すると年度の最初に自分に誓いましたが、果たせませんでした。

　これが特別な年というわけではなかった。いつもは「クリントンまで到達」するのかを筆者が尋ねると、彼は「いいえ。初めてそうできるように望んでいたのです」と答えた。彼は苦しそうに、「とてもフラストレーションがたまります。子どもたちの多くは1991年に生まれているのに、彼らは湾岸戦争[25]について何も学んでいません。悲しくなります」と振り返った。

　結局、社会科教育においては極めて常識的で当たり前のことだと思われる時事問題の教授は、もし合衆国史の教師が現代の問題が持つ市民的学習の可能性を最大限に高めることを望むなら、カリキュラムの大幅な再編成が必要になるかもしれない。本章で説明してきたように、時事問題の教授は、その中心に意義ある市民的学習を置くことで、合衆国史を効果的なアプローチへと変換させる可能性があるのである。


## 訳注

1) 市民の学習と参画に関する情報と研究センター（通称CIRCLE）が2003年にニューヨークのカーネギー財団と出版した報告書。https://www.carnegie.org/publications/the-civic-mission-of-schools/ を参照。

2) 市民の学習と参画に関する情報と研究センターは、疎外されていたり不利な立場にあるアメリカの子どもに焦点を当て、子どもの健全な発達とより良い民主主義のための政策や実践のための学術研究を行う組織である。詳しくはhttps://civicyouth.org/ を参照。

3) https://civicyouth.org/2006-civic-and-political-health-of-the-nation/ を参照。

4) 国立教育統計センター（通称NCES）による報告書。https://nces.ed.gov/pubs97/9725.pdf を参照。

5) 国立教育統計センターは、アメリカおよび他の国々の教育に関連するデータを収集および分析する連邦機関である。詳しくはhttps://nces.ed.gov/ を参照。

6) 「21世紀型能力」（21st century competencies）とは、OECDのDeSeCoプロジェク

トによる「キー・コンピテンシー」の概念のように、これから求められ育成すべき人間像を、人間の全体的な能力としてのコンピテンシーとして定義したものである。

7) K-12とは、幼稚園年長から12年生（日本では高校3年生にあたる）までの13年間の教育期間を指す。

8) The National Assessment of Educational Progress（通称NAEP）が2010年に公開したアメリカ合衆国の公民（Civics）科目についての教育状況の評価報告書。

9) https://www.nytimes.com/section/learningを参照。

10) 原文ではBillとなっているが、Jill（テニー先生のファーストネーム）の誤りだと考えられるため、そのように訳している。

11) SB1070とは、2010年にアリゾナ州が不法移民の取り締まり強化を目的に制定した移民法のことである。その内容は次の3点からなる。①移民に対し合法的に滞在していることを証明する書類の携帯義務づけ②不法移民による求職や就労は違法③不法滞在の疑いがある移民は令状なしに逮捕できる。これらの3つの内容について、2012年に連邦政府の最高裁判所によって違憲判決が出されている。

12) イランアメリカ大使館人質事件（Iran hostage crisis）とは、1979年にイランで発生したアメリカ大使館に対する占拠および人質事件である。

13) イラン・コントラ事件（Iran-Contra affair）とは、アメリカ合衆国のレーガン大統領がイランへの武器売却代金をニカラグアの反共ゲリラであるコントラの援助に流用していたことが1986年に発覚した事件のことである。

14) オリバー・ノース（Oliver North）は、イラン・コントラ事件に関与した軍人。

15) サンディニスタとコントラ（Sandinistas and Contras）とは、ニカラグアで起こった左翼政権の中心人物とその反覆をねらった反革命派のグループ名である。1980年代ニカラグアは左翼民族解放戦線のサンディニスタ率いる革命政府が統治していたが、アメリカのレーガン政権はサンディニスタ政権の締めつけを開始し、反革命派コントラを支援した。

16) 涙の道（Trail of Tears）とは、1830年のインディアン移住法に基づいて、1838年にチェロキー族のインディアンをインディアン居留地に強制移動させた出来事。1万5000人以上いたチェロキー族はこの時およそ4000人が亡くなった。

17) 当時、アメリカ移民局がエリス島に置かれており、ヨーロッパからの移民がこの島からアメリカへ入国した。

18) 中国人移民排斥法（Chinese Exclusion Act）は、1882年に成立した法律で、中国人労働者の移住を禁止するものであった。1943年に廃止。

19) 青い州（blue state）と赤い州（red state）とは、アメリカ合衆国の州の近年の政党支持傾向を示す言葉であり、共和党支持の州を赤い州、民主党支持の州を青い州と呼ぶ。

20) 演じられた候補者は、本書が執筆された当時のアメリカ合衆国の実際の政治家。

21) テリ・シャイボ事件（Terri Schiavo case）とは、植物状態が15年続くフロリダ州の女性シャイボさんの「尊厳死を認めるべきかどうか」という尊厳死をめぐる事件

のことである。州裁判所は夫の求めに基づき、生命維持に不可欠な栄養補給装置を外すように命令を出したが、反対の立場をとるシャイボさんの両親を支援する宗教右派の働きかけを受けた共和党は延命措置を続行すべきかどうかを再審理する法案を提出した。

22) サダム・フセイン（Saddam Hussein、1937 ～ 2006）は 1979 年から 2003 年までイラク共和国の大統領であった人物である。イラク戦争によって失脚した。

23) ジム・クロウ法（Jim Crow laws）とは、1876 年から 1964 年にかけて存在したアメリカ合衆国南部諸州における人種差別的な法制度の総称であり、黒人の公共施設の利用などを禁止制限した法律などが含まれる。

24) 2006 年、ルイジアナ州にあるイエナ高校で、人種間の緊張が高まった雰囲気の中で、6 人の黒人生徒が白人の同級生をひどく殴り、殺人未遂容疑で逮捕・起訴された。容疑者は、事件が起きたイエナという小さな町にちなんで「イエナの 6 人」（Jena Six）と呼ばれ、全米のアフリカ系アメリカ人の活動家から圧倒的な支持を受けた。

25) 湾岸戦争（Gulf War）は、1990 年のイラクのクウェート侵攻をきっかけに国際連合が多国籍軍の派遣を決定し、1991 年に勃発した。

## 第6章

# 何が問題なのか？

## 社会科教室における市民的アクション・リサーチ<sup>（原注1）</sup>

今まで、特定のトピックについて考えなければならなかったことは
ありませんでした……学校について調べたり、学校の外に行ったりし
て、学校をもっと知って、それを先生に話すのはとても面白かったで
す。本当に楽しかったです。　　　　　　　（パーシー、オークノル高校）

　学校で今までこんなことに取り組んだことはありませんでした。
　　　　　　　　　　　　　　　　　　　　　（タミカ、サリー高校）

　それは、みんながやってみたかったことでした。その問題に取り組
みたかったからみんなが参加したのです。変化をもたらすことができ
て、いい気分でした。　　　　　　　　（サマラ、オールウッド高校）


　シュルツ（Schultz, B.）は、2003年から2004年に、シカゴ近郊の低所得
層が住む地域にある公立小学校5年生の子どもたちと共に、子どもたちが
強い関心を持つ問題についての1年間のプロジェクトに取り組んだ。プロ
ジェクトの中で子どもたちは、荒れ果てた校舎の劣悪な状況を調査・記録
した後、新しい校舎の建設を訴えた。さらに子どもたちは、協働して調
査・整理したことを多様な形で発表していった。例えば、地域の学校や役
所の職員に対する発表、新聞への投書、ラジオ番組への出演、シュルツが
執筆した本の一部（Schultz, 2008）への掲載、などがあった。新しい学校
を建てるという望んでいた目標を達成することはできなかったが、子ども
たちは、リテラシー・社会科・統計・公民科を統合した、真正で意味のあ
る学習に1年を通して取り組んだ。
　研究によれば、生徒は、日常生活で直面する市民問題に関する議論・調
査・分析の活動を行うことで、市民としての自覚を高め、エンパワーされ
た市民的アイデンティティを持つようになる（Fine et al., 2007; Hess, 2009;
Kahne & Westheimer, 2003; Rubin, 2007; Rubin & Hayes, 2010）。子どもによる
アクション・リサーチは、生徒が自分たちの生活や経験に関連したトピッ
クについて、意味のある探究に参加することに重点を置いている。それは、

多くの学校、とりわけ低所得層の生徒の多い学校の市民教育に典型的な暗記型学習への対抗策になりうる（Kahne & Middaugh, 2008）。多くの研究が示すように、周辺化された地域の子どもは、社会的・政治的能力を発達させ批判的探究を促すような教育経験を通じて、市民としてエンパワーされるのである（e.g. Abu El-Haj, 2009b; Morrell, 2004; Watts, Griffith & Abdul-Adil, 1999）。

　生徒によるアクション・リサーチは、市民教育として大きな可能性があると同時に、生徒たちをエンパワーするものとして、多くの人類学的な手法を用いる教育研究者たちによって用いられてきた（e.g. Berg, 2004; Cammarota & Romero, 2009; Stoudt, 2009）。また市民的アクション・リサーチは、社会科カリキュラムを、より日常生活と関連があり、意味があり、重要な市民的能力を育成する十分な機会へと変えることができるものである。しかし、社会科が長い間市民教育の主要な場とされてきたにもかかわらず、市民的アクション・リサーチは、社会科の指導方法としては広がってこなかった。

　本章では、子どもによる市民的アクション・リサーチを社会科授業に用いる可能性を考察する。まず、本研究のプロジェクトチームが、市民的アクション・リサーチの構成要素を社会科カリキュラムに統合するアプローチを開発する際に参照した異なる伝統について説明する。次に、3つの研究対象校における試行錯誤について説明し、最後にこのようなプロジェクトを実施する際のジレンマややりがいについてまとめる。

# 市民的学習のための子どもによる
# アクション・リサーチ

　生徒によるアクション・リサーチは、子ども自らが身近な問題を周囲に知らせ、問題解決に貢献しようとするプロジェクトであり、近年国内外で実施されてきている。それは、参加型リサーチ、アクション・リサーチ、参加型評価など、様々な名称で呼ばれているが、次のような特徴がある。1）子どもが主導して、学校や教室の内外で実施する研究である。学校、地域、グローバル、これらの問題や課題を社会に周知し、解決することを

目指す。2）子どもの学術的、社会的、市民的な多様なスキルの発達に資する（Park, 1993; Sabo, 2003）。子どもによる参加型アクション・リサーチと評価プロジェクトの多くは、社会運動的なスタンスを有している（Powers & Tiffany, 2006）。つまり生徒によるアクション・リサーチは、効果的に実施されれば、特に正当に代表されていなかったり、周辺化されたりしている子どもが学校内外の生活問題の批判的探究に取り組むことを促すのである（Rubin & Jones, 2007）。

　本プロジェクトでは、子どもによる探究プロジェクトを実施するために、相互に関連するがそれぞれ別個のいくつかのアプローチを集めた。以下でその詳細を述べる。まず、子どもによる参加型アクション・リサーチ（Youth participatory action research、YPAR）という、子どものエンパワーメントを重視し、人種、階層、権力に対する批判的分析に基礎を置くものである。次に、プロジェクト・シティズン（Project Citizen）という、連邦政府より財政支援を受けたカリキュラムであり、市民的スキルの獲得に焦点を当てた新自由主義的、政策主導のアプローチである。また、このプロジェクトは進歩主義教育の哲学に根ざした、社会科教育の探究重視の指導の伝統にも基づいている。

## 子どもによる参加型アクション・リサーチのアプローチ

　ニューヨーク市では、ある多様な背景を持つ子どものグループが、何千人もの同様の背景を持つ子どもを対象に、人種、統合、分離に関する経験や、学校における「機会の格差」に関する調査を行い、データに基づく「スポークンワードパフォーマンス[1]」のDVDを制作した（Torre, 2009）。ケニアの難民キャンプでは、11人の子どもが、キャンプにいる子どもの経験を調査するため、140以上のインタビューとフォーカスグループでの調査を行った。週に数回集まり、インタビューから見えてきた新しいテーマを全体のデータと照らして整理した。最終レポートを作成し、他の難民キャンプの子ども、キャンプのスタッフ、他のNGOsの責任者に対する公開の報告会を実施した（Cooper, 2005）。他のプロジェクトでは、子どもは、写真を用いて地域の問題について調査し、地域にある暴力の問題に関する

展示会を行った（McIntyre, 2000）。YPARの伝統は、以上のような、社会的不平等に対する批判的分析に基づいている。また、YPARは、従来の研究様式を批判し、子どもを共同研究者として位置づけようとする。それにより、子どものスキルや関わりを高めるだけでなく、研究の中に、これまで周辺化され見えなくされてきた子どもの知識を反映することが目指されているのである。

　フレイレ（Freire, P.）の解放教育論に基づき、参加型アクション・リサーチは、参加者主導の調査過程を通して、参加者をエンパワーし解放することを目指す。このアプローチの要は、参加者が自分たちに直接関わる問題の研究にたずさわることである。ワズワース（Wadsworth）は次のように記述する。

　　　　[参加型アクション・リサーチとは]関係者が共に（問題だと感じている）現在の行為を検討し、問題に変化と改善をもたらそうとする調査・研究である。人々は、その際、関連のある歴史的、政治的、文化的、経済的、地理的、その他の文脈を批判的に振り返るのである。

　　　　　　　　　　　　　　　　　　　　　　　　　　　　（Wadsworth, 1998）

　これらのプロジェクトは、放課後や地域のプログラムの一部として、授業外で実施されることが多い（e.g. Cahill, 2007; Tuck, 2009）。つまり、学校のカリキュラムに統合されることはそれほど多くない（e.g. Berg, 2004; Cammarota & Romero, 2009）。プロジェクトは、学識者（e.g. Torre, 2009）、地域の組織（e.g. Owens & Jones, 2004; Schensul, LoBianco, & Lombardo, 2004）、UNICEFのような世界的な非政府組織（NGOs）（e.g. Maglajilic et al., 2004）が実施できる。生徒は、自ら選択した様々な課題について調査する。具体的には、いじめや校内暴力（e.g. Stoudt, 2009）、白人と白人以外の生徒のテストの点数の差（e.g. Torre, 2009）、子どもが持つ白人以外に対するステレオタイプ（e.g. Cahill, 2007）、LGBTQ（レズビアン、ゲイ、バイセクシャル、トランスジェンダー、クィア）の子どもに対する支援の格差（e.g. Owens & Jones, 2004）、子どもの暴力（e.g. Bingham & Chrisie, 2004）、学校環境（e.g.

Schultz, 2008）などである。

　YPARプロジェクトは、子どもの選択、プロジェクトに参加する大人と子どもの関係を作る民主的アプローチ、批判的な分析、エンパワーメントの様式としての研究への取り組みを重視する。コミュニティリサーチ協会（ICR, 2004）が作成した『子どもをエンパワーメントする参加型アクション・リサーチ』では、参加型アクション・リサーチ（PAR）は次のように説明されている。

　　　批判的思考や創造的思考、コミュニケーションスキル、グループで問いを立てて答えを見つけること、分析的スキル、行動のための問題解決を含む探究プロセスである。また同時に、グループ活動であるため、PARは、人間関係を構築し、個人やグループが社会的行動を起こす力を高める。子どものPARは、一連のスキルを伸ばすことで、子どもを個々人としてエンパワーする。また、共に学び行動する場を提供することで、子どもを集団としてもエンパワーする。さらにそれは、社会正義と社会変革のための行動を支援することで、子どもを社会的にもエンパワーする。　　　　　　　　　　　　　　　　　　（p.7）

　社会的不平等への批判的取り組みは、YPARプロジェクトにとって最も重要な点である。例えばICRのカリキュラムガイドは、批判理論のアプローチを基本としており、以下のように説明している。

　　　階層、権力、人種的／民族的地位、教育の質と個人の成功、政治的権力へのアクセスに見られる不平等は、人々の生活に影響力を持つ制度に埋め込まれている（公共機関、国家や地方の政策、サービス機関、職場、警察組織を指す）。不平等について詳しく知ることと、これらの組織が不平等をどのように助長しているのかを知ることは、とても重要である。同時に、（不平等を減らす、またはなくすための）変化をもたらすためには、変化に対する個人の立場と責任をよく考えることが必要となる。人々がこれらについてひとたび理解したなら、自分自身

や抑圧的な組織を変革し、社会的不平等を減らしたりなくしたりするために行動することができるのである。 （pp.9-10）

もう1つの重要な要素であるエンパワーメントは次のように説明される。

　　自らの生活を変えるような決断をする個人の能力である。この文脈において、抵抗とは、望まない、また望ましくない方法で振る舞うことを強制する圧力に逆らうことである……集団のエンパワーメントはまた、社会に変革をもたらそうと活動するための集団の力を意味する。それは、社会的不正義を拡大し、財政的、社会的、政治的リソースや権力へのアクセスの不平等な分配を生み出す組織を変革することである。 （p.10）

このようにYPARプロジェクトは、子どもによる解放的かつ批判的な研究の一部である。

哲学的枠組みに加えて、YPARプロジェクトが新旧両方の研究方法を用いた子ども独自の研究への取り組みを重視している点も重要である。生徒は、調査、インタビュー、フォーカスグループを計画し、実施し、結果を分析する方法を学ぶ。生徒たちはしばしば、伝統的でない情報収集の方法も用いる。例えば、写真、地図、日誌、「スラムブック」（共同で書く研究ノート）の友だちへの配布などである。生徒が明らかにしたものは、比較的伝統的な手法である研究の口頭発表から、写真展示、抗議行動、ビデオ、スポークンワードパフォーマンス、寸劇、スクラップブックといった多様なフォーマットで提示されることになる。

プロジェクトチームは、YPARアプローチが、生徒の経験に根ざした研究課題を探究させ、研究と分析的のスキルを発達させることで子どもをエンパワーすることを目指し、子どもが日常生活で直面する不平等に対して批判的な視点を向けさせている点を評価した。次に、もう1つの探究の伝統についてもみていく。

## プロジェクト・シティズンのアプローチ

　プロジェクトでは、より伝統的で、市民的教育志向の強い子どものアクション・リサーチのアプローチも参照した。これらの中で最も盛んに開発・普及されている事例は、連邦政府による資金提供を受ける公民教育センター（Center for Civic Education）で開発・普及されたプロジェクト・シティズンのカリキュラムである。1995年以来実施されているプロジェクト・シティズンのカリキュラムは、子どもを、自らが選んだ問題の調査や問題解決のための政策提言に積極的に関わらせることで、市民的知識、態度、そしてスキルを向上させることができるという考え方に基づく。またこれは、公共政策分析、協働学習、デューイによる問題解決的な方法という特徴を持つ（Atherton, 2000）。2008年秋の時点で、約3万2200人の教師がこのカリキュラムを用いており、約200万人の生徒が参加した。そのカリキュラムは40以上の言語に翻訳され、世界中で使用されている。

　YPARプロジェクトが、子どもが自ら選んだ問題を調査する中でエンパワーされることを目指すのに対し、「プロジェクト・シティズンの主な目標」は次のように説明される。

　　　生徒たちの積極的な市民性と統治活動への関与を向上させることが
　　目指される。それは、効果的な市民性に必要な知識とスキルの提供、
　　能力と効力感を育むための実際の経験の提供、市民参加の重要性につ
　　いての理解の促進によって育まれる[2]。

　　　　　　　　　　　　　　　（Center for Civic Education, 2009, Slide 3）

　特定の市民的スキルの習得を促すことは、プロジェクト・シティズンの中心的な目標である。カリキュラムとその実施状況の評価を担う外部研究機関は、プロジェクト・シティズンの「主要なねらいは、第5～12学年の児童生徒に、特定の地域問題に関する公共政策を監視し影響を与える方法について教えることである」と述べている（Root & Northup, 2007, p.i.）。

　プロジェクト・シティズンは、生徒が公共政策として扱える地域問題を選択することから始まる。生徒たちは、地域における公共政策の問題を特

定し、それら多くの問題の予備調査を行い、クラスで研究に取り組む問題を選択し、その問題に関する情報を集め、さらにポートフォリオを作成する。ポートフォリオはクラスで取り組む問題を説明し、代替政策を評価し、憲法の精神と合致する政策の立案と政策を実行するための行動計画を提案するものとなる。プロジェクト・シティズンを進める多くのクラスが、地域、州、国家レベルで実施される審査会に参加し、審査員に対してポートフォリオの発表を行う。

　プロジェクト・シティズンは、教師や生徒が、市民問題を特定し、取り組み、地域の政策的な解決策を見出すための公的な形式を提供する。第三者評価結果によれば、プロジェクト・シティズンに参加することによって、生徒たちは、公共政策と民主主義についての知識を深め、説得力のある文章を書き、市民的な議論を行うスキルを高め、公共政策と問題解決のスキル、および政策解決策を明確にし、調査し、文書で主張する能力を向上させた（Roots & Northup, 2007）。

　思想的な枠組みの違いはあるものの、YPARとプロジェクト・シティズンは、子どもを個人的、政治的、市民的な面でエンパワーするために、子どもが自ら選んだ問題の調査に積極的に取り組ませるという共通点がある。プロジェクト・シティズンのカリキュラムでは、多くのYPARプロジェクトで行われるような広範なデータ収集や分析の努力は必要とされない。一方、YPARプロジェクトは、必ずしも公共政策の解決を目指さない。とはいえ、2つのアプローチの研究過程は類似しているため、両者の違いを子どもはあまり重視しないかもしれない。本章の冒頭で紹介したシュルツの子どもたちのプロジェクトは、プロジェクト・シティズンとして開始されたが、YPARに似たものへと発展した。本研究のプロジェクトでは、プロジェクト・シティズンアプローチのもと、慎重な足場がけと市民育成の志向性を保持したいと考えた。一方でYPARにより顕著に、生徒たちが、不平等や個人的経験に関する問題に取り組み、調査スキルを高めることも重視したいと考えた。

### 進歩主義教育における探究とアクティブラーニング

　YPARとプロジェクト・シティズンは、教育の進歩主義的アプローチの核である、生徒による探究と学習への積極的参加という伝統に基礎を置いている。デューイ（Dewey, J.）は1938年に以下のように述べている。

　　　　進歩主義教育の哲学においても、学習過程で学習者の活動を導くような目的を形成する際に、学習者が参加することの重要性が強調されてよい[3]。
　　　　　　　　　　　　　　　　　　　　　　　　（Dewey, 1938, p.77）

　進歩主義的な教育哲学は、学習過程における生徒の積極的な参加という考えを中心に置く。それはYPARとプロジェクト・シティズンの中心的な概念である。カプラン（Kaplan, J.）は、「『なすことによって学ぶ（learning by doing）』『行動する民主主義（democracy in action）』『学習者をケアする共同体を作る（creating a caring community of learners）』というようなフレーズ」は、すべての市民的アクション・リサーチ・プロジェクトの重要な指針であり、それは「デューイの教えに基づく」と述べている（Kaplan, 2002, p.158）。

## 研究対象校における市民的アクション・リサーチ

　夏のワークショップの間、プロジェクトチームは、子どもの参加アクション・リサーチ・プロジェクトの例を読み、議論を行い、意味のある市民的学習は、研究と行動の要素を持つべきだという考えに至った。プロジェクトチームは、市民的アクション・リサーチのストランドは、カリキュラムを再編する上で重要な追加要素だと判断した。テニー先生が振り返って述べているように、このストランドは、すべてのカリキュラムデザインの原理を具体化しうるものであった。

　　　　それらはすべて（デザイン原理のすべてが市民的アクション・リサーチに）関連していると思います。生徒は自らの体験に基づいて問題を

選択することができます。それは、地域の重要な問題を考える機会となります……それは、生徒たちに力を与え、声を上げてもよいという理解を与えるのだと思います。たとえ投票できなくても……生徒たちは対話に参加することができるのです。つまり、「私は考えを持ち、他者に影響をもたらすことができるのだ」というように。

　市民的アクション・リサーチは、デザイン原則と完全に連動し、生徒たちが自らの市民的経験を用いて、重要な市民的スキルを成長させるという考え方を具体化するものであった。

　ブルックス先生は、カリキュラムと行動を直接結びつけるストランドの必要性を強く主張した。彼は次のように振り返る。

　　私の目標は常に同じで、生徒たちに、自分たちは変化をもたらすことができると考えるようになってほしいと思っています。また、「これが私が住む市、これが私の国」といったケアの感覚を持つようになってもらいたいです。例えば、……自分たちの区画、近所、学校といった小さな感覚であってもいいのです。そして、何かを変える必要があれば、良いと思う方向に物事を変えていけるのだと……多くの人々は、自分が実際に何かできるという感覚を持っておらず無力だと感じています……なぜなら変えたいと思うことに取り組む方法を知らないからです……そのため、私は、生徒たちが自分たちは何かできるのだと思うようになるまで後押しをしたいのです。

　ブルックス先生は、生徒たちが自らを、より広いコミュニティの一員であり、重要な事柄について変化をもたらす力を持つ存在であると見なすようになることを重視していた。

　以上の考えを踏まえてチームは、市民的アクション・リサーチのストランドの目標について合意した。それを示したのがBox6.1である。

　アクション・リサーチのストランドは、研究対象校それぞれで実施され、個々の課題、ジレンマ、成果が見られた。次の節では、各学校における市

民的アクション・リサーチの実施過程における試行錯誤について述べていく。

---

## Box6.1　市民的アクション・リサーチのストランドの目標

ストランド３：
市民的アクション・リサーチ
　生徒は、年間を通じて市民的アクション・リサーチに取り組む。生徒は、グループやクラス単位で取り組んでもよい。生徒と教師のニーズに合う方を選ぶ。

生徒の目標
　・コミュニティに関する知識を得る
　・世界の中で行動する
　・教室の外に出る
　・自分たちが関心のあるコミュニティの課題に取り組む
　・市民問題に対する提案や解決策を提示する
　・変化をもたらす方法を学ぶ
　・データや情報を集めることを学ぶ
　・聞いてもらう（他の人々に自分たちの研究成果を報告する）
　・市民団体やその構成員との日常的な関わりを含めて、生徒自身の市民生活の経験を基礎として行う
　・生徒の議論、分析、批判、研究のスキルを高める
　・市民の権利や責任に関する生徒の知識を、関心に直接触れる方法で作り出す

---

## オールウッド高校の経験
### ——少しの努力で解決できる学校を基盤とした問題
　オールウッド高校における市民的アクション・リサーチは、高揚感の中で始まった。生徒たちは、これから調査する可能性のある問題について発

表したり議論したりしていた。生徒たちはグループになって、市民問題に対する考えや予備調査の結果について交互に発表し、話し合っていた。

> 「アンダーウッド［その地区の他の高校］と同じような活動をしよう」
> 「ブラスバンドの対決をしよう！」
> 「壮行会だ！」
> 「もっといろんな活動があれば、アンダーウッドと比べられても、この学校の方がよく見えるんじゃないかな」
> 「毎年評判がどんどん悪くなって彼らに引き離されているよね」
> 「そうだ！」

　様々な意見が矢継ぎ早に出され、生徒たちのアイデアと質問で教室は満ちあふれた。口調は活発で熱を帯びていた。生徒たちは、互いに遮ったり、質問したり、賛成の意を述べたりしていた。教室のあちらこちらで手が挙がり、生徒たちは互いに質問し合い、問題を提起し、コメントし、例を付け加え、検討のために選んだ問題の特定と議論に集中していた。問題とされたのは、学校の服装に関する規則、昼食時の混雑状況、移動時間の廊下の通り抜けが難しいこと、リュックサックを持ったままで廊下を通ることを禁止する校則などである。ラマンという生徒は、問題を選ぶ過程で議論した問題について説明してくれた。

> 　私たちは、昼食について、もっと時間を長くすべきだと話し合いました。また、もっと良い昼食を提供すべきだと……また、［教室から教室の間の］移動時間をもっと長くすべきだと話しました……なぜならすごく混雑していて……次の授業に間に合うように移動できないからです。

　生徒たちは、自分たちに対する学校管理職の態度を不満に思っていた（「彼らは厳しすぎる！」と、ある女子生徒は服装の規則について怒っていた）。ロビーは、「先生や管理職の生徒の扱いといったら、校則があまりにばか

げていて、校則違反を助長しているようなもの」と主張した。

　テニー先生は、プロジェクト・シティズンのカリキュラムの使い方に関する研修を受けたことがあり、実践したこともあった。そのため安心して、生徒と共に問題のブレインストーミングをし、生徒が問題を絞りこんだり問題を取り上げることの是非を検討したりする過程を支援した。テニー先生は、生徒に、広い視点からブレインストーミングをするように促し、生徒たちもそうした。その結果、学校行事の宗教的な休日に見られる差別、服装の規則、リュックサックを背負って廊下を通ることを禁止した校則、食堂の食事の質、壮行会に対する学校の方針などが話し合われた。生徒たちは、これらの問題について予備調査を行い、互いに発表し合った。

　テニー先生によると、近年、学校管理職は、生徒の学校生活における規制や管理を強めるような校則を増やしており、生徒はそれに不満を募らせていた。過去数年間、生徒の違反行為があった際に、管理職は、無秩序な行動を抑制するという名目で、激励会、リュックサックの着用、遠足などの権限を取り上げるという対応を行ってきた。さらに、学校が募集人数を超過して生徒を入学させたことで、学校は非常に混雑し、状況は悪化し、複数の問題が引き起こされてきた（例：昼食時間の短さ、混み合った廊下など）。そこで生徒たちは、リュックサックの着用が認められれば荷物をロッカーに取りに行く必要がなくなるので、問題の一部は解決すると考えた。

　これらの理由から、テニー先生の授業では、調査を行い、リュックサックを背負って廊下を歩くことを禁止する校則に抗議する行動を行うことを決めた。この問題は、偶然、学校のリュックサックの校則を作った校長に代わって新校長が就任するという、管理職の交代と同じ時期に議論された。そこでテニー先生は、生徒たちに計画を保留して、新しい管理職が学校方針をどのように定めるのかを確認しようと伝えた。年度が進行する中で、テニー先生は新しいカリキュラムの実施に熱心に取り組んだので、新しい活動やプロジェクトの実施で手一杯になっていった。生徒たちは、熱心にクラスでの議論や表現プロジェクトに取り組んだ。その結果テニー先生が、アクション・リサーチ・プロジェクトに当てる時間は少なくなり、プロ

ジェクトの実施は新しい管理職の判断が出るまで保留するという自身の判断を強めることとなった。そうこうするうちに、生徒たちが問題解決のために方針案を立てようとしていた3学期に、新しい校長がリュックサックの校則を廃止し、口が閉まる布製のリュックサックであれば学校の廊下を歩くことが許可された。

　自分たちの問題の解決過程は気に留めず、テニー先生の生徒たちは、市民的アクションプロジェクトは成功したと感じていた。タリクは誇らしげに、この出来事を次のように語った。

　　　私たちが選んだリュックサックの問題は実際に解決されたのです。何もしなくてもよかったのです。新しい校長先生が解決してくれました。校長先生は、リュックサックを禁止する校則がいかに無意味だったのかに気づいたのでしょう。だからひも付きのバッグ、小さなスポーツバッグが持てるようにしたのです。そう、ついに戦いに勝ったのです。

　この章の冒頭で引用されていたサマラは以下のように説明している。

　　　それは、みんながやってみたかったことでした。その問題に取り組みたかったから、みんなが参加したのです。……昨年は多くの問題や課題があり、校長先生はリュックサックを持たせてくれませんでした。だから、校長にリュックサックを持つことを認めさせることが課題だったのです……変化を起こすことができて気分が良かったです。今ではリュックサックを持つことができます。

　生徒たちは、自分たちが取り組む予定でなかった問題解決にも影響を与えたと感じていた。ラリットは、校長が授業と授業の間の移動時間を延長したことについて話した。これは、生徒が問題としていたが、より深めるべき問題として取り上げていなかった問題であった。彼は「私たちの授業が実際に影響を与えたのかは分かりません」と譲歩しつつも、「でも来年

の移動時間は増えるわけです。ですので、私たちの授業の影響であるとはっきりとは言えませんが、私たちが変化をもたらしたと思っています」と述べた。

　1年間を振り返り、テニー先生は、市民的アクション・リサーチの実施は、カリキュラム再編の取り組み全体の中で最も困難であったと述べた。「最も実施が困難なものでした。なぜなら、学校の運営体制が変わり、学校の雰囲気も変わり……学校の問題を取り上げたこと、そして管理職が変わったことで、1つひとつのクラスの問題は年間を通して取り上げられました」。彼女は、学校の問題を選択することで、生徒にとってのプロジェクトの意義が制約されたと感じ、「学校の問題の代わりに、コミュニティの問題を取り上げるべきだった」と振り返っている。しかし、実際のところ、彼女の生徒たちが、全員が熱意を持って取り組むコミュニティの問題を発見することができなかったというのも事実である。第1章で述べたように、オールウッドは、比較的高い平均収入（世帯あたり8万ドルを超える収入）であり、貧困家庭の割合（2.7％）、失業率（4.2％）、犯罪発生率（1.6％）も低い地域である。テニー先生は、生徒たちが広いコミュニティの問題を見つけることができなかった理由を、オールウッドのベッドタウンで暮らす中流階級の守られた生活の特徴と関連づけていた。

　　　コミュニティの問題を考えると、この町の規模からすると難しいです。また、我々が郊外に住む中流階級であることを鑑みると、すべての生徒にとって意味ある問題を見つけるのは大変難しいのです。つまり、確かにコミュニティの問題は存在するんですが、これらの問題について、生徒たちがどの程度関心を持っているのか分かりません……私は、生徒たちがどのように問題を選び、やる気を持って取り組むのかよく分かりません。取り組むべき最も困難な課題といえば、交通渋滞でしょうか。

　彼女は市民的アクション・リサーチについて「価値ある」と感じながらも、オールウッドの生徒の取り組みについては改善が必要だと思っていた。

オールウッドでの市民的アクションのストランドは、カリキュラムの他の側面に押されてあまり重視されなかった。しかし、生徒たちは、部分的ではあっても学校における市民問題の学習を通して、学校に変化をもたらしたと感じながら1年の学習を終えているようだった。

## オークノル高校の経験——教師と生徒にとっての新しいアプローチ

オークノル高校の教師であるバンクス先生は、生徒はどのような問題に取り組むのかに関心を持っていた。彼の生徒は、人種的および社会経済的に多様であるため、生徒がどの種の探究課題について合意するか考えていた。年度当初、彼は振り返って、次のように述べている。

> 生徒たちがどんな問題に取り組むのかに興味があります。なぜなら、完全な「丘を登る、丘を下る」[裕福な生徒と貧しい生徒がいて、居住地が地理的に分離されていること]があるからです。クラスには、そこに座っている子どもたちのように、ゲートで守られた地域に住んでいる子どももいるし、ゴキブリが住み着いているアパートで暮らしている子どももいます。だから……生徒たちがどこで合意するのかに非常に興味があります。

この指摘は、生徒の日常生活や経験に根ざすプロジェクトの実施過程で生じる複雑さに関する鋭い考察であることが後になって分かるのである。

バンクス先生は、これまで子どものアクション・リサーチやそれに相当するプロジェクトに生徒と共に取り組んだ経験がないため、テニー先生と同じような安心感はなかった。彼は、研究プロセスに不慣れなため、プロジェクトの研究面の指導に不安を感じていた。彼は、自分の抱えた懸念について次のように語った。

> そうですね、アクション・リサーチという言葉を見るに、文字通り生徒にリサーチの方法を教えるのですよね。私が理解するには、学校外に出て地域の資料を探すことができるようにすること。そして、時

間を見つけてあげて、生徒たちの研究を適切に導けるような適切な構造を整えることでしょうか。

彼は、プロジェクトがカリキュラムの他の活動時間を奪ってしまうのではないか、また、生徒は放課後の時間をプロジェクトに使うほどのやる気や能力があるのかについて心配していた。彼が言うには、

　　実際、この学校のほとんどの生徒は仕事をし、課外活動に参加しています。もしプロジェクトが放課後までかかるのであれば、それに取り組む時間はあるのでしょうか。私は、生徒にどのくらいの時間をかけてこれに取り組ませることができるのでしょうか。

バンクス先生にとって、生徒の興味や調査に基づき、様々なやり方で実施することが可能なプロジェクトは馴染みの薄いものであった。おそらくこの理由から、バンクス先生は、このプロジェクトをあくまで付加的な要素として捉え、カリキュラムの中に組み込まれた要素とは捉えていなかった。また彼は、プロジェクトを残りの年間カリキュラムに入れ込むことに苦心していた。

バンクス先生は、生徒１人ひとりが、プロジェクトに力を入れてほしいと望んでいたため、クラスで１つの問題を選択させるということはしなかった。「生徒に１つの問題を選択させるのは明らかに不公平だと思います。なぜなら、ある生徒にとってはそれが最も興味があることだとは限らないからです」と彼は振り返った。生徒たちは、小グループや二人組で話し合う中で、様々な課題を選んだ。例えば、校舎の状態、オークノルの子ども向けの放課後活動の不足、市税、下手な運転と運転状況、人種差別、生徒の引きこもり、10代の失業、10代に対する警察のいやがらせ、授業開始時間などである。様々な課題を子ども自身で選択するということ自体は素晴らしいことである。しかし、同時にこのことは、生徒が様々なトピックに対する予備調査を行い、結果を発表し、それらの問題に取り組む利点を話し合い、クラス全員にとって重要な１つの問題に合意するという

段階を経なかったことを意味する。さらに、バンクス先生が、様々な研究方法を用いて異なる問題を調査し、異なるアクションプランや最終的な成果物を作成しようとする生徒の支援を行う必要があることを意味する。

　各グループが自らの問題の研究に取り組む中で、いくつかのグループは行き詰まってしまった。それは、協働的な学習を日頃から行っていない生徒たちがグループワークを行った場合によく起こることである。欠席する生徒のいるグループや、グループ活動が成立しないグループでは研究が進まなくなったのである。おそらくこのような状況への対応として、バンクス先生は、生徒が作成すべき成果物に焦点を当て、制作物の選択肢を示すようになったのだろう（例：ビラ、パワーポイントのプレゼンテーション、手紙）。バンクス先生は、生徒たちは、プロジェクトの成果物の作成にはあまり熱心に取り組まなかったと述べている。結果的に彼は、生徒は自ら選んだ問題に熱心に取り組んだと思うが、生徒が作成した成果物については満足のいくものではないと感じていた。


　　少なくとも、生徒たちに自分たちのコミュニティについて考えさせました。十分でないにしろ、多少はグループで協力して問題に取り組ませ、自分たちで問題を選択することに興味を持つようにしました。そうです、これは私が大事にしたことです。しかし、解決策を実行に移す方法について考えた際、生徒は壁にぶつかりました。なぜこうなったのか分からないのですが、ほとんどの子どもは、次の小さな一歩さえ踏み出すことができませんでした。「これが調べたことで、これが問題で、ということは分かった。では何ができるか？と考えると、私は子どもにすぎないし、権力もない。誰も私の話を聴こうとしない。そう、この問題はこれまでもあったし、私が解決できるような問題でもない」というところで立ち止まったのです。


　バンクス先生は、生徒たちは、自分が調べた問題に対する解決策を構想したり、発表したりする能力は高くないと感じていた。生徒たちは、市民的効力感ではなく、無力感を感じていると振り返った。

しかし、生徒たちは、自分たちで選んだ問題をどのように調べ、解決しようとしたのかについて熱心に説明してくれた。アーニーは、彼のグループが、学校施設のメンテナンスの欠如の問題にどのように取り組んだのかについて説明した。

　　私たちのグループは、学校の天井が剥がれ落ちているところを見つけました。私は見ていませんがネズミを見た人もいます……天井の雨漏りも見ました……生徒の意見を集め、その割合を出そうとしました。そこで調査をしました。またオークノル高校のHPで予算を見ました。財政的に健全かどうかを確認したかったのです。ウェブ上ではいろんなことが分かりました。例えば、学校の予算や、学校の順位のようなことです……学校は校庭に多くのお金を無駄に使っていました……そこで2つの手紙を書きました。私は市長に、もう1人は教育委員会に宛てて手紙を書きました。手紙には、統計と生徒の意見、およびその割合を入れて書きました。

　この生徒は、これまでに似たようなプロジェクトをしたことがあるかといえばそうではなかった。彼は何かを成し遂げたと感じたのだろうか。

　　これは役立つと思いました。これはあくまでもプロジェクトなのですが、……地域に変化をもたらし、自分の意見を表明する機会の1つだと感じました。これはそんなに難しくないし、効果的であるとも感じました。意見を書いて、教育委員会に送るようなことです。

　エマは、子どもに対する警察のいやがらせを調査した自分のグループについて、次のように説明した。

　　私たちは、この郡で調査し、オークノルの地域でも調査しようとしました。オークノルで子どもから大人にまで調査への協力を依頼し、次の質問をしました。もし自分がいやがらせを受けたら、受けなかっ

たら、受けた人を知っているとすれば、その状況をどう考えますかというものです。そして良い結果が出ました。

　彼らのグループは、「オークノルの人種差別」と題したビラを作った。そこには「私たちが思っているより問題なのでは？」という説明的な記事も含めた。また実施した人種差別の調査結果も載せた（「あなたは個人的に人種差別を経験したことがありますか？　はい―49％、いいえ―51％。あなたがある既存の組織に入る時、身体的な外見、人種または皮膚の色に基づく視線を感じますか？　はい―65％、いいえ―35％」）。同様に、オークノルにおける警察の呼び止め、捜査、逮捕のデータ表を、人種的な集団ごとに分類して掲載した。またビラに、オンタリオ州で始まった人種差別撤廃計画を記載し、オークノルでもそれを採択するように提案している。バンクス先生は、この生徒たちが提示した結果に驚いた。「生徒は、私が思っているよりも、現実の世界でいやがらせを受けていることを知りました」と彼は振り返った。「警察や権力者によってですね。2つの生徒グループが警察のいやがらせや、人種差別について調べました。その結果を聞き私は『本当なのか？』と思いました」。

　パーシーは、どのように彼のグループが学校の支出を調査して、ビデオの発表資料を作ったのか説明した。

　　私たちは学校の予算を見つけました。多くの情報を、いろいろな先生や長年学校で働く人たちから提供してもらいました。教頭先生から守衛さんに至るまで……また新しい先生には前任校について尋ねました……たくさんの生徒にも質問しました。作ったのはビデオです……各スライドに画像が載っているプレゼンテーションのようなものです。

　アマヤは、10代の就職に関する彼女のグループのプロジェクトについて説明してくれた。

　　私は10代の就職についてのプロジェクトに取り組む中で生活協同

組合のアドバイザーに手紙を書きました。特に夏季期間中に求人を出してもっとたくさんの人を雇ってはどうか、あるいはよりキャリアに応じた仕事を作ってほしい……高収入の仕事を得たいと真剣に考えている子どもを支援する委員会の設置から始めてはどうか……こんな内容を書きました。

彼女のグループは、10代の就職率と、その職種を示すグラフを載せたビラを作成した。違う地域の高校からの転校生であるクインシーは、彼のグループが、高校生向けの放課後活動がほとんどないという問題に関するデータをどのように集めたかについて説明してくれた。

私たちは、10代の子どもの多くが望む放課後活動の種類について調査しました……多くの人々はバスケットボールが好きです。もちろん、フットボールなども人気です……また、活動がない今、何をしているか調査しました。家にいる人、ビデオゲームをする人、他の場所に行く人がいます。

彼のグループのビラには、200人の生徒の調査結果が書かれており、結論は次のようなものであった。

私たちの意見としては、生徒のための放課後活動があれば、犯罪は減り、悪いことも起こらないようになると考えています。驚くべきことにインタビューした生徒の98％は、身近な活動がもっとあれば、薬物の売買や使用といった違法行為は減るだろうと思っています。

ゼブは、自分のグループが、学校の開始時間が早いことの影響を調査し、改革を提案したことについて説明した。

私たちはインターネットで、睡眠不足に起因する不調または病気を調べました。不安、落ち着きのなさ、不眠症、などがありました……

日中の子どもたちはどんな様子でしょうか。いつも不満げに「とても疲れた、疲れた」と言っています。これは、試験の点数に大きく影響しています。そこで、もし学校の開始時間を遅らせて、もっと休息と朝食の時間を確保すれば、試験の点数は上がるだろうと考えました。心身の状態は改善し、喧嘩も減るでしょう。すべてが順調にいくでしょう。そこで、私たちは請願を行いました。教育委員会のメンバーや、校長先生にメールを送りました。また校長先生の意見を聞きました。何人かの親にもインタビューをしました……。

　何人もの生徒がプロジェクトで行った取り組みについて説明し、ある生徒は、学校でこれまで市民的アクション・リサーチ・プロジェクトのようなことに取り組んだことはなかったと言った。

## サリー高校の経験
### ──難しい問題への取り組みを通じたスクラップブックの変遷

　3つ目の学校において、プロジェクトはさらに異なる展開を見せた。地域の問題から取り組みを開始して、ブルックス先生の生徒たちは、テニー先生の生徒たちとは対照的に、複雑で解決できないような地域の問題、つまり薬物や殺人といった問題を選んだのである。ブルックス先生は、プロジェクトチームに対して次のように説明した。

　　クラスの生徒たちは薬物の問題を選択し、第2学期では殺人を選んだのです……それらは確かに難しい問題です。でも、私たちは、彼らがしたいことを一切阻止しないようにしようとしました。これは市民主導の、市民参加によるプログラムなのです……だから生徒にこれをいわゆる学校的なものだとどうしても感じてほしくなかったのです。

　ブルックス先生は彼らがこれらの問題にいかにたどり着いたのかについてこう説明した。

私が行ったことは、生徒に表を作らせたことです。自分が住む区画、近隣の人たち、街や学校について、つまり、多くの時間を過ごす場所について考えさせました……そして生徒たちに、それらの何が好きで、何が嫌いなのかを尋ねました……「嫌なことの中から変えたいことについて選びなさい」と私は言いました。

　ブルックス先生は、「生徒たちが嫌っていたのは制服と昼食でした」と語った。オールウッド高校の生徒もそれらを問題視していたが、結局サリー高校の生徒たちはオールウッド高校とはまったく異なる地域の問題に取り組むことを決めたのである。マヌエルは、クラスの生徒がどのように問題を選択したのかを説明した。「薬物」と「殺人」について突き詰めていった後、薬物は殺人と強く結びついているという理由で「薬物」を選択したのである。彼が説明するには、「これらの問題は基本的に似ています。殺人を選んでも、サリーで起こる殺人の多くは薬物が関連しています。だから基本的に薬物を止めることが……ほとんどの殺人を未然に防止することにつながるのです」。

　ブルックス先生は、生徒が選択した問題の深刻さを認識していた。それらは、第1章で述べたように、高い暴行事件発生率（22.8%）や、低い家庭収入の中央値（2万3000ドル）、高い失業率（16%）、そして高い貧困家庭の割合（48%以上）という生徒の経験を反映している。ブルックス先生は、それらのトピックは「難しい」と述べており、生徒が選択した問題についてのプロジェクトを実施する困難さを認識していたのである。

　生徒が調査すると選んだ問題が、非常に深刻で対処しづらい問題であったことに加えて、ブルックス先生は、一部の生徒が熱心に調査対象の問題に取り組んだことが、プロジェクトをより複雑にしたと説明した。「私は彼らがどんな生徒なのかを知っています」「つまり、留置所から出てきたばかりの生徒もいますし、問題行動のプログラムを受講している生徒も多くいます。麻薬の売人であった生徒、また今まさにそうである生徒も相当数います」と述べた。生徒たちは、当初サリーでは日常茶飯事である10代の妊娠について調査する予定であったが、結果的には薬物を選択した。

なぜなら、地域内の他の暴力の問題の根源にある問題が分かったからである。しかし、ブルックス先生は皮肉めいて笑って次のように続けた。「ある意味でこのことは厄介を引き起こすでしょう。つまり、薬物の売人である生徒が、薬物問題に取り組もうとするのだから」。

　そうはいってもブルックス先生は、プロジェクトに希望を持ち、熱心に取り組んだ。これが、生徒たちを市民としてまた人としてエンパワーする手段となると考えていたからである。

　　生徒たちに、自分たちが問題に対抗したり、問題への注目を集めることができることを教えてやりたいのです。これは生徒たちにとっては大きなことです。だから本当に願っています……集会を開き、何かして、人を集めて宣伝してやりたい、新聞記者も呼んで……そうすれば生徒たちが、自分たちが闘っている姿の新聞記事を見ることができる……これを実現するためには私は何でもします。生徒たちに、良いことや変えようとしていることで注目を浴びる経験をさせてやりたい。それは彼らがこれまでに経験したことがないことです……この子どもたちは、日々叱られ、教室では悪態をつき、いつも不満があるのです……でも今は良いことをしていることで注目されている、これは続くと思います…。

　ブルックス先生は、このように、生徒を地域の行事に参加するように励まし、生徒会や町議会に参加するように促し、地域のニュースを常に把握するように求めた。

　ブルックス先生の生徒は、地域において変化をもたらそうという強い思いを持つようになった。マヌエルは彼の日誌に、次のように記述している。

　　高校卒業後、私は4年間空軍に入隊する予定です。空軍を除隊した後は、警察学校に進学したいと思っています。それは、サリーでの薬物を食い止める手助けができるからです。つまり、将来の子どもたちは、私たちが経験してきたことを、体験しなくてもよくなるのです。

彼は、若い子どもたちのために、事態を変えたいと思っていたのである。

　　　私は自分のために話しているのではありません。私はやっていけます、仕事もあります。私は子どものために話しているのです。私の弟のために事態をよくしたいです。弟が悪い道を歩み続けるのを見たくないのです。だから私は自分のために話していません。私はすでに18歳なので現実社会に出る準備はできています。才能があり、立派な人になりたいと思っている子どもたちのために話しているのです。

　このように子どもを助けたいという強い願いがあるにもかかわらず、実際には、多くの生徒は、自分たちが直面する状況についての落胆と絶望について述べていた。インタビューや教室での議論の中で、生徒たちは、問題の解決策は捉えどころがなく、自分たちのコントロールの範囲を超えており、個人を危険にさらすものだと説明した。
　このような市民的行動の困難さは、〈紛争と解決〉というテーマに関するクラスの議論の中に明確に見られた。以下はブルックス先生が指導した、バーク（Burke, E.）の「善なる人々が行動することを忘れば、悪が必ず勝利する」という言葉の引用に関する議論の一部である。

　　ブルックス先生：これ（引用）はどんな意味だと思うか聞きたいと思います。悪が生じるためには、善人は傍観し、何もしてはならないといっています。
　　マヌエル：その通りだと思います。この地域には、例えば薬物のように、何もできないようなことがたくさんあります。
　　ブルックス先生：あなたがあることを正しいと思ったとする。いつもそれに首をつっこむことは正しいことですか？
　　エヴァン：薬物は良くないと知っていますが、やめさせることはできません。
　　ブルックス先生：薬物の売人はどうですか……彼らを同じ場所、同じ日に、いつも見かけますね……彼らを通報するのはどうですか？

マヌエル：密告なんかしたら撃たれます。

　より裕福な地域に住む人々にとって、薬物取引を警察に通報するのは当たり前の行動であるが、サリーの生徒個人にとっては、非常に危険な行動となりうる。生徒たちはしばしば、危険で違法な行為に遭遇したが、それに対して何かができるとは感じていなかった。マヌエルはこの絶望感を振り返り次のように語った。「1人で変化を起こすことなんてできません。もし1人なら関わらないです」。エヴァンも「私が住む地域では何もできません」と同意した。ナルシソは、少し悩みながら質問者に答えた。「もしたくさんの人が協力するなら、少しはそれ（薬物取引）を止められるかもしれない」と言いながら、最後には「でもきっと止められないでしょうね」と述べた。

　複雑な問題への取り組みという困難に加え、ブルックス先生は、生徒たちの不安定な出席状況と学習全般の困難さに直面した。そこでブルックス先生は、学習過程でもあり、同時に学習成果ともなるような市民的アクション・リサーチ・プロジェクトのアプローチを考え出した。それは「スクラップブック」である。生徒は、それに、地域の薬物と暴力について調査し、個人的に考えたことを書き込むのである。スクラップブックは、授業の出席者数が変わっても十分使用でき、いろいろな記述を書き込む媒体となり、生徒がほとんど使ってこなかったスキルを発達させ、生徒たちの取り組みを目に見える成果として示した。スクラップブックは、生徒が、殺人や薬物によって影響を受けた生活の多様な側面を文章化する手段になった。そのことで、生徒は、学校、地域、政府の役人といった聴衆に向けて書こうという思いを持つようになった。ブルックス先生の生徒の1人であるベニーは、スクラップブックのタイトルを『聞いて——生徒の声の選集』とした。

　スクラップブックでは、生徒たちは、個人的な経験や独自に行った調査に関する日誌を書きながら、選んだ地域の問題について探究した。アロンソは次のように書いた。

私の名はアロンソです。サリーにあるサリー高等学校に在籍しています。11年生です。趣味はフットボール、バスケットボール、テレビゲームです。好きなことは詩を書くことと友だちとおしゃべりをすることです。卒業したら、アメリカ海兵隊に行きたいです。その後は、サリーの警察官になりたいです。

　私の最初の内容は、サリーのあらゆる道路で見かける注射針についてです。私は、州がなぜこれを掃除しないのかが分かりません。子どもたちは学校からの帰り道にこれを見ます。子どもたちが針を拾ってしまったら怪我をするかもしれないし、ウイルスや病気に感染してしまうかもしれません。私がサリーの市長なら、市を掃除しようという人々を集めて、変えていくでしょう。

　サリーでは、なぜ警察は街角にいる薬物の売人を逮捕しないのか私は不思議に思います。警察は常にパトロールしているのに何もしません。もし私が警察なら、サリーのすべての街角で立ち止まり、薬物の売人を逮捕するでしょう…

　私は毎日、学校が終わると歩いて帰ります。私の住まいに面する道に、薬物を売っていると思われる家があります。人々はそこでパーティをしています。また、そこでは売春が行われていると思います。夜遅くまで家の内外を問わず喧嘩をしています。警察は家をつきとめ、すべての犯罪者を逮捕すべきだと思います。


　アロンソがスクラップブックの中で書いているように、生徒は、地域における生活が日常的に分断されていることに直面していた。つまり、生徒は、安全を守るべき警察は、きちんと役目を果たしていないと見なしていた。このことは、生徒の市民的アイデンティティの発達や、それを支援する教師の役割をより複雑なものとした。なぜなら、教師と生徒は、市民的組織を支える一員として自らを見なそうとする一方で、その組織は子どもの利益を守っていないと感じていたからである。

　しかしインタビューで、生徒たちは、『聞いて』に取り組む機会があったことについて熱心に語った。「学校でこんなことをしたことはありませ

んでした。こんなにたくさん書いたこともありませんでした。今年だけで、ノート2冊分にもなったんです！」と述べている。スクラップブックの作成過程で書いた文章の量が素晴らしいのはもちろんであるが、文章記述の質と真正さはより素晴らしいものであった。ブルックス先生はスクラップブックの前書きに次のように書いた。

> 私の生徒がこの『聞いて』の中で述べていることは、我々のふるさとであるこの市における薬物取引や殺人に関する、自分たちの見方、意見、経験です。生徒たちの立派なところは、『聞いて』の中で、個人的な話や経験について深く探究し、共有したことです。彼らのうち何人かは、言葉で考えを伝えることが苦手です。しかし、ほとんどの人々が同意するように、書き言葉を通したコミュニケーションは、形式ばらないで、安心できるものです。それは、感情的・身体的な場であり、生徒の多く（また彼らのような生徒たち）が、子どもの頃からこれまで経験したことのない場であったかもしれません。

生徒たちにとってスクラップブックの作成は、自分たちが関わる複雑な市民問題に、有意義な形で取り組むことであった。またそれは、自分たちの痛みを伴う経験や、変化への切なる願いを具体的に表現する機会にもなった。ブルックス先生は次のように書いた。

> 『聞いて』の中で俗語、下品な言葉、不穏な内容を通して生徒が伝えようとしたことは、私の貧しい、マイノリティの生徒であっても、自分たちの意見、考え、夢を持っているということです。生徒たちはすべて同じではありません。彼らの書いたものはステレオタイプのように型にはまったものではありません。生徒たちは、自分たちの市、国、世界が良い方向へ変化することを望んでいるのです。

# 教室で行う市民的アクション・リサーチのジレンマ

　ここまで見てきた3つの事例が示すように、市民的アクション・リサーチを実施することは、やりがいはあるが簡単ではない。解放理論を実践に落とし込むのは複雑なことである。なぜなら、真正な探究を基本とする教授法を、制限が多く人為的な教室環境の中に組み込むことだからである。プロジェクトを研究論文として取り上げる中で、研究対象校で見られたいくつかのジレンマについての省察を行った。互いに関連するジレンマについて考えることは、社会科授業における市民的アクション・リサーチ・プロジェクトをより精緻化するのに役立つだろう。

## 一致と分断

　3つのプロジェクトの軌跡は、本書のこれまでの論点と比べて最も明確に次のことを示しているだろう。それは、生徒の市民的経験は彼らの学校や地域の中に深く根付いていること、また生徒の市民的生活の文脈の特徴は教授学習の成果に大きな影響を与えていることである。オールウッドの生徒たちは、保護された環境で人生経験を積んでおり、比較的簡単に取り組める学校に基盤を置いた市民問題を選択した。新しい校長が、問題のリュックサックの校則を変えたことで、生徒たちの一致の感覚が強まった。その感覚とは、生徒の幸せに責任を負う立場の人々は、生徒の最善を常に考えており、学校制度は生徒のニーズに迅速にこたえてくれるという感覚である。サリーにおいて生徒が選んだ市民問題は、地域で日々起こる暴力や犯罪の経験に基づくものであった。それらの複雑な問題を調べることは、安全や正義に関する市民的理想と、生徒の学校や地域での経験との間にある、著しい分断を直接的に調べることを必要とした。

　以上のような問題の探究を行うことは、教師たちが考慮すべき教育的帰結をもたらす。サリー高校の生徒にとってプロジェクトは、学校での学習と日々の生活で感じる問題をつなぐ機会となった。それは稀であり、意味のある機会であった。ブルックス先生の生徒は、深い問題意識を感じていたからこそ、スクラップブックプロジェクトで見せたような強い関心を示

したのだろう。しかし、このような難しい問題に取り組む場合、生徒が、問題に感情的、分析的に取り組む方法を習得できるようなさらなる支援が必要である。オールウッド高校の生徒は、自分たちの生活経験に基づき、あまり複雑ではなく、重大でない問題に取り組んだ。教師は、地域学習の中に地域の問題選択自体を組み込もうと考えるかもしれない。それにより、生徒が問題を考える際、自分たちの地域におけるより広い影響を考慮できるようになるからである。

　これは、次に述べる問題の範囲をどう考えるのかにつながる。

## 問題の範囲

　根が深く、複雑な問題は、生徒の不公平さに関わる経験の核心につながるものである。しかし、そのような問題は調査が難しく、解決するには大きすぎ、トラブルになったり、取り組む意欲を失わせる可能性がある。時には生徒自身が問題の一部に関与していることもあり、教師が研究プロセスを調整するのが複雑かつ困難になったりする。一方で、狭い範囲に限定された単純な問題は、定義し、直接扱い、一定の変化をもたらすのが容易である。しかしそれらの問題はそれほど重要ではなく、多くの生徒が経験している分断についても触れないという課題がある。

　教師は、生徒が研究対象として選択する問題の範囲を決める際、どの程度介入するのかについて考える必要があるだろう。3つの研究対象校では、異なった決定を教師は行っていた。オールウッドでは小さな解決できる問題を、サリーでは大きくて手に負えないような問題を、オークノルでは生徒が影響を与えうる問題を含む多様な問題を選択していた。これらの選択は、次に述べるようにプロジェクトの真正さに影響を与える。

## 学校環境における真正さの担保

　学校において教師は、生徒自身に学習目標に対する責任を持たせる必要がある。教師は、評価課題を作成し、生徒の取り組みについて判断し、重要なスキルが習得されたか確認し、フィードバックを行い、成績をつけ、単位を与えなければならない。ここでのジレンマは、この仕組みのために

プロジェクトが「学校化する」傾向があることである。プロジェクトは、活気があり真正である時に最も良い状態になる。プロジェクトが「学校化される」時、それは学校の課題の1つにすぎないものとなる。つまり、活気、生活とのレリバンス、面白さを失うということである。生徒は、やるべきことをチェックして、最小限の努力で課題を片付けようとする。本書の研究では、オークノル高校の市民的アクション・リサーチ・プロジェクトは「学校化されていた」。生徒は、課題で要求されていること、特に最終的な成果物に焦点を当てていた。バンクス先生は、調査の過程が腑に落ちず、生徒たちを本題から離れないようにすることに注力したため、学校プロジェクトと似たようなプロジェクトを構成することになってしまった。これについては仕方がない部分もあるが、他の学校で出される課題と同じようにプロジェクトを構成することで、バンクス先生の生徒は、それが自分のプロジェクトであるとの意識を持ち、積極的に取り組むことができなかった。

　探究の真正さを担保することは、社会科カリキュラムの中に市民的アクション・リサーチを組み込む際の大きな課題である。教室外で行われるYPARプロジェクトは、真正の探究として構成しやすい。それは、生徒に活動家であるとともに、研究者としての役割を与えるからである。しかし、このようなプロジェクトは、普通の公立高校の教室に通う広い範囲の生徒に、広がるとは限らない。しかし真正な学びであればあるほど、より動的で変化しうるものとなる。これについては、次で検討しよう。

## 「動くターゲット」

　アクション・リサーチは、現在進行形で、意義が大きく、生活にレリバンスのある問題を選択し、調査や行動を行うことを前提とする。こうしたプロジェクトは、その性質上、動的で変化するものである。実生活の問題を調査している間にも、行為者、文脈、問題自体をも含む条件はめまぐるしく変化してゆく。その問題は最もレリバンスが高い問題であるがゆえに、時として生徒が研究し行動する上では「動くターゲット」となり、プロジェクトの過程で変化することがある。

オールウッド高校でのプロジェクトはまさに「動くターゲット」の典型であった。プロジェクトの中で生徒は、関心の高い、「生きた」問題を選択した。それは、喫緊の課題であったために、生徒が調査や行動計画を立てる前に解決されてしまった。教師は、喫緊の課題に取り組みたいという生徒の願いと共に、そうした課題がプロジェクトの最中に転換したり変化したりする可能性があるということとの間でバランスを取らなくてはならない。なぜなら、こうした性質は、生徒の成果を生み出す力に影響を与えるからである。プロセスと成果を考慮することは、このようなプロジェクトを考える上で、検討すべきもう1つの課題である。

## プロセスVS成果

大半の教師は、これらのプロジェクトにおける重要な学びは、研究と調査のプロセスの中で生じているということに同意するだろう。生徒は、仲間との協働、分析、表現活動から学んでいる。しかし、プロジェクトの活動志向は成果に着目することにもなる。生徒と教師は、調査する問題に力と時間を注ぐようになり、成果を出したいと思うからである。オークノル高校でバンクス先生は、最終成果がプロジェクトの成功を示す重要な証拠だと見なし、生徒の努力が不十分であると苛立っていた。ブルックス先生の生徒が作成したスクラップブックは、プロセスと成果の両方に関わるものであった。それは、サリーの高い犯罪率に変化がなかったにもかかわらず、生徒と教師を満足させた。オールウッド高校における生徒の問題解決は、プロセスと成果の両方を避けるものとなった。

市民的アクション・リサーチにおいて、豊かで協働的で魅力的なプロセスを作り出すことは不可欠である。プロジェクトの最終成果は参加者にはどうしようもない要因の影響を受ける。教師は、生徒の行動計画の成果をコントロールすることはできないが、意味のある市民としての学びや重要な市民的スキルの発達につながるようなプロセスを確立し、支援することはできる。プロジェクトの明確かつ慎重な理論的枠組みは、プロジェクトの影響を強めることができる。

## 理論に基づいた枠組みづくり

　プロジェクトは、様々な理論的アプローチの枠組みを設定することができる。批判理論のアプローチでは、YPARプロジェクトと同様、人種や社会経済的な不正義と権力の不均衡の問題に焦点を当てる。新自由主義的アプローチは、プロジェクト・シティズンと同様に、政策立案と問題解決を、権利の進歩と発展の物語の中に位置づける。どの理論的枠組みを採用するかによって、異なる生徒に違う形で響くだろうし、生徒がその問題にどのくらいレリバンスが高いと感じるかも異なってくる。

　例えばオールウッドでは、より批判的な枠組みを用いた方が、生徒がより広く、より重要で、他のカリキュラムの部分とも深いところでつながっているような調査課題を選択することを促したかもしれない。サリーの生徒は、批判的な視点から見ることで、地域の薬物や殺人といった問題が、社会的・歴史的になぜ生じたのかを、より良く分析できたかもしれない。オークノル高校では、バンクス先生が市民的アクション・リサーチの理論的基盤に対して積極的に関与しておらず、安心感がないことが、プロジェクトの学習可能性への信頼を失わせることにもなっていた。

　オールウッド、サリー、オークノルにおける市民的アクション・リサーチ・プロジェクトは、しばしば問題も起こっており、決して完璧なものではなかった。しかし、プロジェクトが行われていた期間中、生徒は、市民的学習の経験を、現実的で実践的なものと捉えていた。確かに合衆国史のカリキュラムの中でプロジェクトをどのように実施するかについては改善できることが多々ある。一方で、このように動的で不完全であるという性質こそが、民主主義における市民生活の動的で不完全な混乱状況を反映したものといえるのではないか。


**原注**

1）この章は、すでに発表した下記の研究の一部に基づいている。Rubin & Jones, 2007;
　　Rubin, Hayes & Benson, 2009; and Rubin & Hayes, 2010.

**訳注**

1）歌詞や詩、物語などを声に出して読む芸術的パフォーマンス。
2）Center for Civic Education（著）全国法教育ネットワーク（訳）（2003）『プロジェ
  クト・シチズン──子どもたちの挑戦』現代人文社を参照。
3）ジョン・デューイ著・市村尚久訳（2004）『経験と教育』講談社学術文庫の訳を引用。

# 参考文献

Abu El-Haj, T. R. (2009a). Becoming citizens in an era of globalization and transnational migration: Re-imagining citizenship as critical practice. *Theory into Practice*, 48(4), 274–282.

Abu El-Haj, T. R. (2009b). Imagining postnationalism: Arts, citizenship education, and Arab American youth. *Anthropology and Education Quarterly*, 40(1), 1–19.

Adler, S. (1991). The education of social studies teachers. In J. Shaver (Ed.), *Handbook of research on social studies teaching and learning*. New York: Macmillan.

Andolina, M. W., Jenkins, K., Zuka, C., & Keeter, S. (2003). Habits from home, lessons from school: Influences on youth civic engagement. *PS: Political Science and Politics*, 36(2), 275–280.

*Arizona Daily Star*. (2010, May 12). TUSD students protest visit by Tom Horne. Video. Retrieved from http://azstarnet.com/news/local/article_5f222a2e-5df6-11df-a8d8-001cc4c03286.html?mode=video.

Atherton, H. (2000). We the people . . . Project Citizen. In S. Mann & J. Patrick (Eds.), *Education for civic engagement in democracy* (pp. 93–102). Bloomington, IN: ERIC Clearinghouse for Social Studies/Social Science Education.

Bader, L., & Pearce, D. (1983). Writing across the curriculum 7–12. *English Education*, 15(2), 105.

Battisoni, R. (1997). Service learning and democratic citizenship. *Theory Into Practice*, 36(3), 150–156.

Berg, M. J. (2004). Education and advocacy: Improving teaching and learning through student participatory action research. *Practicing Anthropology*, 26(2), 20–24.

Beyer, B. (1982). Using writing to learn social studies. *Social Studies*, 73(3), 100–105.

Bingham, A., & Christie, P. (2004). Youth action research in violence prevention: The youth survey project. *Practicing Anthropology*, 26(2), 35–39.

Bloom, L., & Ochoa, A. (1996). Responding to gender equity in the social studies curriculum. In B. G. Massialas & R. F. Allen (Eds.), *Crucial issues in teaching social studies: K-12*. New York: Wadsworth Publishing.

Butts, R. F. (1988). *The morality of democratic citizenship: Goals for civic education in the republic's third century*. Center for Civic Education, Calabasas, CA. Retrieved from http://www.civiced.org/papers/morality/morality_toc.html.

Cahill, C. (2007). Doing research with young people: Participatory research and the rituals of collective work. *Children's Geographies*, 5(3), 297–312.

Cammarota, J., & Romero, A. F. (2009). A social justice epistemology and pedagogy for Latina/o students: Transforming public education with participatory action research. *New Directions for Youth Development*, 123, 53–65.

Carnegie Corporation and CIRCLE. (2003). *The civic mission of schools report*. New York: Carnegie Corporation and CIRCLE.

Caron, E. (2004). The impact of a methods course on teaching practices: Implementing issues-centered teaching in the social studies classroom. *Journal of Social Studies Research*, 28(2), 4–19.

Center for Civic Education. (2009). *Project Citizen overview*. Calabasas, CA: Center for Civic Education. Retrieved from http://new.civiced.org/programs/project-citizen.

Center for Information and Research on Civic Learning and Engagement (CIRCLE). (2006). *Civic and political health of the nation report*. New York: CIRCLE.

Cervone, B. (1983). Students' attitudes toward studying history. *The Clearing House*, 57, 163–166.

Chapman, C. (1997). *Student interest in national news and its relation to school courses* (pp. 1–9). National Center for Education Statistics. Retrieved from http://nces.ed.gov/pubs97/97970.pdf.

Cheney, L. (1994, Oct. 20). The end of history. *The Wall Street Journal*.

Chilcoat, G. W., & Ligon, J. A. (2001). Discussion as a means for transformative change: Social studies lessons from the Mississippi Freedom Schools. *The Social Studies*, September/October, 213–219.

Cobb, P., Confrey, J., diSessa, A., Lehrer, R., & Schauble, L. (2003). Design experiments in educational research. *Educational Researcher*, 32(1), 9–13.

Common Core State Standards Initiative. (n.d.). Retrieved from http://www.corestandards.org/the-standards/english-language-arts-standards.

Connor, M. (1997). Teaching United States History thematically. *Social Education*, 61(4), 203–204.

Cook, A., & Tashlik, P. (2004). *Talk, talk, talk: Discussion-based classrooms*. New York: Teachers College Press.

Cooper, E. (2005). What do we know about out-of-school youths? How participatory action research can work for young refugees in camps. *Compare*, 35(4), 463–477.

Davis, O. L. (2005). Where is the Iraq War in the curriculum this year? Or is it missing? *Journal of Curriculum and Supervision*, 20(3), 183–187.

Degler, C. (1987). In pursuit of an American history. *American Historical Review*, 12.

Dewey, J. (1938). *Experience and education*. New York: Macmillan.（ジョン・デューイ，市村尚久訳（2004）『経験と教育』講談社.）

Dillon, J. T. (1994). *Using discussion in classrooms*. Bristol, PA: Open University Press.

Education World. (2010). Twenty-five great ideas for teaching current events. Retrieved from http://www.educationworld.com/a_lesson/lesson/lesson072.shtml.

Elbow, P. (1973). *Writing without teachers*. London: Oxford.

Engle, S. (1996). Foreword. In R. Evans & D.W. Saxe (Eds.), *Handbook on teaching social issues* (pp. v–viii). Washington, DC: National Council for the Social Studies.

Evans, R., & Saxe, D. W. (Eds.). (1996). *Handbook on teaching social issues*. Washington, DC: National Council for the Social Studies.

Feldman, S. (2004). The real world. *Teaching PreK-8*, 6.

Fine, M., Torre, M., Burns, A., & Payne, Y. (2007). Youth research/participatory methods for reform. In D. Thiessen & A. Cook-Sather (Eds.), *International handbook of student experience in elementary and secondary schools*. Dordrecht, The Netherlands: Kluwer Academic Publishers.

Flinders, D. J. (2006). We can and should teach the war in Iraq. *Education Digest*, 71(5), 8–12.

Freire, P. (1970). *The pedagogy of the oppressed*. New York: Continuum.（パウロ・フレイレ，三砂ちづる訳（2018）『被抑圧者の教育学　50周年記念版』亜紀書房.）

Garrison, J. (2006, August 26). Retaliation alleged for teaching on Iraq war. *The Los Angeles Times*. Retrieved from http://articles.latimes.com/2006/aug/26/local/me-recruit26.

Gitlin, T. (1996). *Twilight of common dreams*. New York: Henry Holt & Company, Inc.

Goggin, W. (1985). Writing to learn: A message for history and social studies teachers. *The Social Studies*, 76(4), 170–173.

Goodlad, J. (1983). Study of schoolings: Some findings and hypotheses. *Phi Delta Kappan*, 64(7), 465–470.

Greeno, J., & MMAP (1998). The situativity of knowing, learning and research. *American Psychologist*, 53(1), 5–26.

Grinberg, E. (2010, May 22). Texas OKs school guidelines after ideological debate. *CNN*. Retrieved from http://www.cnn.com/2010/US/05/21/texas.textbook.vote.

Gross, R. E. (1952). What's wrong with American history? *Social Education*, 16, 157–161.

Haas, M., & Laughlin, M. (2000). *Teaching current events: Its status in social studies today*. Paper presented at the annual conference of the American Educational Research Association, New Orleans.

Hahn, C. L. (1996). Research on issues-centered social studies. In R. W. Evans & D. Warren Saxe (Eds.), *Handbook on teaching social issues* (pp. 25–41). Washington, DC: National Council for the Social Studies.

Hess, D. E. (2004). Discussion in social studies: Is it worth the trouble? *Social Education*, March, 152.

Hess, D. (2009). *Controversy in the classroom: The democratic power of discussion*. New York: Routledge.（ダイアナ・E・ヘス，渡部竜也・岩崎圭祐・井上昌善監訳（2021）『教室における政治的中立性——論争問題を扱うために』春風社.）

Hess, D., & Posselt, J. (2002). How students experience and learn from the discussion of controversial public issues. *Journal of Curriculum and Supervision*, 17(4), 283–314.

Kahne, J., & Middaugh, E. (2008). *Democracy for some: The civic opportunity gap in high school*. Center for Information and Research on Civic Learning and Engagement. Retrieved from http://www.civicyouth.org.

Kahne, J., & Sporte, S. (2008). Developing citizens: The impact of civic learning opportunities on students' commitment to civic participation. *American Educational Research Journal*, 45, 738–776.

Kahne, J., & Westheimer, J. (2003). Teaching democracy: What schools need to do. *Phi Delta Kappan*, 85(1), 34–66.

Kaplan, J. (2002). John Dewey at the beach. *Kappa Delta Pi Record*, 38(4), 156–159.

Kelly, A. (2003). Research as design. *Educational Researcher*, 32(1), 3–4.

Knight Abowitz, K., & Harnish, J. (2006). Contemporary discourses of citizenship. *Review of Educational Research*, 76(4), 653–690.

Larson, B. E. (1999). Influences on social studies teachers' use of classroom discussion. *The Social Studies*, 73(3), 125–132.

Larson, B. E., & Parker, W. C. (1996). What is classroom discussion? A look at teachers' conceptions. *Journal of Curriculum and Supervision*, 11(2), 110–126.

Lattimer, H. (2008). Challenging history: Essential questions in the social studies classroom. *Social Education*, 72(6), 326–329.

Lave, J. (1993). Situating learning in communities of practice. In L. Resnick, J. Levine, & S. Teasley (Eds.), *Perspectives on socially shared cognition* (pp. 63–85). Washington, DC: American Psychological Association.

Lave, J., & Wenger, E. (1991). *Situated learning: Legitimate peripheral participation*. New York: Cambridge University Press. （ジーン・レイヴ，エティエンヌ・ウェンガー，佐伯胖 訳（1993）『状況に埋め込まれた学習——正統的周辺参加』産業図書.）

Levinson, M. (2007). The civic achievement gap. *CIRCLE Working Paper 51*.

Libresco, A. (2002). Current events matters for elementary school students and teachers. *Social Science Docket*, Summer–Fall, 69–70.

Lintner, T. (2006). Hurricanes and tsunamis: Teaching about natural disasters and civic responsibility in elementary classrooms. *The Social Studies*, May/June, 101–104.

Maglajlic, R. A., & Right to Know Participatory Action Research United Nations Children's Fund Bosnia and Herzegovina Team. (2004). *Child Care in Practice*, 10(2), 127–139.

McIntyre, A. (2000). Constructing meaning about violence, school, and community: Participatory action research with urban youth. *The Urban Review*, 32(2), 123–154.

McKinley Jr., J. C. (2010, March 12). Texas conservatives win curriculum change. *New York Times*. Retrieved from http://www.nytimes.com/2010/03/13/education/13texas.html?n=Top%2f Reference%2fTimes%20Topics%2fOrganizations%2fB%2fBoard%20of%20Education.

Mitsakos, C., & Ackerman, A. (2009). Teaching social studies as a subversive activity. *Social Education*, 73(1), 40–42.

Morrell, E. (2004). *Becoming critical researchers: Literacy and empowerment for urban youth*. New York: Peter Lang.

National Alliance for Civic Education. (n.d.). *The importance of civic education*. Retrieved from http://www.cived.net/tioce.html.

National Council for the Social Studies (NCSS). (2009). *National curriculum standards for social studies*. Retrieved from http://www.socialstudies.org/standards/introduction.

Nelson, M. (1994). *The social studies in secondary education: A reprint of the seminal 1916 report with annotations and commentaries*. Bloomington, Indiana: ERIC Clearinghouse for Social Studies/Social Science Education.

*New York Times*. (2010, May 13). Citing individualism, Arizona tries to rein in ethnic studies in school. Retrieved from http://www.nytimes.com/2010/05/14/education/14 arizona.html?scp =2&sq=arizona%20%22ethnic%20studies%22&st=cse.

Nystrand, M., Gamoran, A., & Carbonaro, W. (1998). *Towards an ecology of learning: The case of classroom discourse and its effects on writing in high school English and social studies* (pp. 1–27). CELA Research Report, Series 11001. New York: National Center on English Learning and Achievement, University of Albany, SUNY.

Okolo, C., Ferretti, R., & MacArthur, C. (2007) Talking about history: Discussions in a middle school inclusive classroom. *Journal of Living Disabilities*, 40(20), 154–165.

Owens, D. C., & Jones, K. T. (2004). Adapting the youth participatory action research model to serve LBGTQ youth of color. *Practicing Anthropology*, 26(2), 25–29.

Park, P. (1993). What is participatory research? A theoretical and methodological perspective. In P. Park, M. Brydon-Miller, B. Hall, & T. Jackson (Eds.), *Voices of change: Participatory research in the United States and Canada* (pp. 1–19). Westport, CT: Bergin & Garvey.

Parker, W. C., & Hess, D. (2001). Teaching with and for discussion. *Teaching and Teacher Education*, 17, 273–289.

Passe, J., & Evans, R. (1996). Discussion methods in an issue-centered curriculum. In R. W. Evans & D. Warren Saxe (Eds.), *Handbook on teaching social issues* (pp. 81–88). Washington, DC: National Council for the Social Studies.

Pescatore, C. (2007). Current events as empowering literacy: For English and social studies teachers. *Journal of Adolescent and Adult Literacy*, 51(4), 326–339.

Peterson, M. D. (1960). *The Jefferson image in the American mind*. New York: Oxford University Press.

Powers, J. L., & Tiffany, J. S. (2006). Engaging youth in participatory research and evaluation. *Journal of Public Health Management Practice*, November supplement, S79–S87.

Root, S., & Northup, J. (2007). *Project Citizen evaluation report*. Denver, CO: RMC Research Corporation.

Rubin, B. (2007). "There's still not justice": Youth civic identity development amid distinct school and community contexts. *Teachers College Record*, 109(2), 449–481.

Rubin, B. C., & Hayes, B. (2010). "No backpacks" vs. "Drugs and murder": The promise and complexity of youth civic action research. *Harvard Educational Review*, 80(3), 149–175.

Rubin, B. C., Hayes, B., & Benson, K. (2009). "It's the worst place to live": Urban youth and the challenge of school-based civic learning. *Theory into Practice*, 48(3), 213–221.

Rubin, B. C., & Jones, M. (2007). Student action research: Reaping the benefits for students and school leaders. *National Association of Secondary School Principals Bulletin*, 91(4), 363–378.

Sabo, K. (2003). Editor's notes. *New Directions for Evaluation*, 98, 1–11.

Schensul, S. L., LoBianco, L., & Lombardo, C. (2004). Youth participatory action research (Youth PAR) in public schools: Opportunities and challenges in an inner-city high school. *Practicing Anthropology*, 26(2), 10–14.

Schultz, B. (2008). *Spectacular things happen along the way*. New York: TC Press.

Sharp, K. (2009). *A survey of Appalachian middle and high school teacher perceptions of controversial current events instruction*. Paper presented at the annual meeting of The National Council for the Social Studies, Atlanta, GA.

Singleton, L. R., & Giese, J. R. (1996). Preparing citizens to participate in democratic discourse: The public issues model. In R.W. Evans & D. Warren Saxe (Eds.), *Handbook on teaching social issues* (pp. 59–65). Washington, DC: National Council for the Social Studies.

Soule, S. (2006). *A campaign to promote civic education: A model of how to get education for democracy back into U.S. classrooms in all fifty states.* Paper presented at the International Conference on School Reform: Research and Practice, Vancouver, December 13–14.

Stotsky, S. (1990). Connecting reading and writing to civic education. *Educational Leadership*, 47, 72–73.

Stoudt, B. (2009). The role of language & discourse in the investigation of privilege: Using Participatory Action Research to discuss theory, develop methodology, and interrupt power. *The Urban Review*, 41(1), 7–28.

Sumrall, W., & Schillinger, D. N. (2004). A student-directed model for designing a science/social studies curriculum. *The Social Studies*, Jan/Feb, 5–10.

Sydlo, S. J., Schensul, J. J., Owens, D. C., Brase, M. K., Wiley, K. N., Berg, M. J., Baez, E., & Schensul, D. (2004). *Participatory action research curriculum for empowering youth.* Hartford, CT: The Institute for Community Research.

Torney-Purta, J., & Wilkenfeld, B. (2009). *Paths to 21st century competencies through civic education.* Chicago, IL: American Bar Association Division for Public Education.

Torre, M. (2009). Participatory action research and critical race theory: Fueling spaces for nosotras to research. *The Urban Review*, 41(1), 106–120.

Tredway, L. (1995). Socratic seminars: Engaging students in intellectual discourse. *Educational Leadership*, September, 26–29.

Tuck, E. (2009). Re-visioning action: Participatory action research and indigenous theories of change. *The Urban Review*, 41(1), 47–65.

Turner, T. (1995). Riding the rapids of current events! *Social Studies*, 86(3), 117.

Wadsworth, Y. (1998). What is participatory action research? *Action Research International*, Paper 2. Retrieved from http://www.scu.edu.au/schools/gcm/ar/ari/p-ywadsworth98.html.

Watts, R., Griffith, D., & Abdul-Adil, J. (1999). Sociopolitical development as an antidote for oppression—theory and action. *American Journal of Community Psychology*, 27(2), 255–271.

Weiss, I. R. (1978). *Report of the 1977 National Survey of Science, Mathematics, and Social Studies Education.* Research Triangle Park, NC: Center for Educational Research and Evaluation.

White, R. (1995). *How thematic teaching can transform history instruction.* The Clearing House, 63(3), 160–162.

Whitehouse, J. A. (2008). Discussion with a difference: Questions and cooperative learning. *Ethos*, 16(1), 11–15.

Wiggins, G., & McTighe, J. (1998). *Understanding by design.* Upper Saddle River, NJ: Prentice-Hall, Inc. (グラント・ウィギンズ, ジェイ・マクタイ, 西岡加名恵訳 (2012) 『理解をもたらすカリキュラム設計——「逆向き設計」の理論と方法』日本標準.)

Wilen, W. W. (2003). Conducting effective issue based discussions in social studies classrooms. *International Journal of Social Education*, 18(1), 99–110.

Wolk, S. (2003). Teaching for critical literacy in social studies. *Social Studies*, 94(3), 101–106.

Yilmaz, K. (2007). Historical empathy and its implications for classroom practices in schools. *History Teacher*, 40(3), 331–337.

Zukin, C., Keeter, S., Andolina, M., Jenkins, K., & Delli Carpini, M. (2006). *A new engagement? Political participation, civic life, and the changing American citizen.* New York: Oxford University Press.

# 解　説

# 『メイキング・シティズン』が
# 日本の社会科教育研究に示唆するもの

桑原敏典

## 1. はじめに

　ルービン氏は米国の社会科教育研究者の中でも日本と強いつながりを持っている方で、来日し講演をされたこともある。また、ルービン氏と交流のある日本の研究者も多い。筆者も、ルービン氏が研究をされているラトガース大学がある米国東海岸のニューブランズウィックを何度か訪れ、講義に参加させていただいたり、紹介して下さった学校の授業を参観したりした。学校を訪問する際には、ルービン氏自身が運転する車に同乗させていただき、また、仕事の後にはホームパーティに招待されるなど、非常に親切にしていただいた。岡山大学が文部科学省から委託されたプロジェクトで、岡山県の教員を海外に派遣する仕事に取り組んだ際には、なかなか派遣先が見つからず苦労したのだが、ルービン氏が学校を紹介して下さりプロジェクトを成功に導くことができた。ルービン氏の支援には今でも心から感謝している。このように、親日家でもあり、温かい人柄のルービン氏を慕う日本の研究者は多いが、ルービン氏は研究面でも今後の日本の社会科教育研究に大きな影響を与えることだろう。初めて来日されてからすでにかなりの年月が経つものの、その研究成果の翻訳がなされていなかったため、ルービン氏の日本の教育への影響は限定的であった。今回、川口広美氏を中心としたグループによってルービン氏の主著『メイキング・シティズン』の翻訳が国内で出版されることで、ルービン氏の研究は、日本のより多くの研究者に受け入れられていくことだろう。

　ルービン氏と日本の社会科教育研究者との関係が浅くないにもかかわらず、現時点ではルービン氏の研究の日本への影響があまり見られないのはなぜか。その理由の1つには、本書がそうであるように、ルービン氏の研究が、学校で生じた事実を調査した実証的で実践的な研究であり、理論が前面に出たものではないため、一見すると、日本への応用が難しいように

見えるということがあるだろう。しかし、必ずしも理由はそれだけではないように思われる。本書の日本の社会科教育研究への示唆を検討することは、同時に日本の社会科教育研究の特質と課題を考察することになるのではなかろうか。そして、本書は日本の社会科教育研究が直面している困難を打破するきっかけを与えてくれるのではないか、と筆者は考えている。

## 2. 『メイキング・シティズン』における研究者と教師の関係

　日本の教科教育研究者、特に社会科教育研究者と教師との関係は、「近い」のだろうか、それとも「遠い」のだろうか。これは、筆者が米国の社会科の学会（NCSS）に参加し、米国の社会科教育研究者と交流するようになって抱いた疑問である。ルービン氏の研究は、この疑問に回答を示してくれる。我々、日本の社会科教育研究者は、教師と共同研究を行ったり、教育現場の研修会に招かれて講師を務めたりする。そして、私自身がそうであるように、日本の社会科教育研究者には教育現場で教師をしながら研究をし、そのまま大学の教員になる者も少なくない。米国では、研究者が教育現場の研修を行うことはなく、また、現職の教員が学会で報告することはあるものの、それは本格的な学術研究とは見なされず、本格的な学術研究を行うためには、大学の博士課程で学び直す必要がある。そして、博士号を取得してから研究者となる。共同研究も、日本では、研究者が現場の教員と共同で授業を開発することが共同研究と考えられることが多いが、米国においては、どちらかといえば授業を開発することは現場の教師の行うことであり、それ自体が学術的な研究とは見なされることは少ない。このように捉えると、米国に比べると、日本の方が、社会科教育研究者と教師の関係が「近い」ように見える。しかし、研究者と教師の協働の内実を見ると、必ずしも、日本の方が米国よりも「近い」とはいえない面もあることが分かる。

　例えば、日本において研修や共同研究の場において、研究者は教師に授業を作る理論や、事実を説明する概念を与える役割を担っている。言わば、研究者は言葉を与える者であり、教師は授かった言葉で事実を捉え説明する者となる。その関係は、言葉を与える者と授かる者という、一方的な上

下関係になる。一方、米国においても、研究者が言葉を与えるということがないわけではないが、研究者は、教師との信頼関係を構築した上で、教師の実践から事実（データ）を収集し、それを分析して学術的な成果を上げる。教師は、研究者のそのような調査に協力するが、それは、決して言葉を授かるためというものではなく、自分の実践についての学術的な分析の結果を踏まえ、実践を改善するためである。この関係は、上下関係のような性格がないとはいえないが、互いに自立しており、言わば契約に基づく互恵的な関係であるように見える。このように捉えると、米国の研究者と教師の関係が、必ずしも日本より「遠い」とはいえないのではないか。日本のような固定した上下関係でない分、米国の方が「近い」とさえ、筆者には感じられた。

　もちろん、以上の考察は筆者の経験や印象に基づくものにすぎないが、米国の実態に触れて、筆者自身が、「言葉を授ける」という教師との関係における日本の社会科教育研究者の役割に限界を感じたのは確かである。なぜなら、日本におけるそのような研究者と教師の共同作業の成果の教育現場への影響は極めて限定的であり、現場の実践の改善に対する影響は極めて限定的であるという現実があるからである。では、研究者と教師の関係を、どのように見直していけばよいのか。ルービン氏が、本書において示した方法が、1つの回答ではないかと筆者は考えている。

　本書でルービン氏は、DBR（デザイン・ベースド・リサーチ）という手法を用いている。このDBRとは、特定の学習形態を開発し、ある文脈の中でそれらを体系的に調査することである。そのプロジェクトは生成的であり、変革的であるという特質を持つ。具体的には、研究の初期の段階において、ルービン氏は、現職の教員や博士課程の学生を含むチームを作り会合を行い、研究のためのデザイン原則について議論をした。そして、議論、書くことと表現すること、時事的な出来事、市民的アクションリサーチという4つの市民的スキルを設定し、カリキュラムを構成する原理として位置づけた。そして、次の段階では、研究チームの教師が授業を実践し、他のチームメンバーはそれを観察し、さらに月に1回集まって継続的な議論を行いながらカリキュラムを開発していった。このDBRという手法は、

ルービン氏によれば社会科では従来はあまり見られなかった方法であるが、社会科の新しいアプローチを開発する上で非常に有効な方法論であると考え、取り入れたということである。さて、このようなDBRについて、研究者と教師の関係という点からその特徴を検討すると、以下の2点にまとめることができるだろう。

①研究者と現職教員がチームとなって、研究の原理を作成すること
②カリキュラムの開発は、研究者と教師の共同作業として継続的に展開していくこと

このように、DBRでは研究者と教師が理論や概念を与える者と与えられる者という上下関係ではなく、1つのチームとして原理を追究し研究をデザインしていく。そして、カリキュラムの開発も、継続的な共同作業として進められる。DBRに見られる研究者と教師の関係は、日本のような上下関係ではなく、米国の研究者と教師の信頼関係に基づく自立した互恵関係をさらに発展させ、両者がチームとして問題解決にあたる、新たな関係を示してくれているように思う。本書が示唆するこの研究手法は、研究者と教師の関係が「近い」ようで「遠く」、研究と教育現場が乖離しているという日本の社会科教育研究の課題解決の方向性を示唆してくれているのではないか。

## 3.『メイキング・シティズン』における研究の原理

筆者は、主権者教育研究に関わっており、高校に招かれて高校生を対象に主権者教育を実践する機会をいただくことも多い。招かれる学校は、いわゆる進学校と呼ばれるところよりは、中堅の学校であったり、課題を抱えた生徒が多い学校であったりすることが多い。筆者は、これまでいくつかの主権者教育プログラムを研究成果として報告し、主権者教育の授業構成原理を提案しているが、実際、そこで示した原理がそのままどの学校にも通用するわけではなく、学校や生徒の実態に合わせて修正をして実践をしている。事前に先生から学校や生徒の特徴について可能な限り情報を入

手し、また、都合がつけば事前に一度学校を訪問して直接学校や生徒を観察して実態を理解するようにしている。このように、学校や生徒の実態は多様であり、主権者教育に限らず社会科の授業は、多様性を考慮し状況に合わせて行われる。しかし、日本の社会科教育研究は、普遍的な原理を追究することこそが学術研究の目的であるとして、いつでも、どこでも、誰でもいい授業ができることを目指して、普遍的な授業理論を提案してきた。そのような普遍的な理論の蓄積が、教育現場の実践の質を向上させたかどうか実証的なデータがあるわけではないが、一般には、先にも述べたように研究（理論）と実践が乖離しているといわれている。

　このように、日本の社会科教育研究では、長く、学校や生徒の実態の多様性を抜きにして研究を進めてきた。すなわち、教材の論理と教育の理論から導かれた原理が理想的に展開されることを前提に、授業やカリキュラムの開発研究が展開され、そのような研究が主流となっていた。しかし、ルービン氏のDBRでは、先の節で述べたように、学校の多様な実態を踏まえながら研究者と教師が継続的に議論を行い、研究を進める。本書では、異なる特徴を持つ3つの高校で調査が行われている。詳しくは、本書をご覧いただきたいが、これら3つの高校について、詳細なデータがまず示されている。それらは、それぞれの高校の人種の構成、日常生活で英語を使う生徒の割合、生徒に対する懲罰や出席率、卒業後の進路、全国テストの結果などである。日本の社会科教育研究で、これらのデータを示した研究を筆者は目にしたことがない。人種の構成や日常生活で使う言語の違いが、学校によって著しく異なっていることは確かに日本ではほとんど見られないだろうが、本節の冒頭で述べたように、日本であっても学校ごとに教育の実態は大きく異なっている。米国社会とは異なる指標で見れば、日本の学校も米国同様多様であるはずだ。これまでは、そのような多様性に言及することを、学術的ではないとする傾向が強かったが、そのような研究が多くの問題や限界を抱えていることは、これまで述べてきた通りである。本書は、日本の社会科教育研究に、学校や生徒の多様性に目を向けるべきであることを強く示唆してくれているのである。

## 4. 『メイキング・シティズン』における教育の目的

　本書でルービン氏らのチームが実際に行っているのは、合衆国史のカリキュラムの改革であり、歴史を通じた市民性育成である。ただ、そこで目指されているのは、新しい歴史解釈の教授や歴史学の成果を踏まえた歴史的思考力の育成といったものではない。目指されていたことは、生徒が、市民としてのアイデンティティを形成し、市民的な学習を通して自分たちには社会を変える力があるという確信を持てるようにすることである。先にも述べたように人種や学力レベルの異なる3つの高校が調査の対象であった。ルービン氏らは、この異なる3つの高校で同じように生徒の学力が改善されることを示して、自分たちの提唱する教育原理の普遍性を証明しようとしたわけではない。異なる3つの高校において、異なる生徒が、いかにして市民として成長したかを示すことが目的であった。ここに、日本との違いが明確に現れている。

　日本では、対象とした学習者の多くが同じレベルに達することを目指して教育が行われる。目標は、学習者1人ひとりの実態や状況に関わりなく設定され、研究においては、対象とした子どもの中で、その目標を達成した者がどの程度いるかということが重要になる。しかし、ルービン氏らが目指しているのは、すべての子どもの認識や思考力を同じレベルに引き上げることではない。目指していたことは、子どもが持っている市民としての潜在的な力をいかに引き出して、実際の社会の中で発揮することができるようにするかということである。"Making Citizens" というタイトルは、そのまま日本語に訳すと「市民を作る」となり、「作る」とは何事だ、と言われそうだが、この言葉の意味は、むしろ、子どもを市民にする、あるいは、子どもが市民になることを支援するという意味であろう。具体的に、市民として何ができるようになるか、どこでその力を発揮できるかは、それぞれの学習者の生活状況によって異なる。しかし、場所や状況は違っていても、それぞれが市民としての自覚を持ち、自分の力を信じて社会に働きかけることができるようになることが教育の目標として設定されているのである。

　ここまで、3点にわたって、ルービン氏らの研究、『メイキング・シ

ティズン』が日本の社会科教育の研究について示唆するものは何かを述べてきたが、それら3点は、強く結びついており連動していることがお分かりだろう。研究者と教師がチームとなって進めるDBRでは、学校や生徒の実態を踏まえて研究が進められ、多様性の中で学習者がどのように変容するかということが明らかにされる。そして、その到達点は、市民となるという大きな目標は共通しているものの、市民としてのあり方は多様であり学習者の置かれた状況によって異なっている。現実の多様性を直視せず、普遍性を追究していたために限界に直面している日本の社会科教育が、現状を打破し生まれ変わるヒントを、我々はルービン氏の研究から見つけることができるのである。

## 5. 日本の社会科教育研究の新潮流と課題

　これまで、日本の社会科教育研究の問題点ばかりに言及してきたが、冒頭でも述べたように、近年の若手研究者の中には、ルービン氏をはじめとするアメリカの社会科研究者の手法を逸早く取り入れて、新しい挑戦をしている方も多い。例えば、金鍾成（Kim Jongsung）は、ルービン氏の下で学び、DBRについての本（Rubin, Freedman & Kim, 2019）を共に編集し出版した。金（2016; 2017）は、対話型の授業を通して日韓の子どもが相互理解をどのように深めたかを研究した。金の研究は、子どもの変容を丁寧に調査し、国際理解教育において日韓双方の子どもの相互理解が進む過程を明らかにしたもので、従来の授業の構成原理を提案しその有効性を検証する授業開発研究とは一線を画すものである。また、子どもの実態に着目し、子どもにとって社会科の学習がどのような意味を持っているかを明らかにした研究としては星瑞希や釜悠介のものがある。星（2019）は、高校生が歴史授業をどのように意味づけているかを明らかにし、必ずしも教師が意図した通りに授業を受け止めているわけではないことを明らかにした。釜（2019）は、中学生が歴史の何を重要と考えているか、その理由は何かを調査から明らかにした。釜の研究から、子どもが歴史の中で何が重要と考えるかは実に多様であることが明らかになった。さらに、論争問題学習に対する教師自身の考えの多様さや、教師の指導に対する生徒自身の受け

止め方の多様性を明らかしたのが、岩崎圭祐である（岩崎, 2016; 2021）。これらの研究は学会でも高く評価されており、中には全国社会科教育学会の研究奨励賞を受賞した論文もある。また、社会科教育研究の範疇に留まるものではないが、古田雄一は、現代アメリカ貧困地域の市民性教育に関する研究成果をまとめて発表した（古田, 2021）。その中にはルービン氏の研究成果も紹介されている。古田の研究からは、アメリカの市民性教育の成果を日本の教育改革にどのように活かすかという示唆を得ることができる。若手研究者によって、このような新しい研究が展開されていることは、ルービン氏の研究を受け入れる基盤が、日本の教育研究、社会科教育研究にできていることを示していると言ってもいいだろう。

『メイキング・シティズン』の翻訳が出版されることで、日本の社会科教育研究それ自体も、いっそう多様になるだろう。研究の主流が入れ替わるということではなく、多様な流れが存在するようになると思われる。そのこと自体が、日本の社会科教育研究が海外、特に米国にも開かれるきっかけになるのではないか。そして、それによって日本の社会科教育、さらには学校が変わるきっかけにもなることを期待している。

**参考文献**


Rubin, B. C., Freedman, E. B., & Kim, J. (2019). *Design research in social studies education: Critical lessons from an emerging field*. New York: Routledge.

岩崎圭祐（2016）「論争問題学習における教師の個人的見解表明に関する研究——見解表明の是非に関する教師の見方を中心に」『公民教育研究』24、1-14.

岩崎圭祐（2021）「論争問題学習において生徒は教師の見解表明をどのように受け止めているか——インタビュー調査に基づいて」『社会認識教育学研究』36、31-40.

金鍾成（2017）「自己と他者の『真正な対話』に基づく日韓関係史教育——日韓の子どもを主体とした『より良い日清・日露戦争の教科書づくり』を事例に」『社会科教育研究』130、1-12.

金鍾成（2016）「『対話型』国際理解教育への試み——日韓の子どもを主体とした『より良い教科書づくり』実践を事例に」『社会科研究』84、49-60.

釤悠介（2019）「子どもは歴史の何を、なぜ重要だと考えるのか—— "Historical Significance" 概念の教室への導入に向けて」『社会科研究』91、13-24.

古田雄一（2021）『現代アメリカ貧困地域の市民性教育改革——教室・学校・地域の連

関の創造』東信堂.

星瑞希（2019）「生徒は教師の歴史授業をいかに意味づけるのか？――『習得』と『専有』の観点から」『社会科研究』90、25-36.

# 米国社会科教育研究における
# 『メイキング・シティズン』の位置づけ

斉藤仁一朗

## 1. はじめに

　本稿の目的は、本書『メイキング・シティズン』の特徴を、米国社会科教育研究の動向に位置づけて示すことである。

　本書の著者であるルービン氏の研究は、市民的アイデンティティの形成過程に関する研究（Rubin, 2007）や脱トラッキング政策（Detracking）下での市民的教育に関する研究（Rubin, 2004）、インクルーシブ教育に関する研究（Abu El-Haj & Rubin, 2009）など、社会科教育の枠を超えて多岐に及ぶ。ただ、ルービン氏の多様な研究の中で一貫しているのは、異なる社会的文脈に置かれた生徒が、市民としてのアイデンティティや認識などをどのように形成しているのか、また形成されるべきなのかを追究する点にある。その際の研究方法論としては、質的研究法を基盤としたアプローチが採られている。また、先行研究の動向整理をかなり緻密に行う点も特徴的である。

　そうしたルービン氏の研究の問題意識を含みながら、やや実践的に書かれたのが、本書である。本書でも「デザイン・ベースド・リサーチ（DBR）」を軸としての質的研究の手法が導入され、理論研究のレビューも手厚くなされており、他のルービン氏の研究との共通点も多い。ただ、本書はルービン氏が同時期に書いた論文と比べ、学習方法や授業の実態に関する文章が特に多く、より実践的な内容となっている。

　以上を踏まえて、本稿では、本書の米国社会科教育研究における位置づけを論じることとする。その際の視点として、①様々な授業研究の蓄積との関わり、②カリキュラムの開発・実践研究として、③エンパワメントのための市民的教育としての先駆性、の３点から論じることとしたい。

## 2. 本書の位置づけと独自性

### (1) 様々な授業研究の蓄積との関わり

　本書では、米国の必修科目である合衆国史の授業を主対象とし、生徒に有意義で日常生活の文脈に即した市民的学習の開発・実践が試みられている。では、本書で紹介されている社会科教育の授業方法は、先行研究とどのように関連しているのだろうか。

　本書の中には、退屈で単調になりがちな歴史学習を改革するべく、様々な学習方法が登場する。それらの方法で一貫しているのは、歴史を利用して現代の社会問題を読み解かせようとする姿勢であった。その結果、「本質的な問い」を軸にしたテーマ中心的な論争問題学習の授業が構成される。その具体的な手段として、自由な史資料解釈を促す「ソクラテスセミナー」、正答のない問いに対して生徒の意見の表明を迫る「テイク・ア・スタンド」、予め設定した論理構造に基づいた議論を促す「構造化された会話」、その他にも、模擬選挙、ニュース番組のロールプレイ、議論をするための導入課題としてのDo-Nowなど、生徒の主体的な学習を促す様々な方法が提案されている。

　これらの学習方法は、2000年以後の研究動向を踏まえたものになっている。例えば、本書では、現在と過去を結びつける歴史学習のあり方が主張されているが、これはBrooksの研究（Brooks, 2014）など、現代と過去をつなげる歴史学習の方法を提案・検証する複数の研究成果との関連が見られる。また、本書で見られるソクラテスセミナーが過去と現在をつなげる際に有効であることも、Kohlmeierの調査研究などでも指摘されている（Kohlmeier, 2006）。一連の「歴史的エンパシー」の研究においても、現代と過去の文脈の相違を比較・解釈させる学習も登場する（Brooks, 2011）。

　他にも、本書の第3章において、授業の際の導入課題としてDo-Nowという課題が課される場面が出てくるが、論争問題学習をする際に導入課題が重要である点は指摘されている（Hess, 2002; Hess, 2008）。また、本書で生徒による議論を促す際に、教師が立場を意図的に言わないように心掛ける場面が出てくるが、論争問題を取り扱う際に教師の立場表明に関しても検討されている（Hess, 2002）。

このように、本書ではここ 20 年間ほどの研究成果を多く目にすることができる。これは、本書が現代の研究の論点と呼応し、関連し合いながら生まれたことを示している。

## （2）カリキュラムの開発・実践研究として

　次に、本書の独自性として最も注目されるのが、カリキュラム開発のプロセスと方法である。本書では、DBR という方法論を導入することによって、3 人の社会科教師に対して 1 年間にわたってカリキュラムの再編成を依頼している。詳しい方法論は他の解説論文に譲るが、開発のプロセスとしては、社会科教師に対して、一定の抽象度のある 4 つのデザイン原理を守ってもらうように指示しながら、カリキュラムの再編成を教師や歴史家、研究者が話し合いながら進めるようになっている。

　米国の社会科教育研究において、これと類似した手法として、例えば問題解決学習の授業モデルを前提とした特定の単元を複数の教師に実施してもらい比較する研究（Saye & Brush, 2006）や、「現代と過去をつなぐ」ことを教師に依頼し、年間の歴史授業を実践してもらった研究などが挙げられる（Brooks, 2014）。ただ、これらの研究では年間レベルでのカリキュラム設計に関する詳細な議論はされていない。それに対して、本書では、ウィギンズとマクタイの「理解に基づくカリキュラム設計」の考え方（Wiggins & McTighe, 1998）を基にしつつ、テーマや問いと構成要素（議論、書くことなど）とを組み合わせたカリキュラムの枠組みまでを開発・実践するに至っている。このような長期にわたって学校教師と研究者が協働でカリキュラム開発を行った点が大変示唆的である。

　実際、社会科教育研究においてこのような研究が少ない背景には、論争問題学習を軸に大規模なカリキュラム編成を学校に依頼したり、研究協力を得ることが非常に難しい点が挙げられる（Hess, 2008）。その結果、教師が自分の授業成果を分析する研究（Kohlmeier, 2006）であったり、短期間で同じ単元を教える別々の教師の授業を比較する研究（Grant, 2001）であったり、一部の優れた教員の授業実践を分析する研究（Hess, 2002）などになりやすい。

それに対して、本書では、一般の学校や学区で求められる学習内容をカバーしつつ、それらをテーマ中心のカリキュラムへと再編成している。このように実践的かつ大胆にカリキュラムの再編成を行い実施・調査をしたことが、本書の最大の魅力である。

　2001年代の落ちこぼれ防止法（No Child Left Behind Act）以来、米国の社会科教育は決して実施のしやすい状況にはない。同法のもとに進むスタンダード政策では、（州によって対応の差はあるが、）州統一テストの実施と、その結果に応じた制裁や教育資金援助が紐づいて進められる状況が一般化している。その結果、社会科が州のテスト実施科目に選ばれれば、テスト対策に追われ、社会科が州のテスト実施科目に選ばれなければ、社会科が軽視され授業時間が減らされる、といったことが起こりやすくなっている。そして、州スタンダードが標準テストを課した結果として、教師が限られた時間内に教科書の単元を終わらせようと急いで授業を行う、といったことが常態化してしまっている（川上, 2018）。

　このような教育内容の「網羅」を強いる社会状態の中で、いかにして、求められる教育内容をカバーしつつ、有意味で価値のある授業を作るかという点が問われている。本書の教師らによる共同的なアプローチは、これらの状況に対する1つの回答を提示しているように思える。教育内容をカバーしつつ、単元全体の流れのダイナミックさを残したり、生徒主体の学習活動を含みこむアプローチは、全米社会科協議会（NCSS）によって作成されたC3フレームワーク（NCSS, 2013）や、Inquiry Design Model（Swan, Lee, & Grant, 2018）など、その後の展開と共通する解決策を模索した一例としても捉えられよう。いずれにせよ、その試みを1年間のスケールで複数実践している点は特筆に値する。


### （3）エンパワメントのための市民的教育としての先駆性

　本書の独自性として2点目に挙げられるのは、生徒や学校を取り巻く文脈を考慮した上で、生徒の市民的アイデンティティと社会科教育との関係を比較検討していることである。そしてこのような研究はいくつかの研究動向の上に位置づけられる。

まず、米国における社会科教育研究における質的研究の増大である。米国において1990年代以降、一貫して実証的な研究が増えてきた（Barton, 2006; Dinkelman & Cuenca, 2017）。当初は、生徒や教師の一般的な歴史認識を調査しようとする研究（Evans, 1989; Barton, 2008）が主流であったが、授業実践を通じた生徒や教師の認識・価値観の変容を追う研究（Grant, 2001; Brooks, 2011; Goldberg, 2013）を始め、バリエーションは今では多岐にわたっている。これまでの研究でも、特定の授業方法やカリキュラム設計が様々な社会文化的な文脈の下でうまくいくかを検証する実証研究の必要性は、何度も指摘されていた（Levistik, 2008; Hess, 2008; Brooks, 2014）。

　また、多様な人種・エスニシティを抱える米国では、生徒の社会的文脈（例：人種・エスニシティなど）を意識して授業を構想することは、これまでも伝統的に行われてきた。例えば、生徒の「文化的レリバント」（文化的な適切さ）を重視した1990年代以後の実践はそれに直結するであろう（Martell, 2013; Stovall, 2006）。また、人種やエスニシティに関わるアイデンティティと社会科授業との関係性に焦点化した研究は複数ある（Tyson, 2006; Chikkatur, 2013）。Goldbergは、人種やエスニシティの視点に注目した上で、歴史学習における議論や論争問題の学習が、生徒のアイデンティティの形成を促したり、授業を活性化することを指摘している（Goldberg, 2013）。

　一方、本書が力点を置いているのが、生徒の市民的なアイデンティティの形成に、生徒の日々の市民生活の経験がどう関わっているか、という点であった。このことは、本書の第1章の「表1.1　市民的アイデンティティの類型論」の説明で明らかである。また、日々の生活経験に米国の理想と比べた矛盾やズレを感じている方が、市民的なコミットメントの力になりうるという点（pp.22-28）や、ある程度裕福な生徒が多いオールウッド校の方が、全員が熱意を持って取り組むコミュニティの問題を発見することができなかったという点（p.220）は、本書の立場を垣間見る象徴的な事例である。

　複数の先行研究が述べるように、2000年代以後の米国の市民性教育の研究においては、人種・エスニシティを始めとする社会文化的な背景が、

生徒の市民性に関わる知識や態度に影響し、「格差」として顕在化していることが明らかとなった。その中で、社会から周縁化された生徒の認識がどのように形成されるのか、また社会から周縁化されがちな生徒に市民参加への希望や意義を感じさせる社会科授業はどうあるべきか、という点が論じられてきた（古田, 2021; Levinson, 2012; 久保園, 2023）。この問題は、わが国でも「エンパワーメントギャップ（格差）」という言葉で知られるようになってきた。

　本書は、このような問題意識を 2000 年代当初から持っていた著者によって行われた、カリキュラムの開発・実践を果たした先駆的研究の 1 つといえる。また、その上で、生徒の日々の経験や問題意識と社会科授業とのつながりを作る中で、カリキュラムという形で示した点は特筆に値する。実際、米国社会科教育研究の研究ハンドブックにおいても、この生徒の市民アイデンティティの問題にも言及がなされており、そこではルービン氏の研究が参照されている（Castro & Knowles, 2017）。

　このような経緯もあり、本書は、歴史教育のカリキュラムを提案する書でありつつも、公民教育としての色彩が強く出ている。社会的に周縁化されがちな生徒の市民的なアイデンティティやそこで交錯する想いに焦点を当てつつ、そういった生徒を勇気づけ、力を与える授業のあり方を示した点に、本書の独自性があるともいえるだろう。


## 3. おわりに

　以上のように、本書は、現代の米国社会科教育研究の成果を具現化する理論実証的な研究であると同時に、長期にわたるカリキュラム開発・実践を実現し、社会文化的な文脈、市民的アイデンティティにも注目した点において、価値ある研究だといえる。

　これまでの米国の社会科教育研究において、中長期的なスパンでのカリキュラム実践の調査が重要であることは指摘されてきた（Thornton, 2004; Barton & Levstik, 2004）。そして、学校や生徒を取り巻く多様な社会文化的な文脈に即して、社会科教育の実践の特徴を研究する必要性は何度も指摘されてきた。ただ、それらの条件を兼ね備えた研究は実際には多くはな

かった。本書の研究成果は、そうした研究上の問題を克服しながら、新た
な研究のあり方を示した点にあるといえる。そして、教師と研究者が協働
しながら、一般に学校で求められる学習内容をカバーしつつ、社会科教育
のカリキュラムをテーマ中心のものへと改造する試みが成功した意義は大
きい。また、社会科教育が真に市民的教育たりうるために、生徒のリアル
な市民的アイデンティティと向き合いつつ、多様な文脈に根ざす学習者を
観察・分析した研究としても、本書は重要な試みといえる。

## 参考文献

Abu El-Haj, T. R., & Rubin, B. C. (2009). Realizing the Equity-Minded Aspirations of
  Detracking and Inclusion: Toward a Capacity-Oriented Framework for Teacher
  Education, *Curriculum Inquiry*, 39(3), 435-463.

Branch, A. J. (2004). Modeling Respect by Teaching About Race and Ethnic Identity in
  the Social Studies, *Theory & Research in Social Education*, 32(4), 523-545.

Barton, K. C. & Levstik, L. S. (2014). *Teaching History for the Common Good* 1st Edi-
  tion, New York, NY: Routledge.（キース．C．バートン・リンダ．S．レヴスティ
  ク著／渡部竜也・草原和博・田口紘子・田中伸訳（2012）『コモン・グッドのため
  の歴史教育──社会文化的アプローチ』春風社.)

Barton, K. C. (2006). Introduction. In Barton, K. C. (Ed.). *Research Methods in Social
  Studies Education* (pp.1-10), Greenwich, CT: Information Age.

Barton, K. C. (2008). Research on students' ideas about history. In Levstik, L. S. &
  Tyson, C. A. (Eds). *Handbook of Research in Social Studies Education* (pp.239-
  258), New York, NY: Routledge.

Brooks, S. (2011). Historical Empathy as Perspective Recognition and Care in One Sec-
  ondary Social Studies Classroom, *Theory & Research in Social Education*, 39(2),
  166-202.

Brooks, S. (2014). Connecting the Past to the Present in the Middle-Level Classroom:
  A Comparative Case Study, *Theory & Research in Social Education*, 42(1), 65-95.

Castro, A. J. & Knowles, R. T. (2017). Democratic Citizenship Education: Research
  Across Multiple Landscapes and Contexts, In Manfra, M. M. & Bolick, C. M.
  (Eds.). *The Willey Handbook of Social Studies Research* (pp.287-318), UK, Jon
  Wiley & Sons, Inc.

Chikkatur, A. (2013). Teaching and Learning African American History in a Multira-
  cial Classroom, *Theory & Research in Social Education*, 41(4), 514-534.

Dinkelman, T. & Cuenca, A. (2017). Qualitative Inquiry in Social Studies Research, In

Manfra, M. M. & Bolick, C. M. (Eds). *The Willey Handbook of Social Studies Research* (pp.95-131), UK, Jon Wiley & Sons, Inc.

Evans, R. W. (1989). Teacher conceptions of history, *Theory & Research in Social Education*, 17(3), 210-240.

Goldberg, T. (2013). "It's in My Veins": Identity and Disciplinary Practice in Students' Discussions of a Historical Issue, *Theory & Research in Social Education*, 41(1), 33-64.

Grant, S. G. (2001). It's Just the Facts, or is it? The Relationship between Teachers' Practices and Students' Understandings of History, *Theory & Research in Social Education*, 29(1), 65-108.

Hess, D. (2002). Discussing Controversial Public Issues in Secondary Social Studies Classrooms: Learning from Skilled Teachers, *Theory & Research in Social Education*, 30(1), 10-41.

Hess, D. (2008). Controversial Issues and democratic discourse. In L. S. Levstik, L. S. & Tyson, C. A. (Eds). *Handbook of Research in Social Studies Education* (pp.124-136.), New York, NY: Routledge.

Hess, D. (2015). Discussion in social studies; is it worth the trouble? In W. C. Parker. (Eds.). *Social Studies Today Second Edition* (pp.257-265). New York, NY; Routledge.

Johnston, M. (2006). The Lamp and Mirror: Action Research and Self Studies in the social studies. In Barton, K. C. (Ed). *Research Methods in Social Studies Education* (pp.57-84), Greenwich, CT: Information Age.

Kohlmeier, J. (2006). "Couldn't she just leave?": The Relationship Between Consistently Using Class Discussions and the Development of Historical Empathy in a 9th Grade World History Course, *Theory & Research in Social Education*, 34(1), 34-57.

Levstik, L. S. (2008). What Happens in social studies classroom? In Levstik, L. S. & Tyson, C. A. (Eds). *Handbook of Research in Social Studies Education* (pp.50-62), New York, NY: Routledge.

Levinson, M. (2012). *No Citizen Left Behind*, Cambridge, MA: Harvard University Press. (メイラ・レヴィンソン著／渡部竜也・桑原敏典訳 (2022)『エンパワーメント・ギャップ——主権者になる資格のない子などいない』春風社.)

Martell, C. C. (2013). Race and Histories: Examining Culturally Relevant Teaching in the U.S. History Classroom, *Theory & Research in Social Education*, 41(1), 65-88.

National Council for the Social Studies (NCSS). (2013). *Social Studies for the Next Generation: Purposes, Practices, and Implications of the College, Career, and Civic Life (C3) Framework for Social Studies State Standards*, Silver Spring, MD: National Council for the Social Studies.

Rubin, B. C. & Noguera, P. A.(2004). Tracking Detracking: Sorting through the Dilemmas and Possibilities of Detracking in Practice, *Equity and Excellence in Education*, 37(1), 92-101.

Rubin, B. C.(2007). "There's Still Not Justice": Youth Civic Identity Development Amid Distinct School and Community Contexts, *Teachers College Record*, 109(2), 449-481.

Saye, J. W. & Brush, T.(2006). Comparing Teachers' Strategies for Supporting Student Inquiry in a Problem-Based Multimedia-Enhanced History Unit, *Theory & Research in Social Education*, 34(2), 183-212.

Stovall, D.(2006). We can Relate: Hip-Hop Culture, Critical Pedagogy, and the Secondary Classroom, *Urban Education*, 41(6), 585-602.

Swan, K., Lee, J. and Grant, S. G.(2018). *Inquiry Design Model: Building Inquiries in Social Studies*, National Council for the Social Studies and C3 Teachers.

Thornton, S. J.(2004). *Teaching Social Studies that Matters: Curriculum for Active Learning*, New York, NY: Teachers College Press.(スティーブン・J・ソーントン著／渡部竜也・山田秀和・田中伸・堀田諭訳（2012）『教師のゲートキーピング——主体的な学習者を生む社会科カリキュラムに向けて』春風社.)

Tyson, C. A.(2006). Research, Race, and social education. In Barton, K. C.(Ed). *Research Methods in Social Studies Education*（pp.39-56.）, Greenwich, CT: Information Age.

Wiggins, G and McTighe, J.(1998). *Understanding by Design*, Upper Saddle River, N.J.: Prentice-Hall.（グラント ウィギンズ・ジェイ マクタイ著／西岡加名恵訳（2012）『理解をもたらすカリキュラム設計——「逆向き設計」の理論と方法』日本標準.)

川上具美（2018）『思考する歴史教育の挑戦——暗記型か、思考型か、揺れるアメリカ』九州大学出版会.

久保園梓（2023）『米国シカゴの市民性教育——子どものエンパワメントの視点から』東信堂.

古田雄一（2021）『現代アメリカ貧困地域の市民性教育改革——教室・学校・地域の連関の創造』東信堂.

# 日本の社会科教育における
# デザイン・ベースド・リサーチの必要性

金鍾成

　アメリカの研究者と初めて出会う際に次の2つの質問を聞かれることが多い。1つは「何を研究しているか」であり、それに続くもう1つの質問は「それをどのように研究しているか」である。日本ではあまり聞かれない後者の質問だが、アメリカではある研究者がどのような研究をしているかを特定するために、研究内容だけではなく研究方法をも一緒に尋ねる必要があるという。この解説では、上述したアメリカの学問的伝統を参考にしながら、研究方法の側面から本書の特質を明らかにすることを目的とする。

## 1. デザイン・ベースド・リサーチとルービン氏の問題意識

　本書の筆者であるルービン氏は、本書で用いた研究方法であるデザイン・ベースド・リサーチ（Design-based Research、以下DBR）について次のように語っている。

　　DBRとは、「教育的な状況というものが複雑であるという特質を示す手段」として、「特定の学習形態を『設計・制作（engineering）』し、ある文脈の中でそれらの学習形態を体系的に調べること」に関わることである（Cobb et al., 2003, p.9）。…（中略）…そこでは、実践に関する特定の考え方を基にした新たな学習形態を作り出し、数々の革新を検討（study）し、検討下にある実践を改良・洞察し、良好な革新モデルを作り出すために一連の分析を分析するのである（Kelly, 2003, p.3）。…（中略）…理論的・経験的に獲得できたデザイン原理を踏まえた社会科教育の新しいアプローチをデザインし、実行し、追跡するといった本研究の本質を鑑みると、これ（＝DBR）は非常に有効な方法論であると捉えられる。

（p.31）

ルービン氏は、社会科のカリキュラムや教室の授業が子どもを取り巻く現実社会と乖離してしまったことで社会科教育と市民性教育に隔たりが生じるようになったと考える。氏はこのような問題を解決するために、高校の合衆国史授業を有益な市民的学習に転換させること、上記の言葉でいうならば特定の学習環境の「設計・制作」に取り組んだ。その上で、これまでの「数々の革新を検討」し3人の高校教師の経験的知識に照らし合わせながらp.30のBox1.1にあるデザイン原則を抽出した。各教師が自らの文脈においてどのようなカリキュラムをデザインし、実施したのかに関する内容と、その「実践を改良・洞察し、良好な革新モデルを作り出すために一連の分析」は、本書の第2章から第6章にわたって書かれている。

　上述の内容からルービン氏がDBRを採用した理由を2つにまとめることができる。1つ目は、DBRが教育的な問題の改善を目指し、より広い範囲にインパクトを与えようとすることである。介入（intervention）研究の1つとして位置づけられるDBRは、実践的・学問的に意味のある問題を解決するためのデザインを開発し、現場で実施・省察し、さらなるデザインの洗練を目指す。このようなプロセスを通して、デザインそのものの完成度を上げることはもちろん、他の文脈でも適用できるデザイン原則を抽出・洗練することが期待される。ルービン氏は、自分と3人の高校教師が一緒に開発・実施・省察・洗練したデザインとそのデザインの根底をなすデザイン原則を共に普及させることで、実践レベルでの「歴史教育（広くは、社会科教育）の市民性教育化」を目指したのである[1]。

　2つ目は、DBRが学習生態系、すなわち「異なるタイプとレベルの数多い要素を伴う複合的かつ相互作用的なシステム」（Cobb, et. al., 2003, p.9）という考え方に基づいていることである。学習科学の分野で議論され始めたDBRは、1980年代まで主流であった実験室を基盤とした研究トレンドに対する異議申し立てから生まれた。つまり、実験室のような真空の状況で得られた子どもの学びに関する理解は、数多くの要素が複雑に絡み合っている教室空間では必ずしも通用しないということである。そこで、実際の学びが行われる教室で教育的介入を行い、その中で子どもが何をどのように学ぶのかをありのままに理解するDBRが登場するようになったので

ある。

　また、伝統的な介入研究は、統制、独立変数、従属変数という概念を用いて子どもの学びを「客観的」に理解しようとする。しかし、学習生態系の考え方からすると、このようなアプローチは「システムとしての全体」（Brown, 1992, pp.142-143）を部分的かつ独立的に捉えることだと批判できる。DBRは介入を「資料、教師、学習者における相互作用を通して行われるもの」（The Design-Based Research Collective, 2003, p.5）として理解し、介入をホリスティックに捉えようとする。子どもが置かれている文脈を重視するこの方法論は、むりやり子どもの学びを「客観的」に理解しようとするのではなく、介入がもたらすものを「複雑なまま」に理解することに挑む。

　ルービン氏は子どもが教室に持ち込む様々な文脈を重視する。歴史教育を子どもの日常生活および市民生活と結びつけるためには、子どもを取り巻く文脈を考慮しなければならない。また、置かれている文脈によって各々の子どもの理解が異なりうるという事実を考えると、文脈に沿って子どもの学びを理解することが必要不可欠である。このように教室空間は学習生態系であるという前提に立ち、介入としてのデザインとその実施の結果を複雑なままに理解するDBRは、ルービン氏にとって「教育についての研究」を「教育のための研究」（Jutti & Lavonen, 2006, p.54）に変革するツールとして用いられたと推察される。

## 2. DBRから見る「開発的・実践的研究」

　日本の社会科教育において介入研究に当てはまるのは「開発的・実践的研究」[2]であると考えられる。開発的・実践的研究は、既存の教育論が持つ限界を克服し新たな可能性を示し、さらにその可能性を現場の実践家により直接的に伝えるために用いられてきた。「単元開発」「授業開発」「授業構成」「授業づくり」「カリキュラム開発」「内容開発」などの題目で語られてきた開発的・実践的研究は、ある理論から問題状況を解決するための仮説を立て、それに基づく単元開発を試みる。その構造は、理論と開発の関係が合理的に説明されているかどうかを検討する理論編と開発された

カリキュラムが予想通りの効果をもたらすかどうかを検討する実践編で構成されることが多い。言いかえると、開発的・実践的研究は「仮説－検証」の構造をとっており、このような構造を保つことによって研究の科学性および一般性を主張し、より多くの教師に「使ってもらう」ことを目的とする。

　理論と実践の融合という観点からすると、開発的・実践的研究はDBRと同じゴールを目指しているといえるかもしれない。しかしながら、1で述べたDBRの特徴は、開発的・実践的研究に改善の余地があることを示唆する。まず、開発的・実践的研究は単発的な開発・実践に留まっている。完全な授業やカリキュラムは存在しないという前提に立つと、開発されたデザインを異なる文脈において複数回にわたって実施・省察・洗練する必要がある。しかし、開発的・実践的研究は実施せずにデザインのみを提案するか、実施したとしてもその1回の報告に留まっていることが多い。開発的・実践的研究が実施の結果から得られるエビデンスに基づいて改善を図っているとは言い難い。

　また、デザインの汎用性という側面からすると、完成品である授業やカリキュラムなどのデザインだけではなく、デザイン原則も一緒に提供することが必要である。なぜなら、デザインがどのような理論的根拠に基づいて開発されたかを理解することは、各々の実践家が自らの文脈にふさわしいデザインを開発すること、つまり実践家の積極的なカリキュラム・デザインを支援することにつながるからである。その際に、デザイン原則がデザインとして開発される過程、すなわちデザイン・ナラティブもともに提供することが望ましい。

　最後に、開発的・実践的研究は伝統的な「仮説－検証」の構造に基づいており、学習生態系である教室空間を単純化してしまう。DBRにも仮説は存在するし、その検証も実施する。ただ、開発的・実践的研究との相違点は、仮説を立てる際も、仮説を検証する際も、子どもを取り巻く文脈をホリスティックに考慮することである。開発的・実践的研究は、「仮説－検証」のプロセスを重視するあまり、仮説に関わる要素だけに焦点を当ててきた。しかし、教室空間という学習生態系を研究仮説という名目で切り

取って理解してしまうと、子どもが何をどのように学んだのかを真正な形で把握することはできない。開発的・実践的研究が文脈を踏まえて介入に関わる事象をホリスティックに理解し「生きている知識」を生産しなければならない理由がここにある。

## 3. 「開発的・実践的研究」のDBR化のための条件

　汎用性と文脈性の側面から開発的・実践的研究にある課題を浮き彫りにしその解決のためにDBRの要素を取り入れる必要があると述べたが、それは一体どのような条件のもとで可能になるのか。まず、実現可能性の観点からは、普段からの理論家と実践家の協力体系の構築が重要であるといえる。DBRはデザインを開発する段階から実践家の知見を必要とする。DBRでの実践家は、開発されたデザインを実施する受動的な存在ではなく、教育活動が実施される文脈に関する情報を提供する役割や、実践家の観点からデザイン原則やデザインそのものを見直すことを支援する役割を果たす。このような実践家からの助けを得るために、研究者は教育現場の実践家とのネットワークを大切にし、DBRを通して互いに成長できる関係を構築しなければならない。

　また、研究の観点からは、デザイン原則とデザイン・ナラティブを研究の成果物として認める研究文化が必要であるといえる。これまでの開発的・実践的研究では、主にデザインが基づいている理論、デザイン、その実施の結果が研究成果として報告されてきた。しかし、デザインを裏付ける原則、その原則に基づいて実際にデザインを行うプロセスとしてのデザイン・ナラティブはブラックボックスになっている状況である。そのブラックボックスこそがデザインの汎用性を広げるカギであるとするならば、開発的・実践的研究を学会発表や出版という形で発信する際にデザイン原則とデザイン・ナラティブをともに共有する必要があるだろう。ちなみに、日本の社会科教育学に関する雑誌の場合、10ページ程度の分量制限がかかっている場合が多く、上述したすべてのものを1つの論文に載せることはかなり厳しい。研究のあり方が変わりつつある現在、研究を支える文化や制度もともに変化する必要があると考える。

DBRは日本の社会科教育学の開発的・実践的研究を格上げするための示唆を提供する。本書でルービン氏が行ったDBRは、開発的・実践的研究のDBRへの転換を考える際に重要な参考事例になるだろう。2019年にルービン氏と私は、米国の他の同僚らとともに社会科授業を取り巻く政治的・社会的・文化的・歴史的文脈に着目し『Design research in social studies education: Critical lessons from an emerging field』という本を出版した（Rubin, Freedman, & Kim, 2019）。本解説で紙幅の関係で詳しく語ることができなかったDBRの理論と実際についてはその本を参考にしていただきたい。

**注**

1）DBRは実践レベルの改善と理論レベルの改善を同時に試みるが、ここでは介入研究という側面に焦点を当てて論を展開する。DBRがどのように理論レベルにも寄与できるかに関しては、以下を参照。Edelson, D. C. (2006). Balancing innovation and risk: Assessing design research proposals. In J. V. D. Akker, K. Gravemeijer, S. McKenney, & N. Nieveen (Eds.), *Educational design research* (pp.100-106). Oxon: Routledge.

2）草原・溝口・桑原（2015）は、社会科教育学の研究法を「規範的・原理的研究」「開発的・実践的研究」「実証的・経験的研究」に大別する。詳しくは以下を参照。草原和博・溝口和宏・桑原敏典（2015）『社会科教育学研究法ハンドブック』東京：明治図書。

**参考文献**

Brown, A. L. (1992). Design experiments: Theoretical and methodological challenges in creating complex interventions in classroom settings. *The Journal of the Learning Science*, 2(2), 141-178.

Cobb, P., Confrey, J., diSessa, A., Lehrer, R., & Schauble, L. (2003). Design experiments in educational research. *Educational Researcher*, 32(1), 9-13.

Jutti, K. & Lavonen, J. (2006). Design-based research in science education: One step towards methodology. *NorDiNa*, 4, 54-68.

Rubin, B. C., Freedman, E. B., & Kim, J. (2019). *Design research in social studies education: Critical lessons from an emerging field*. New York: Routledge.

The Design-Based Research Collective. (2003). Design-based research: An emerging paradigm for educational inquiry. *Educational Researcher*, 32(1), 5-8.

# アメリカ都市部の教育研究の視点から見た本書の意義

古田雄一

　本書の著者のベス・C・ルービン氏は、社会科教育に関する研究に加え、都市部の教育（urban education）の研究にも精力的に取り組んできた研究者であり、当該分野での論考も数多く発表してきた[1]。低学力・低所得層や移民、マイノリティの児童生徒が多く通うアメリカ都市部の学校は、郊外と比べて教育環境が不十分となりやすく、学校を取り巻く地域にも多くの課題がある。この都市部特有の環境下で、質の高い教育や子どもの豊かな学びをどのように実現していくかが、アメリカ公教育の重要課題の１つとなっている。そうした背景から、アメリカでは都市部の教育を対象とした研究領域が形成され、多くの知見が蓄積されてきた。

　むろん本書の主題は社会科教育や市民性教育であり、都市部における教育に直接焦点を当てているわけではない。実際、本書で登場する３つの学校の地域的背景は、それぞれ異なっている。しかし、本書には、都市部における子どもの成長や公教育のあり方について著者が取り組んできた考察の跡が、随所に散りばめられている。

　そこで本稿では、都市部の教育に関する著者の研究が本書においてどのように生かされているのか、また当該分野の研究に対して本書で示された議論や実践がいかなる示唆を持つのか、考察したい。

## 1. 都市部の子どもを取り巻く環境と日常的経験──ルービン氏の研究を参照しながら

　アメリカでは、地域によって住民の所得や人種・民族的背景、学歴等に大きな開きが見られる。そして都市部には、低所得・低学歴層や人種的・民族的マイノリティの人々が集住する傾向にある。

　周知のようにアメリカ社会の経済的格差は深刻な状況にある。低所得層や低学力層の人々が安定した職に就くことは容易ではなく、今やかつての

"アメリカン・ドリーム"は消失したという見方もある[2]。また、多文化共生や民主主義の理想が謳われる一方で、現実には移民やマイノリティの人々への差別的な対応や、法制度上の障壁も依然存在する。さらに都市部は犯罪発生率も高く、薬物や暴力など様々な問題がコミュニティに存在している。こうした社会状況や都市部の環境は、子どもの市民性の形成にも看過できない影響を及ぼす。実際、都市部の子ども、あるいは貧困層やマイノリティの子どもには、政治や社会への不信感の高さ、また参加を通じて社会を変えられるという効力感の低さが指摘されている[3]。

ルービン氏は、こうした都市部の環境やそこでの子どもの日常的経験が、彼らの市民としてのアイデンティティ形成にどのように影響するのか、研究を重ねてきた。その成果の1つが、第1章でも参照されているRubin（2007a）である。同研究は、様々な社会経済的背景や人種・民族的背景を持つ子どもが、日々どのような経験をしてきており、民主主義や市民参加をどう捉えているのか、〈一致／分断〉・〈能動的／受動的〉という2軸を用いて分析する。マイノリティや低所得層の子どもの日常的経験は、人種差別や暴力、経済的不平等など、アメリカ民主主義の理想とはかけ離れた〈分断〉の経験となりやすいという。またルービン氏は、上述の2軸を組み合わせて、子どもの中に形作られる市民としてのアイデンティティの4類型を提示する（表1.1を参照）。このうち、〈分断〉を感じ〈受動的〉なアイデンティティである、「諦め」に当てはまる子どものほとんどは、マイノリティや低所得層の子どもが多く通う学校の生徒であったという。つまり都市部で日々を過ごす子どもは、自らの声を社会に届け、自分たちの参加を通じて社会を変革する民主主義の営みに、希望を見出しにくいのである。こうした背景を踏まえずに、どれだけ教室で民主主義の理想を伝えても、彼らには空虚に響くのではないだろうか。

なお、民主主義の理想から乖離した日常的経験は、学校外の問題だけではない。例えばRubin et al.（2009）では、都市部の学校で、教職員から不当な扱いを受けたと感じる生徒が多い傾向や、学校を安全な場所と感じられない生徒が多い傾向などが指摘されている。アメリカでは1990年代以降、児童生徒の荒れや規律低下、学校内での銃や薬物の所持などの問題を

背景に、学校規律の厳格化・厳罰化を志向するゼロ・トレランスの改革が進められた。この改革の影響が特に色濃く表れたのが、低所得層やマイノリティの子どもが多い学校であった。都市部の学校では、生徒の声が聴かれにくい傾向にあり、教室で教わる民主主義から大きくかけ離れた環境の学校も少なくない[4]。こうした学校環境は、学校外の生活で彼らが内面化する不信感や無力感をますます増幅し、市民としてのアイデンティティ形成を困難なものにしている[5]。

## 2. 本書で描かれる市民性教育実践の持つ可能性

　このように市民性（あるいは市民としてのアイデンティティ）は、教室や学校での教育実践のみを通じて形作られるものではない。ルービン氏の表現を借りれば、「様々なコミュニティや学校の文脈の中を移動していく中で」（p.24）の経験も、子どもの市民性形成に大きく影響を及ぼすのである。それらには社会への信頼や希望を与えるような経験もあれば、生徒に社会への不信感や無力感を植え付けるものもある。そして、ここまで見てきたように、都市部に生きる生徒の日常的経験の多くは後者といえよう。

　ルービン氏は、こうした生徒の日常的経験や、生徒や学校を取り巻く様々な文脈を、社会科の授業づくりにおいて十分に考慮する必要があると考える。なぜなら、「生徒が日常で経験していることを知ることが、彼らがどのように社会科カリキュラムで学ぶものを意味づけているかにつながる」（p.24）ためである。とりわけ都市部で日々を過ごす生徒の場合、社会科の教科書で教わることと、彼らの日常的経験との間には大きな隔たりがある。彼らが、社会科を学ぶ意味や、社会への希望を見出せなくても無理はない。

　そこでルービン氏たちはまず、生徒の日々の生活や環境と乖離しがちであった社会科の学びを、彼らにとって意味のある（relevant）ものへと編み直すことを基本指針とした（第1章・Box1.1）。都市部のサリー高校で教えるテニー先生の「生徒の生活により関連した社会科を作る」（pp.184～185）という言葉にも、そうした考えが読み取れる。また実際の学習活動でも、生徒の生活経験と教室での学習が結びつく場面が随所に見受けられ

る。例えば第2章では、「本質的な問い」に導かれながら、生徒が自身の周りで起こる暴力事件と関連させて「紛争と解決」のテーマについて考え、意見を交わす様子が描かれている。また、第6章の参加型アクション・リサーチでも、生徒たちは、自身の生活や彼らを取り巻く環境と密接に関わる課題に取り組んでいた。こうした生活と深く結びついた学習活動は、彼らの意欲を駆り立てるものになることが期待できる。

　ただし一連の学習活動は、民主主義の理想からかけ離れた生徒の生活経験に寄り添いながらも、それを単に受け止めるだけでなく、彼らが民主主義の意義や自身の参加の価値を再び実感できるような機会を作ることが目指されている。第3章から第5章で描かれる学習活動では、都市部の子どもが普段の生活で出会いにくい、民主主義の真正な議論や問題解決の空間を教室の中に作り出している。生徒たちは、自身の声が尊重される経験を通じて1人の市民としての尊厳を回復し、また様々な議論や問題解決に取り組む中で、政治・社会参加に必要な知識や技能を獲得していくことができる。

　さらに注目すべきは、第6章で登場する参加型アクション・リサーチであろう。教室での学習が言わば疑似的な体験だとすれば、参加型アクション・リサーチは実際に起きている公共的問題の解決という"本物の"経験である。現実社会に働きかけ、手応えを得る経験は、無力感を抱く子どもの自己認識に揺さぶりをかけ、自分たちも社会を形成し変革できる一員だと感じられる貴重な機会になる。その一方で、ルービン氏も指摘するように、こうした方法にはしばしば困難も伴う。都市部の問題には複雑で根深いものも多く、解決は容易ではない。そのため、生徒が問題解決を試みても、現実社会の様々な障壁に直面し、かえって無力感が増強されるおそれもある。これは、教室内で完結する活動や疑似的な学習とは大きく異なる点である。そのため、生徒や地域の状況を見取りながら、どのような実践を行うかという教師の判断が重要となるだろう。

　以上のように、都市部の学校における市民性教育は、困難な環境下で生きる子どもの日々の経験に丁寧に寄り添うことが求められる一方で、そうした経験を通じて根深く内面化されてきた無力感を再生産するのではなく、

彼らが希望を持って政治や社会に参画していくためのエンパワメントを促すという、難しい課題を内包している。しかし本書で示された実践は、その実現に向けた理論と実践の構築に多くの示唆を与えてくれる。

## 3. 市民性教育をめぐる「格差」を超えて

　都市部の子どもが置かれた環境を踏まえれば、本来こうした困難のもとで生きる子どもたちにこそ、学校における市民性教育の機会が最も肝要ともいえる。だが現実には、社会経済的に恵まれた子どもに比べ、貧困層やマイノリティの子どもが享受できる市民性教育の機会は限られ、市民性教育の機会格差ともいうべき状況が生じてきた[6]。

　このような格差の背景の1つには、1990年代以降のアメリカにおける学力保障に向けた教育改革、とりわけ2002年に施行された「落ちこぼれ防止法（No Child Left Behind Act）」に基づく改革があった。そこでは読解、算数・数学、理科の州共通テストの策定が求められ、到達度に課題があり改善が見られない学校・学区への罰則規定が設けられた。こうした改革を受けて、アメリカの都市部に多い低学力校では、テスト対策のために多くの時間を割かざるをえず、州テストに直結しない市民性教育の機会は後回しとされやすくなった[7]。民主主義に参加する市民の育成はアメリカ建国以来の公教育の主たる使命の1つだが、現実にはその機会があらゆる子どもにひとしく保障されているとは言い難い。

　日本でもそうだが、社会経済的格差の低位に置かれた子どもに対しては、まずもって基礎学力を保障することが学校の果たすべき役割と考えられることが多い。むろん、基礎学力保障の重要性は論をまたないが、それだけで十分だろうか。困難な状況のもとに置かれた子どもが希望を持って生きるには、問題や矛盾を孕む社会を生き抜くための力だけでなく、そうした社会を自分たちの手でより良く作り変えていく力を育むことも必要であり、そのためにも市民性教育が重要な意味を持つ[8]。本書で示された数多くの実践と子どもの学びの姿は、そうした市民性教育の意義と可能性を再確認させてくれる。

注

1) 例えば、Rubin（2007a），Rubin（2007b），Rubin（2009）など。
2) Schutz（2006），Putnam（2015 = 2017）。
3) Levinson（2012 = 2022），古田（2021）。
4) 例えばMcFarland & Starmanns（2009）は、都市部の高校では生徒会（student council）自体の設置率が相対的に低く、また設置されている場合でも教員の管理が強い傾向を明らかにしている。
5) 古田（2021）。
6) Kahne & Middaugh（2009）。
7) 古田（2021）。
8) 若槻（2015）。

## 参考文献

Kahne, J. E. & Middaugh, E.（2009）. Democracy for Some: The Civic Opportunity Gap in High School, In Youniss, J. & Levine, P.（eds.）. *Engaging Young People in Civic Life*, Nashville, TN: Vanderbilt University Press, pp.29-58.

Levinson, M.（2012）. *No Citizen Left Behind*. Cambridge, MA: Harvard University Press.（渡部竜也・桑原敏典訳（2022）『エンパワーメント・ギャップ――主権者になる資格のない子などいない』春風社.）

McFarland, D. & Starmanns, C. E.（2009）. Inside Student Government: The Variable Quality of High School Student Councils, *Teachers College Record*, Vol.111, No.1, pp.27-54.

Putnam, R. D.（2015）. *Our Kids: The American Dream in Crisis*. New York, NY: Simon & Schuster.（柴内康文訳（2017）『われらの子ども――米国における機会格差の拡大』創元社.）

Rubin, B. C.（2007a）. "There's Still Not Justice": Youth Civic Identity Development Amid Distinct School and Community Contexts, *Teachers College Record*, Vol.109, No.2, pp.449-481.

Rubin（2007b）. Learner Identity Amid Figured Worlds: Constructing（In）competence at an Urban High School, *The Urban Review*, Vol.39, No.2, pp.217-249.

Rubin, B. C., Hayes, B. & Benson, K.（2009）. "It's the Worst Place to Live": Urban Youth and the Challenge of School-Based Civic Learning, *Theory Into Practice*, Vol.48, pp.213-221.

Schutz, A.（2006）. Home Is a Prison in the Global City: The Tragic Failure of School-Based Community Engagement Strategies, *Review of Educational Research*, Vol.76, No.4, pp.691-743.

古田雄一（2018）「アメリカ貧困地域での日常的経験に根ざした市民性教育に関する一考察――Beth C. Rubinらによる社会科での共同研究実践を手掛かりとして」『国際

研究論叢』第 31 巻第 2 号, pp.237-253.

古田雄一（2021）『現代アメリカ貧困地域の市民性教育改革――教室・学校・地域の連
　関の創造』東信堂.

若槻健（2015）「『排除』に対抗する学校」『教育社会学研究』第 96 集, pp.131-152.

# 索　引

# 監訳者あとがきにかえて

　本書は、2012 年にラウトリッジ社より出版された、Beth C. Rubin 氏の著作 *Making Citizens: Transforming civic learning for diverse social studies classrooms* を日本語に翻訳したものである。今回、タイトルを『メイキング・シティズン——多様性を志向した市民的学習への変革』としたが、このタイトルをどのように訳すべきかについては、翻訳者・解説者の間でも意見が分かれ、最終決定までに何度も検討した。

　"Making citizens" という原文を、そのまま日本語で直訳すれば、「市民を作ること」「市民を作るためには」となる。通常、日本語で「市民を作る」という表現は用いられにくい。ともすれば、現在の社会にとって都合の良い市民を人工的に作るというニュアンスが強くなってしまうかもしれない。これでは、現状を変革する市民を育成するという本書の意図は十分に反映できない。一方で、「市民を育てること」「市民を育成すること」「市民性を形成すること」といった、通常、「市民」という用語につく動詞を用いるのもまた不適当だと考えた。というのも、本書では、社会科を中心事例として、市民の作り手（makers、メーカー）としての学校教育の役割を取り戻すという強い意図を有しているためである。そうした意図は、下で示す本文引用からも明確である。

　　本書で説明するプロジェクトは、多様な子どもたちがどのように自身を市民と見なすかに関する現段階の理解を踏まえた上で作られ、現在起こっている市民的課題について深く考え、国民が行う対話に参加できると考えるような、参画をし、批判的で（critical）、熟達した（skilled）市民を「作る（make）」ことを目的としている。この本は、特に、社会科が市民的な学習であるという目的を再認識させるための説得力のある事例を探していたり、私たちが求める社会科実践を作り

出すことができる、参画できる (engaged) 市民をより良く「作る」
ための授業を構成するための実践的な提案を探している社会科教育の
関係者に向けて書いたものである。　　　（p.22。下線部は解説者による）

　学校教育で、実際に社会形成へ参画する、批判的で熟達した市民を作り
たいというルービン氏の意志である。加えて、引用箇所にもあるように、
本書で提案されるプロジェクトは「多様な」子どもが受講する授業を想定
しており、決して一部の望ましい子どものみを対象としているわけでもな
い。実際、第1章の「3つの調査校における生徒と教師の状況」で示され
るように、本プロジェクトに参加する学校は人口統計も進路先なども多様
である。

　多様な子どもたち、とりわけ社会経済的に厳しい状況にある子どもたち
は、アメリカの理想としての民主主義や自由といった理念と現実社会との
断絶に直面することが多い。それにもかかわらず、どのようにすれば社会
を変革できるのかを学校教育で学ぶ機会はほとんどない。結果として、自
らを市民として見なすことができず、社会変革の可能性を「諦め」ている
ことも多いと本書でも説明されている。本書では、そうした子どもたちを
力づけ、社会を変革できる行動へと結びつけていく「エンパワーされた」
状況へと後押しすることが目指されていた。さらに、恵まれた環境で育ち、
理想と生活環境のズレに直面していない子どもであっても、不正義な社会
状況に自覚的になる市民になることが求められる。このように、何の取り
組みもせずに放っておけば、現状の大変さに諦めていたり、無頓着になっ
てしまう子どもを、どのようにしたら批判的かつ能動的に社会に参画でき
る市民へと作り出すことができるのか。これが、本書で目指す市民的学習
の姿である（詳細は、p.27を参照のこと）。こうしたことから、本書のタイ
トルを「メイキング・シティズン」という原文を生かしたままにすること
にした。

　本書の大きな魅力として、どのような市民を目指すべきかだけでなく、
こうした市民を実際にどのように作るか、について具体的な実践・開発方
略を示していることがある。

ポイントの第1は、社会科を「有意義な市民的学習」にするためのカリキュラムと教授・学習方法の両方を示している点である。ルービン氏は「有意義な市民的学習」を「日常生活とより大きな市民的課題との間を相互関連づける」ものと定義する。この定義に基づき、第2章では、通常通史で構成される合衆国史のカリキュラムを、テーマ史かつ本質的な問いを基にしたものへとリデザインしていく。具体的には表2.1（p.60）に示されるように、5つのテーマ（〈政府〉〈経済〉〈紛争と解決〉〈人々の移動〉〈社会変革〉）を中心にして編成され、社会科全体を包括する問いとして「アメリカ人とは何を意味するのか」という定義問題が設定される。第3章以降では、第2章で作成された市民的学習として有意義な社会科（合衆国史）カリキュラムをどのように学習するか、どのようなスキルを身につけさせるかに関して、教師と子どもの言葉を踏まえながら、具体的に説明が展開される。第3・4章では授業の中で繰り返し出てくるアプローチとして、話すこと（議論すること）や書くこと、第5章では時事問題の取り扱い方、第6章では子どもたち自身が身近な問題を見つけ・解決できるアクションリサーチが取り上げられる。各章の冒頭では、なぜ市民的学習として、話すこと（or書くこと）が重要なのか、何が課題なのかが挙げられ、それに対して、今回のプロジェクトではどのようなアプローチがとられたのかが具体的な実践・教師や子どもの声と共に書かれる。さらに各章の最後に、調査結果を踏まえて、具体的にどのように話すことや書くことを促進していくべきかが記載されるという展開になっている。

　ポイントの第2として、こうした具体的なカリキュラム・教授法に加え、社会科を「有意義な市民的学習」に変えていくための、現実的かつ生産的なプロセスも同時に描かれている点を挙げることができる。そのプロセスが「デザイン・ベースド・リサーチ（DBR）」というアプローチである（DBRの特色やいわゆる実践研究との違いについては、ルービン氏の前文や金鍾成氏による解説文を参照していただきたい）。DBRでは、研究者と実践者が連携を図りながら、従来の歴史的・実践的研究知見を踏まえたデザイン原則を作成し、それを参照しながら、カリキュラムやスキルを構想してゆく。さらに、実践を行いながらも、研究者と実践者で協力し、教師や生徒の

データを収集し、分析しながら改善してゆく。どのような実践かだけでなく、そこに至るデザインプロセスもすべて記載してゆく。これにより、多様な学校の文脈に即した実践開発を可能にするとともに、文脈に沿った改善を促してゆく。このような動的な研究がDBRなのである。そのため、是非第2章以降の具体的な実践内容のみではなく、第1章に主に記載されている、どのような原則で、どのように開発・検討していったかという研究概要についても一読いただきたい。

　なお、直接的に、本書の日本語翻訳に至るきっかけとなったのは、日本語版への序文でルービン氏自身が述べたように2010年の来日であった。監訳者の1人である池野範男を研究代表とした「グローバル・スタンダードに基づくシティズンシップ教育の評価研究」（科学研究費基盤研究A、2009-2012年）の第1回国際シンポジウムのゲストとして登壇されたルービン氏は、この書籍の元になる研究成果を発表された。その後、2012年に本書が発売され、是非翻訳し、日本でのシティズンシップ教育の議論に貢献できればと考えるに至った。2016年に再来日された際に、翻訳を行いたいという旨を話した際に快諾いただいたことがこの方向性を決めた。

　翻訳から出版に至る過程で、シティズンシップ教育・市民的学習をめぐる社会的・政治的状況は大きく変化した。第1は、2015年の公職選挙法改正に伴っての、主権者教育に対する関心の高まりである。この主権者教育への関心の高まりは、単なる選挙教育としての主権者教育の広範な実施に留まらず、種々の市民的学習の可能性へと広がりを見せるものであった。それらは、2018/2019年の学習指導要領改訂でも同様であり、社会科においては「現代社会の廃止、公共の開始」や、知識内容のみではなく社会問題を重視した学習の強調、といったところで変化している。また、新たに高等学校で導入された「歴史総合」においても、知識のみではなく、見方・考え方の獲得やその応用も重視されている。第2は、2023年の子ども家庭庁の成立等をめぐり、子どもの声をどのように聞き、政策に反映されるかが中心的に話し合われるようになっている。こうした社会状況の変化からも、具体的な実践的知見を提供できる本書の意義は高いだろう。

　ただし、本書で紹介されている実践的知見を日本の学校現場に導入する

場合、「文脈」の違いにも考慮する必要がある。第1に社会科の定義である。第2章以降で描かれる実践では、日本の「社会科」で想定されるような、決まった時間の授業の内容のみを社会科としていない。授業時間の前や後、さらには、プロジェクトベースの学びなども含まれている。第2は、社会科の置かれている状況の厳しさである。学校教育で「英国数社理」というように、一定程度、教科として確立したポジションがある日本とは異なり、最近のアメリカにおいては、社会科の地位が低下し、危機的な状況にあるといわれている。社会科が市民を「作る」ことを取り戻すということの裏には、こうした社会科の危機的状況が想定される。教科として安定している日本においても、成立以降社会科が持ってきた市民を「作る」教科としての役割について安定しているとは言い難い点もある。こうした共通点・相違点を想定する必要がある。

　このように、本書はアメリカの文脈に根ざしたものでもあるゆえに、読み解き方が難しい部分もあるだろう。そのため、読者の読み解きの支援となるよう、4名の素晴らしい解説者に解説をお願いした。具体的には、①日本の社会科教育実践・研究との関係性について桑原敏典先生に、②アメリカの社会科教育研究動向との関わりについて斉藤仁一朗先生に、③研究方法については金鍾成先生に、④社会経済的に厳しい状況に置かれがちな都市部の教育（urban education）研究との関係性については古田雄一先生に、それぞれお願いをしている。一読していただき、本書の深い理解に役立てていただきたい。


　本書は、翻訳から出版に至るまでに、多くの年月がかかってしまったことで、本当に多くの方にご迷惑をおかけし、多くの支援をいただきました。2016年2月には、ルービン先生をお招きし、広島大学と滋賀大学でセミナーを開催しました。その際に発表いただいた3名の先生方（木村裕、桑原敏典、古田雄一）、当時広島大学の大学院生の皆様（山田薫、岡田公一、稲垣和、竹内和也、辻幸大、河原洸亮、守谷冨士彦、山口安司）に感謝します。また、翻訳グループの中でも、コロナ禍を挟み、大学を異動されたり、プライベートでの変化など大きな環境変化を遂げた方も多くいる中で、ご迷

惑をおかけしたことをお詫びします。その中でも、支援していただいた皆様、辛抱強く出版を待っていただいた方々に心より感謝します。

　最後になりましたが、出版を認めていただいた明石書店の大江道雅社長、そして翻訳原稿を丁寧に確認いただき、編集作業を進めていただいた岡留洋文氏に深く謝意を表します。

　本書がより良いシティズンシップ教育実践や研究を悩みながら取り組んでおられる方々の支援になり、多様な子どもたちと共に社会を創る実践に少しでも貢献できるものになればと願っています。

池野範男・川口広美・福井駿

# 著者・監訳者・訳者・資料作成者紹介

著者 ───────────────────────────────────

## ベス・C・ルービン（Beth C. Rubin）

米国コロンビア大学ティーチャーズ・カレッジ人文学部社会科教育教授。2001年カリフォルニア大学バークレー校博士課程修了の後、ラトガース大学准教授・教授を経て、2023年より現職（本書執筆時はラトガース大学准教授）。教室・学校・地域・社会において、子どもがどのように自分たちを市民や学習者とみなすようになるかという点に関心があり、とりわけ、歴史的・現代的不平等が顕著な地域で、市民的アイデンティティがどのように形成されていくかに注目して研究を進めてきた。研究関心は、市民的学習（Civic Learning）・歴史的記憶（Historical Memory）・社会科教育（Social Studies Education）・ソーシャルデザイン研究（Social Design research）・批判的かつレリバントな市民学習（Critical and Relevant Civics）・子どもの声（Youth Voice）。現在、Civically engaged district project（市民的な関係を作るための地域プロジェクト）の責任研究者も務めている。主な著作物として、Civic reasoning and discourse amid structural inequality, migration and conflict（National Academy of Educationによる報告書、2021年、分担執筆）、Challenging silences: Democratic citizenship education and historical memory in Poland and Guatemala（*Anthropology & Education Quarterly*, 51(2)、2020年、共著）、"I look deep into this stuff because it's a part of me": Toward a critically relevant civics education（*Theory & Research in Social Education*, 48(2)、2020年、共著）、*Design research in social studies education: Critical lessons from an emerging field*（Routledge社、2019年、共編著）。

監訳者・訳者（五十音順、[ ] は翻訳担当章、◎は監訳者）───────────

## 池野範男（いけの・のりお）◎

広島大学名誉教授。博士（教育学）。広島大学助手・講師・助教授・教授、日本体育大学教授を経る。専門は社会科教育・教科教育・シティズンシップ教育。主な編著書は『近代ドイツ歴史カリキュラム理論成立史研究』（風間書房、2001年）、『地域からの社会科の探究』（日本文教出版、2014年）、*Citizenship Education in Japan*（Continuum, 2011年）、*International Perspectives on Drama and Citizenship Education*（Routledge, 2022年）など。

**川口広美（かわぐち・ひろみ）[序章、第1章]◎**
広島大学大学院教育学研究科准教授。博士（教育学）。滋賀大学講師・准教授をへて
2017年より現職。専門はシティズンシップ教育・社会科教育。主な著書は『イギリス
中等学校のシティズンシップ教育——実践カリキュラム研究の立場から』（風間書房、
2017年）、『社会形成科社会科論——批判主義社会科の継承と革新』（風間書房、2019年、
共編著）、『学びの意味を追究した中学校公民の単元デザイン』（明治図書、2021年、共
編著）など。

**後藤賢次郎（ごとう・けんじろう）[第4章]**
山梨大学大学院総合研究部教育学域教育学系准教授。博士（教育学）。山梨大学講師を
経て2015年12月より現職。専門は社会科教育思想研究、教師教育研究。主な論文は、
「社会科教育研究としての模擬授業研究の展開と特質」（『日本教科教育学会誌』第45巻、
3号、2022年、共著）、「私たちはどのように市民育成者になっていくのか——分野・学
校種・環境の異なる人々のフォーマル／インフォーマルな学びに注目して」（『山梨大学
教育学部紀要』第30号、2020年）、「社会科の包括的説明枠としての「進歩主義」——
エヴァンズとオチョアの所論を手がかりに」（『社会科研究』第73号、2010年）。

**斉藤仁一朗（さいとう・じんいちろう）[第2章]**
東海大学ティーチングクオリフィケーションセンター講師。博士（教育学）。東海大学
助教を経て2018年より現職。専門は社会科教育・シティズンシップ教育、米国教育史。
主な著書は『米国社会科成立期におけるシティズンシップ教育の変容——社会科の誕生
をめぐる包摂と排除、両義性』（風間書房、2021年）、訳書は『アメリカ人の生活と学
校カリキュラム——生活に根差した学校に向けての次のステップ』（春風社、2018年、
共訳）など。

**空健太（そら・けんた）[第5章]**
文部科学省初等中等教育局教育課程課教科調査官／国立教育政策研究所教育課程研究セ
ンター教育課程調査官。修士（教育学）。長崎日本大学中学校・高等学校の教諭、国立
岐阜工業高等専門学校の講師・准教授を経て、2019年より現職。専門は社会科教育・
歴史教育・世界史教育。主な著書は、「生徒の感情に関与することを重視する米国の歴
史学習プログラム」（『レリバンスの視点からの歴史教育改革論——日・米・英・独の事
例研究』風間書房、2022年、共著）など。

**橋崎 頼子（はしざき・よりこ）**［第 6 章］

奈良教育大学教育学部教授。博士（学術）。専門は、国際理解教育、シティズンシップ教育。主な著書・論文に、「多様な他者の声を聴き価値を創り出す道徳教育実践——ケアリングの視点から」（『国際理解教育』第 26 号、2020 年）、『国際理解教育を問い直す』（明石書店、2021 年、共著）、「欧州評議会における相互文化的対話を用いたシティズンシップ教育への新展開——社会的分断の中での社会統合に向けた手立てとして」（『カリキュラム研究』第 31 号、2022 年、共著）、*The ethics of care as a pedagogical approach: Implications for education for democratic citizenship*（共著、Educational Studies in Japan: International Yearbook No. 16, 2022）など。

**福井駿（ふくい・すぐる）**［第 3 章］◎

鹿児島大学教育学系講師。博士（教育学）。岐阜工業高等専門学校助教を経て 2017 年より現職。専門は市民性教育、哲学教育、社会科教育。主な著書は『対話的教育論の探究』（東京大学出版会、2023 年、共著）、『社会形成科社会科論』（風間書房、2019 年、共著）など。

---

資料作成者 ────────────────

**渡邉巧（わたなべ・たくみ）**

広島大学大学院准教授。博士（教育学）。日本女子大学助教を経て、2018 年より現職。専門は生活科教育・社会科教育・総合的学習・幼小接続など。主な論文は、Curriculum making and learning instruction about the local community at the lower-elementary level: A case study of 'living environment studies' teachers in western Japan（*Education 3-13*、2023 年、共著）、Trends in Research on Teaching and Learning Spatial Cognition in Elementary Social Studies in Japan: A Systematic Review from 1989 to 2019（*Geographical review of Japan series B*、94 巻 2 号、2021 年、共著）など。

# 解説執筆者紹介（五十音順）

**金鍾成（きむ・じょんそん）**

広島大学大学院人間社会科学研究科准教授。博士（教育学）。専門は社会科教育、国際理解教育、平和教育、授業研究および教師教育。主な著書・論文は *Lesson Study-based Teacher Education: The Potential of the Japanese Approach in Global Settings*（Routledge、2021年、編著）、*Social Studies Education in East Asian Contexts*（Routledge、2020年、共著）、*Design Research in Social Studies Education: Critical Lessons from an Emerging Field*（Routledge、2019年、編著）など。

**桑原敏典（くわばら・としのり）**

岡山大学学術研究院教育学域教授。博士（教育学）。神奈川県立高等学校教諭、広島大学附属中高等学校教諭を経て、1997年に岡山大学教育学部助手。2013年に岡山大学大学院教育学研究科教授。主な著書・論文は、「知的障害のある子供に対する主権者教育の原理の構築――自立的意思決定を保障するプログラム開発のためのフレーム・ワークの構築を目指して」（『岡山大学大学院社会文化科学研究科紀要』第56号、2023年）、「高等学校公民科「公共」新設の意義と実践上の課題――主権者育成の視点から」（『社会認識教育学研究』第37号、2022年）、『子どもが問いを生み出す時間』（日本文教出版、2022年）など。

**斉藤仁一朗（さいとう・じんいちろう）**

（監訳者・訳者紹介参照）

**古田雄一（ふるた・ゆういち）**

筑波大学人間系助教。博士（教育学）。大阪国際大学短期大学部専任講師・准教授を経て、2022年より現職。専門は教育政策・教育経営、シティズンシップ教育など。主な著書・論文は『現代アメリカ貧困地域の市民性教育改革――教室・学校・地域の連関の創造』（東信堂、2021年）、『世界に学ぶ 主権者教育の最前線――生徒参加が拓く民主主義の学び』（学事出版、2023年、共著）、「教育経営における『生徒の声』の意義と課題――近年の国際的動向の検討と考察をもとに」（『日本教育経営学会紀要』第63号、2021年）など。

**メイキング・シティズン**
──多様性を志向した市民的学習への変革

2024 年 3 月 31 日　初版第 1 刷発行

|　　　　著　者|　ベス・C・ルービン|
|　　　　監訳者|　池　野　範　男|
||　川　口　広　美|
||　福　井　　　駿|
|　　　　発行者|　大　江　道　雅|
|　　　　発行所|　株式会社明石書店|

〒 101-0021 東京都千代田区外神田 6-9-5
電　話　03（5818）1171
ＦＡＸ　03（5818）1174
振　替　00100-7-24505
http://www.akashi.co.jp
装丁　　　清水　肇（prigraphics）
印刷・製本　モリモト印刷株式会社

Printed in Japan

ISBN978-4-7503-5765-2
（定価はカバーに表示してあります）